부동산 신경제지도

어디를 주목할까

부동산 신경제지도
어디를 주목할까

김순길 지음

가디언

나만의 부동산 개발 지도를 그리자!

부동산 컨설팅을 하다 보면 고객들로부터 자주 듣는 말이 있다.

"내가 사고 싶은 아파트(땅, 건물)가 있었는데 지금은 가격이 너무 올랐어요."

이런 사람들에게 나는 이렇게 말해 준다.

"사고 싶은 아파트(땅, 건물)가 있다면 지금 사세요. 그러면 나중에 후회하지 않을 겁니다."

보석과 부동산은 '귀할수록 비싸진다'는 공통점이 있다. 내 눈에 좋아 보이는 물건은 다른 사람 눈에도 좋아 보이기 마련이다. 그래서 가치를 알아볼 수 있는 사람이 주인이 되는 법이다.

또 이런 말도 자주 듣는다.

"내가 팔면 오르고 내가 사면 떨어지니 참 속상해요."

이런 분들에게 이 책을 권한다. 부동산 가격에 영향을 미치는 요소는 너무 많아서 단기적인 예측은 전문가들도 쉽지 않다. 그러나 중장기적인 예측은 전문가가 아니더라도 어렵지 않게 할 수 있다. 먼저, 경제가 성장하느냐 둔화하느냐를 살펴보라. 쉽게 말해 우리나라 전체가 돈을 잘 벌고 있다면 부동산 가격이 오를 것이지만 돈을 못 벌고 있다면 부동산 가격이 떨어질 것이다.

다음으로, 내가 갖고 싶은 부동산이 지도상에서 바다, 강, 도로, 철도, 공원 등과 어떤 관계를 갖고 위치해 있는지를 보아야 한다. 부동산의 가치는 사람이 왕래할 조건을 얼마나 많이 갖추었느냐로 결정된다. 자연적인 조건이든 인공적인 조건이든 시간이 흘러도 쉽게 바뀌지 않을 것 같은 그런 조건을 바꾸는 것이 바로 개발(재개발 포함)이다. 그런 개발 계획이 지도 위에서 이루어진다. 그러므로 지도를 보되 '나라면 어느 곳을 개발할까'를 생각하면서 보면 부동산을 더 잘 볼 수 있게 된다. 정책적으로 세워 놓은 개발 계획은 대체로 국토종합계획이나 도시계획, 토지이용계획 등의 지도에 공개되어 있다. 이와 관련된 자료를 찾아보는 것은 그리 어렵지 않다.

내가 1999년 공인중개사 자격증을 취득한 후 지금까지 20년이 지나는 동안 김영삼, 김대중, 노무현, 이명박, 박근혜, 문재인 대통령까지 총 여섯 정부의 부동산 정책을 겪으면서 얻은 결론이 있다. 바로 지도 위에 그려진 계획은 우선순위만 바뀔 뿐 내용은 크게 변하지 않는다는 것이다. 결국 어느 정권이 들어서든 대한민국 국토는 마음대로 하지 못한다는 말이다.

그런데 이번에는 우리 국토가 많이 달라질 것 같다. 그동안 DMZ에 가로막혀 있던 대한민국 경제 영토가 앞으로는 달라질 것이기 때문이다. 이것은 우리에게 새로운 기회가 온 것과 같다. 어찌 되었든 남북경협이 잘 되어 우리나라가 더 잘살게 되고, 아울러 더 많은 사람들이 부동산으로 부자가 될 기회를 얻기 바란다.

이 책은 내가 주관하고 있는 '오나건(오년 안에 나도 건물주)' 회원 중 세 분이 참여하여 도와주신 덕분에 쓸 수 있었다. 이분들과 현재 부동산투자자들의 관심이 가장 많은 파주, 철원, 고성 등 접경지를 비롯한 국내외 여러 지역을 답사하여 투자 가치 판단의 근거 자료와 책의 핵심 내용이 되는 정보를 수집했다. 시시각각 급변하는 남북 관련 정세에도 불구하고 오랜 시간 함께 토의하고 의견을 나눈 회원들이 있어 이 책이 출간될 수 있었다. 자료 취합과 정리를 맡아 준 신민식 회원, 폭넓은 네트워크를 바탕으로 취재와 정보를 담당해 준 김정철 회원, 연변에 거주하며 북 · 중 접경지와 현지 부동산 정보를 제공해 준 박금철 회원에게 진심으로 감사의 말을 전한다.

1년이 넘는 시간이었지만 대한민국 부동산의 모든 정보를 개괄하고, 현재 진행형인 남북경협으로 변화할 미래의 부동산을 예상하는 작업은 다소 벅찬 일이었다. 이런 노력에도 불구하고 지난 정보가 수록되었거나 잘못된 정보가 기재되어 있을 수 있다. 이는 모두 저자인 내 몫이다. 독자 제현의 날카로운 지적과 가르침을 바란다. 끝으로 현업으로 돌아온 나를 응원해 준 가족들에게 감사를 전한다.

2019년 1월 연희동에서 김순길

차례

II 꿈틀대는 부동산 투자의 3축

4장 한반도의 중심, 수도권과 DMZ

5장 대한민국의 뜨거운 심장, 서남해안

6장 초광역경제권의 부산과 동해안벨트

I

부동산 경제지도가 부의 지도를 바꾼다

부모에게 물려받은 재산이 많거나 부자 배우자를 만나지 않고 순수하게 자신의 노력만으로 부자가 된 사람은 얼마나 될까? 미국 한 매체의 조사에 따르면 안타깝게도 1% 미만의 사람들밖에 없다. 자본주의 체제가 확고하게 자리 잡은 선진국 사회(1인당 GDP 3만 달러 이상)에서 그렇다는 것이다.

대한민국도 이제 3만 달러를 넘었으니 그렇게 되지 않을까? 아마도 그렇게 될 것이다. 하지만 가난해도 열심히 노력하면 잘살 수 있다는 희망이 있었던 기성세대에 비해 아무리 노력해도 부자가 될 수 없을 것이라고 절망하는 요즘 세대를 보면 안타깝다.

여기서 우리의 시계를 70년 전으로 돌려 보자. 1960년대 우리는 지금의 북한이고 아프리카의 수단이었다. 전쟁의 폐허 속에 먹을 것조차 없어 원조를 받아야 살 수 있었던 지구상 최빈국이었다. 그런 나라에서 부자가 되겠다는 것은 언감생심 꿈도 꿀 수 없었다. 그런데 지금 우리는 꽤나 부자가 되어 있다. 부자의 나라에서 태어나지도, 부자의 외동으로 태어나지도, 부자 배우자를 만나지도 못했지만 당시에 비하면 우리는 모두 놀랄만한 부자가 되어 있다.

"우리는 복 받은 세대야! 살아오는 동안 200배는 부자가 된 것 같아."

눈부시게 성장한 대한민국과 함께 성공의 열매를 나눈 우리 '오나건' 회원 중 한 분이 한 말이다. 맨주먹으로 시작했지만 끊임없이 노력하고 도전하며 치열하게 살아온 대한민국 평범한 60대의 자신감 넘치는 인생 소감이다. 그러면 연배가 비슷한 중국 사람이나 북한 사람과 비교하면 어떨까? 마침 우리 회원 가운데 연변 분이 계신다. 그는 일제강점기에 경상도에서 이주한 할아버지와 유독 조선인의 긍지를 강조하신 선친 밑에서 태어난 조선족 3세다. 그도 치열하게 살았다. 특히 중국인에게 지는 것이 죽기보다 싫었던 그는 열심히 공부하여 연변 조선족자치주 고위공무원(국장급)을 지낼 수 있었다. 그래서 그의 삶은 중국인과 비교해도 비교적 잘사는 편에 속한다. 하지만 그의 자산은 서울 회원의 1/10이나 될까? 만약 연배가 비슷한 북한 사람과 비교하면 어떨까?

200배 부자가 되었다는 우리 회원은 사실 우리나라 평균 성장률에 못 미친다. 1960년 우리나라의 국내총생산(GDP)은 30억 달러에 불과했다(세계은행 발표 자료 기준). 그랬던 것이 58년 만인 2018년에는 1조 6,500 달러(추산)가 되었다. 1인당 국민소득(GNI)도 150달러에서 3만 1,500 달러(추산)로 불어났으니 단순 계산을 해도 나라는 380배, 개인은 280배 부자가 되었다. 그러니 200배 부자가 되었다는 우리 회원은 우리나라 평균 성장률에 못미치는 것이다. 그는 특별히 재테크에 재능이 있거나 부자가 되기 위해 남몰래 공부를 더 많이 한 사람이 아니다. 그저 성실하게 열심히 살아왔다. 이 글을 읽고 "무슨 소리? 이만큼 살기 위해 내가 얼마나 노력했는데!" 하고 나무랄지도 모르겠다. 나도 그분의 노력을 폄하하고 싶은 생각은 추호도 없다. 다만 평범한 사람들이 부자가 되기 위해서는 개인의 노력 여하보다 나라의 성장이 더 큰 영향을 미친다는 것을 말하고 싶을 뿐이다. 다음을 보면 더욱 분명해진다. 1960년 우리에게 밀가루를 원조해 주던 미국 GDP는 당시 5,400억 달러였다. 우리보다 무려 138배 부자였던 미국은 당시에도 세계 1위였고 현재도 세계 최고 부자 나라다. 그런 미국의 2017년 GDP는 20조 4,128억 달러로 이제 우리와 격차는 12배로 좁혀졌다.

그런데 이쯤에서 '모두가 평균 300배 부자 나라가 된 대한민국에서 왜 나만 가난하지?'라는 의문을 가진 사람들이 많을 것 같다. 몇 달 전 서울 강남구 반포동 아파트가 평당 1억 원에 팔렸다고 해서 화제가 된 적이 있다. 좋게 말해 화제지 실상은 몇 개월 사이에 1~2억 원이 올라 매일 8시간이 넘도록 열심히 일해도 최저 시급 1만 원도 못받는 많은 서민들의 자괴감이었다. 그럼 이런 개인 간의 격차는 왜 생겨났을까? 모 일간지에서 한국은행이 발표한(우리나라의 토지자산 장기시계열 추정) 리포트를 기준으로 작성한 기사를 보면 단서가 잡힌다. 역시 문제는 땅값이었다. 1964년 대한민국의 추정 땅값이 약 1.9조 원이었다고 한다. 그랬던 것이 2013년 현재 명목상 약 6,575조 원으로 뛰었으니 액면가로 3,030배 오른 셈이다. (화폐 가치, 물가 상승률 등의 변수를 고려하지 않았다.)

그런데 이건 전국 평균이 그렇다는 것이고, 서울과 지방은 그야말로 하늘과 땅 차이였다. 1964년 서울 땅값은 1평당 대략 1,000원이었고, 수도권이 평균 200원, 나머지 지방은 90.6원 정도로 거의 비슷했다. 그런데 2013년 말 기준 서울 평균 땅값은 1,136만 원, 수도권은 124만 원, 지방은 9만 원으로 조사되었다. 믿기지 않지만 서울은 무려 11,360배가 올랐고, 수도권은 6,200배가 오른 데 반해 지방은 겨우 90배가 오른 셈이다. 전국 평균 상승률을 3배 상회한 서울은 지방 평균 상승률과는 119배의 격차를 보였고, 수도권은 13배의 격차를 보여주었다. 그 결과 국토의 1%밖에 안 되는 서울이 우리나라 전체 땅값의 30%를 차지하게 되었고, 국토의 1/8인 수도권까지 포함하면 64%가 되는 현실이다. 이로써 서울과 지방 사람들 모두 동일한 기간, 동일한 조건이었다고 가정하면 현재 자본 차이의 상당 부분은 부동산이 만들어 놓은 결과임을 알 수 있다. 반포동 아파트처럼 노력과는 무관하게 자본이 자본을 버는 메카니즘이 작동하여 부자 나라인 대한민국에서 부자들이 더 많이 사는 서울에, 서울 가운데에서도 강남에 더 많은 부가 만들어지는 것이다.

속상하고 분통이 터지는 결과이지만 그동안의 과정을 살펴보면 이해가 안 되는 것도 아니다. 대한민국은 현실적인 선택을 해온 것이었다. 마치 가난한 집에서 나중에 모두 잘살기 위해 먼저 큰아들에게 올인하고 나머지 아이들은 희생해야 했던 것처럼 대한민국도 서울을 선택해 집중한 결과였다. 그동안 시행해온 7차례의 '경제개발 5개년 계획'과 4차례의 '국토종합계획'이 그과정들이다. 서울에 도로와 철도가 놓이고 공장이 만들어지고 점점 발전하면서 농촌을 지키며 묵묵히 살아온 사람들에 비해 서울 사람들은 더 빨리 생활이 나아졌다. 부산, 인천, 대구, 광주, 대전이 서울의 뒤를 이어 개발의 혜택이 돌아갔다. 문제는 현재이다. 지금까지는 가난한 나라를 발전시키기 위해 그랬다 하더라도 이제는 모두가 혜택을 받아야 하는 것이 아닐까? 2%대의 성장률에 취직도 못하고 있는 젊은이들과 그동안 감내한 고통을 보상 받지 못하고 있는 지방에 혜택이 돌아가야 하지 않을까? 표를 보면 그렇다고 말할 수

주요 광역단체 지가상승률

지역	1년 (2017. 10~2018. 9)	5년 (2013. 10~2018. 9)	최고 상승월
전국 평균	4.286	4.175	
서울	5.298	4.917	2018년 8월 0.613 2017년 7월 0.509
부산	6.173	6.337	2017년 8월 0.663
대구	4.742	4.768	2017년 8월 0.437
인천	3.151	3.070	2017년 7월 0.334
광주	4.338	4.201	2017년 7월 0.561
대전	3.410	3.437	2015년 12월 0.390
울산	3.321	3.447	2017년 11월 0.351
세종	7.192	7.340	2015년 11월 0.803 2017년 7월 0.818 2018년 7월 0.810
제주	5.480	5.334	2015년 12월 2.089

(한국감정원, 단위 %)

가 없다.

한국감정원 통계를 분석해 보면 17개 시 · 도 가운데 여전히 서울을 포함한 몇몇 곳으로 부가 몰리고 있는 것을 알 수 있다. 서울보다 지가 상승률이 높은 지역은 세종시(7.192%), 부산(6.173%), 제주(5.480%) 정도였다. 세종시는 행정수도 이전 후속 대책인 서울~세종고속도로 건설, 부산은 수도권의 대안도시로 부 · 울 · 경(부산, 울산, 경남) 메가시티 기대와 북항 개발, 해운대 LCT 등 대형 개발, 제주는 관광객 증가에 따른 서귀포 제2공항 건설 등의 호재가 작용한 덕분인데, 서울은 무슨 이유일까? 2017년 이후 치솟는 서울의 부동산 가격을 잡기 위해 정부에서 온갖 대책을 쏟아 냈지만 서울 지가상승률은 떨어질 줄 모른다. 1년간(2017년 10월~2018년 9월) 전국 지가상승률 4.286%보다 1% 이상 높다. 이 같은 상승률은 5년(2013년 10월~2018년 9월) 누적 상승률에서도 확인 할 수 있다. 전국 평균 4.175%에 비해 0.8% 이상 높았다. 이는 1,000만 명의 사람과 30%의 부동산 가치가 끌어들이는 자본주의 체제의 메카니즘으로 설명할 수밖에 없다. 부동산과 보석은 귀할수록 더 비싸진다고 한다. 이를 증명하듯 다주택자들에게 양도세를 중과하겠다는 정부 대책에 지방 부자들의 선택은 똘똘한 서울 아파트 한 채로 몰렸다.

그런데 우울한 소식이 또 있다. 우리나라의 잠재성장률이 2020년대 2% 초반을 거쳐 2030년대는 1%까지 추락할 것이라는 국제통화기금(IMF)의 경고다. 국내 유수 기관들도 이런 분석에 대해 대체로 수긍하고 있다. 그러므로 분명한 것은 더 이상 5~10%대의 고도성장으로 부를 나눌 가능성이 적다는 것이다. 최저 수준의 출산율과 최고 수준의 고령화, 중국의 기술 추격과 미중 무역전쟁 등의 부정적 요인으로 좀처럼 추세를 반전시킬 새로운 동력이 보이지 않는다. 이미 1인당 국민소득 3만 달러로 선진국 수준에 이른 대한민국에서도 개인의 능력으로 부자가 될 확률은 1% 남짓에 불과하고, 서울로 부가 집중되는 것을 눈으로 보면서도 새로 진입하기는 어려운 상황이다. 그렇다면 다시 한 번 대한민국에서 부자가 되는 방법은 없을까?

70, 80년대처럼 역동적인 성장을 할 수 있다면 가능하다. 그리고 우리에게는 북한이 있다. 기대감은 부동산을 통해 즉각 나타났다. 지난 1년간 지가상승률 1위는 파주시(8.898%)였고, 그 뒤를 강원도 고성군(7.860%)이 이었다. 4·27 판문점 정상회담 이후 매달 1%를 넘는 폭발적인 상승률을 기록 중이다. 덩달아 경기도 고양시(4.428%), 강원도

지가상승률 상위 5개 지역

지가상승률 상승 5위 지역(%)	상승 요인
경기도 파주 8.898	남북 관계 개선, GTX A노선 확정
부산 해운대 8.247	LCT, 동해 남부선 폐선 생태공원, 해운대 상권 활성화
강원도 고성 7.860	금강산 관광 재개, 남북 관계 개선
서울 용산 7.496	용산역~여의도권 개발 계획
서울 마포 7.194	염리3지구 재개발 사업, 홍대 입구 활성화

(한국감정원, 2018년 상반기 기준)

철원(6.111%), 속초(5.907%)까지 들썩이고 있다. 기회가 또 한 번 온 것이다.

1장

지도에 그려진 대로 개발된다

01
대한민국 부동산은 변한다

지금까지 어떻게 변해왔는가

"미싱질 백날 해 봐야 일당 오십 원도 못 받습니다. 언제 사람처럼 살겠습니까?"

영화 〈강남 1970〉에서 종대 역을 맡은 이민호의 대사다. 구로수출자유지역에서 쏟아져 나온 신발과 옷 등 봉제제품이 경부고속도로를 타고 부산으로 쌩쌩 내달리자 한강의 모래사장부터 말죽거리의 논밭까지, 강남은 그야말로 금싸라기 땅으로 변해갔다. 이때 정보와 권력의 수뇌부에 닿아 있던 복부인 민 마담(김지수 역)처럼 한몫 단단히 잡은 사람이 있는가 하면 구로에서 미싱질만 하던 사람은 큰 변화가 없어 그들의 인생은 180도 차이 나게 바뀌었다. 그래도 말죽거리에서 농사짓다가 영문도 모르고 내쫓긴 사람들에 비하면 나은 편인지도 모르겠다. 1970

년 경부고속도로가 개통되기 이전 말죽거리는 평당 200~300원에 불과했다. 고속도로가 개통되고 1년도 안 되어 이 땅은 10배가 넘게 폭등한다. 만약 그들이 곁눈질로라도 강남 개발지도를 보았다면…… 상상에 맡기겠다.

영화는 늘 허구만 말하고 있지 않다. 모든 개발은 먼저 지도 위에서 이루어진다. 펼쳐진 지도 위에 도로가 그려지고, 개발구역 번호가 매겨지고, 주요 공공건물의 이름이 쓰인다. 이렇게 수립된 계획은 얼마 지나지 않아 지도 위의 땅을 전혀 새로운 곳으로 탈바꿈시킨다. 영화에 빗대어 개발 계획을 너무 희화화했지만 말하고자 하는 본질에서 벗어나진 않았다. 강남 개발은 결국 지도 위에 그려진 계획대로 거의 되었기 때문이다.

그런데 1970년대에는 개발 계획이 담긴 지도를 아무나 볼 수 없었다. 일부 특수한 지위에 있는 사람들만 누린 귀한 정보였다. 그러다 보니 1978년 온 나라를 떠들썩하게 한 사건이 터지기도 했다. 바로 압구정동 현대아파트와 한양아파트 분양 사건이다. 원래는 현대 사원용으로 지어진 아파트인데, 분양 결과를 보니 분양받은 사람들의 대부분이 정부 고위직이었다. 파렴치한 일을 벌인 그들은 처벌을 받았을까? 짐작하다시피 본보기 몇 명만 파면하고 조사는 흐지부지되어 아파트를 분양 받은 그들은 여전히 강남에서 잘살고 있다. 이 아파트의 프리미엄은 4,000~5,000만 원이었는데 당시 강북의 웬만한 아파트 시세가 3,000만 원 하던 시절이었다.

다행히 오늘날의 공공데이터는 모두 개방되어 있다. 물론 지금도 가끔 도시 개발 계획이 사전에 유출되어 문제가 발생하고 있긴 하지만 수립된 계획 중 국토교통부 장관이나 지방자치단체장의 결재가 난 계획

2000년 이후 서울도시기본계획 변화

계획명	2000년대를 향한 서울도시기본계획	2011년 서울도시기본계획	2020년 서울도시기본계획
목표년도	2000년	2011년	2020년
수립년도	1990년	1997년	2006년
미래상	통일 한국의 수도 태평양시대의 중추도시 시민을 위한 도시	인간 중심의 살고 싶은 도시	자연과 인간, 역사와 첨단이 어우러진 세계 도시 서울
계획기조	국제화, 광역화, 정보화 참여, 거주의 질	시민본위, 인간중심	치유와 회복
계획배경 및 주요내용	• 강남북 균형 발전 • 다핵도시로 개편 • 도시철도망(13개 노선)과 도시고속도로망 계획 • 1도심-5부도심-59지구중심 *최초의 법정 계획	• 2000년 계획의 수정 · 보완 • 지방자치 시대 도래 • 자치구계획의 수렴 및 반영 • 상암, 용산, 뚝섬, 마곡 지구 개발 구상 • 1도심-4부도심-11지역중심-54지구중심	• 2011년 계획의 수정 · 보완 • IMF 이후 여건 변화 반영 • 행정수도 이전 대응, 청계천 복원 등 반영 • GB 우선해제 변경 반영 • 1도심-5부도심-11지역중심-53지구중심

은 일반에게 고시되어 공개된다. 그러므로 누구라도 국토교통부나 자신이 살고 있는 지방자치단체의 홈페이지에 들어가면 지역의 개발 계획을 볼 수 있다. 이 개발 계획에 따라 부동산 가치가 달라진다. 부동산 투자는 지도를 보는 것으로부터 시작된다.

제1차 국토건설종합계획(1972~1981년)

'우리의 선조가 수많은 시련과 난관을 극복하고 지켜온 아름다운 국토를 통일의 앞날을 내다보며 바람직하고 소망스럽게 가꾸고 다듬어 당대의 우리는 물론 먼 후손에 이르기까지 영원토록 복된 생활을 이룩하기 위해 국토 계획을 수립한다.'

1971년 제1차 국토건설종합계획을 수립하면서 박정희 대통령이 남긴 서문이다. 1962년 제1차 경제개발 5개년 계획을 바탕으로 경제 개발에 박차를 가한 박정희 정부는 국토의 효율적인 이용과 균형 개발을 위해 약 10년에 걸친 연구 조사 후 미래 10년간(1971~1980년) 전개될 청사진을 발표하게 된다. 이것이 바로 대한민국 국토 개발의 최상위 설계도인 국토건설종합계획이다. 제1차 국토건설종합계획은 1970년대 국토 개발의 기초가 되었을 뿐만 아니라 이후 우리나라 국토 개발의 기초가 되었다. 자원이 부족한 우리나라는 국토 이용을 가장 효율적으로 관리해야 했다. 경제 성장의 개발 기반을 확충하기 위해 우선 도로 포장, 댐 건설, 발전소 설비 등을 구축함과 동시에 중장기 관점에서 자원과 자연의 보호 및 보전, 국민 생활 환경의 개선을 목표로 하였다.

이 계획은 성장 가능성에 무게 중심을 둔 거점개발 방식으로 추진되었다. 한정된 자본과 자원으로 단기간에 개발 효과를 극대화할 수 있기 때문에 주로 개발도상국가에서 채택하는 개발 방식이었다. 이를 위해 먼저, 전 국토(남한)를 8개의 권역(수도권, 충청권, 전주권, 광주권, 대구권, 부산권, 태백권, 제주권)으로 구분하고, 각 권역에 맞는 개발을 진행하여, 서울과 부산으로 집중된 인구와 공업 기능을 분산한다는 계획이었다. 8개 권역과 함께 4대강 유역(한강 · 금강 · 영산강 · 낙동강)의 종합개발로 농공업 용수를 확보하고, 고속도로의 건설로 전국을 '1일 생활권'으로 만든다는 야심찬 계획을 수립하였다.

부동산 투자 관점에서 이 시기의 최고 관전 포인트는 역시 강남 개발이다. 경부고속도로와 연결되는 한남대교가 8차선(왕복)으로 건설되면서 한강 이남 지역에 남북으로는 반포에서 양재까지, 동서로는 동작에서 잠실까지 개발이 이루어지며 부동산 시장은 그야말로 광풍이 불었다. 특히 강남역을 중심으로 사방 5㎞ 이내에 땅이나 집 한 채라도 사둔 사람들은 모두 예외 없이 부자가 되었다. 1970대 초 강남 고속버스 터미널 건너편 신반포 아파트 단지 쪽 단독주택을 3,600만 원(당시)에 매입한 사람이 있다. 현재 그곳은 몇 배가 올랐을까? (2018년 8월 해당 지역의 30평 한신아파트가 30억 원에 거래된 뉴스가 화제가 되었다.)

두 번째로 울산, 창원, 구미 지역을 꼽을 수 있다. 미포에는 중화학 공업단지, 울산에는 석유화학 공업단지가 들어서면서 태화강이 흐르는 한적한 포구가 대한민국 경제를 이끄는 대규모 공업도시로 변모한다. 마산 인근의 작은 시골이었던 창원은 중공업 · 기계산업이 들어서 마산 수출자유지역과 함께 급성장하고, 구미는 전자공업이 발달하면서 우리나라 80년대를 이끄는 지역으로 급부상한다.

이로써 서울 · 인천을 중심으로 한 수도권에 2,300만 명이 넘는 인구가 몰려들고, 부산 · 울산 · 경남 지역에도 800만 명이 넘는 인구가 집중되어 대한민국 제2 광역도시권으로 성장한다. 1972년 GDP 113억 원의 대한민국은 연평균 10%를 넘나드는 고속 성장으로 1981년에는 762억 달러를 넘어선다.

세상이 변하는 것을 눈으로 본 고위직 관리 또는 무역업이나 사업을 해 돈이 넘쳐나는 사람들에게 부동산은 노다지였다. 서울과 부산에서 생겨난 돈은 고속도로를 따라 퍼져 나갔다. 서울, 인천, 대구, 부산, 울산으로 이어지는 고속도로를 중심으로 대한민국 부동산의 큰손은 거의 결정되었다고 해도 과언이 아니다.

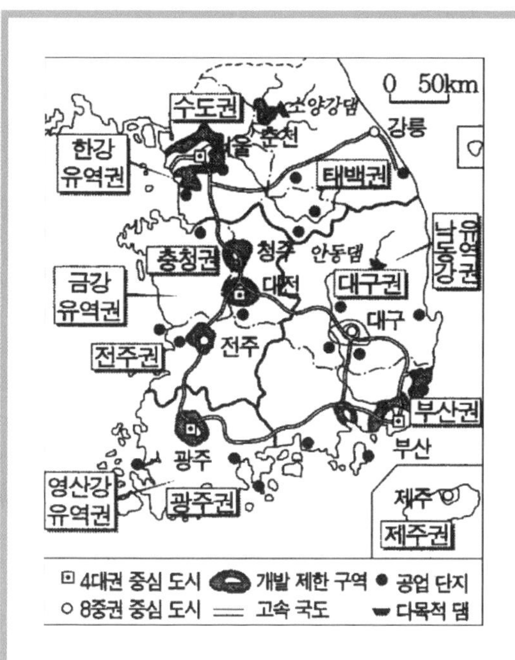

주요 성과

- 1977년 수출 100억 달러 돌파
- 남동임해공업벨트 중화학 공업기지 건설 : 창원·여천·온산·포항·옥포
- 지방 공업단지 조성 : 인천·성남·춘천·원주·청주·대전·광주·목포·대구·구미 공업단지
- 문화 유적을 바탕으로 한 관광 기반시설 확충 : 경주 종합개발, 부여·공주 종합개발
- 자연 경관을 바탕으로 한 관광단지 개발 : 제주도 종합개발, 영동·동해안 종합개발
- 사회간접자본 확충 : 호남고속도로 건설 등 총 연장 1,225㎞ 건설로 '1일 생활권화'
- 수자원의 종합적 개발 : 소양강·안동·대청댐 등 대단위 다목적댐 건설

제2차 국토건설종합계획(1982~1991년)

80년대의 대한민국은 격변기였다. 1978년 오일쇼크와 1979년 박정

희 대통령 암살 사건으로 정국이 어수선할 때 전두환이 권력을 장악했다. 1980년 끔찍한 광주 유혈 사태로 정치는 소용돌이쳤지만 저유가, 저금리, 저달러라는 '3저 행운'에 힘입어 대한민국 경제는 10%가 넘는 고속 성장을 구가했다. 또 1985년 GDP 1,000억 달러의 자신감으로 1986년 서울아시아경기대회와 1988년 서울 올림픽을 연이어 치르며 세계를 깜짝 놀라게 했다.

한편으로 서울과 수도권 과밀화를 막기 위한 개발 정책에도 불구하고 서울로 향한 집중은 오히려 심화되었다. 서울 인구 600만 수용을 목표로 강남 개발이 추진되었지만 1980년 이미 850만을 넘어섰다. 그래서 노태우 정부는 서울 인근에 5대 신도시를 개발(분당, 일산, 산본, 중동, 평촌)한다고 발표한다. 또 한 번의 부동산 열풍이 불어닥쳤다. 이미 부동산 투자의 맛을 알게 된 강남 부자들은 물론이고 평범한 월급쟁이들까지 가세하여 너도나도 신도시 투자에 뛰어들었다. 사실상 신도시 분양권 당첨은 로또였다.

부동산 열풍은 수도권에서 그치지 않았다. 이미 개발된 대구 권역 외에도 뒤늦게 대전 권역, 광주 권역에 신도시가 건설되면서 이들 지역에서도 부동산 투기가 일어났다. 이처럼 식을 줄 모르는 부동산 불패 신화는 일명 '복부인'을 양산했다. 정부 입장에서는 복마전 같은 부동산 투자를 양성화시킬 필요가 있었다. 그래서 1985년 제1회 부동산 공인중개사 시험이 생겨났다.

이처럼 제1차 계획에서 적용했던 성장거점개발방식의 폐해를 극복하기 위해 국토의 균형 발전과 국민 복지 향상을 목표로 한 지역 생활권 중심 개발을 추진했다. 그러나 수도권 · 중부권 · 서남권 · 동남권의 4대

지역 경제권을 집중 개발하는 광역종합개발방식도 또 다른 성장거점방식이었다. 그래서 오히려 수도권과 남동임해공업지역의 양극화가 심해져 지역 간의 격차가 더 커졌고, 공업 입지의 확산에 따른 환경 파괴와 오염 등의 문제가 더욱 심화되는 부작용을 낳았다.

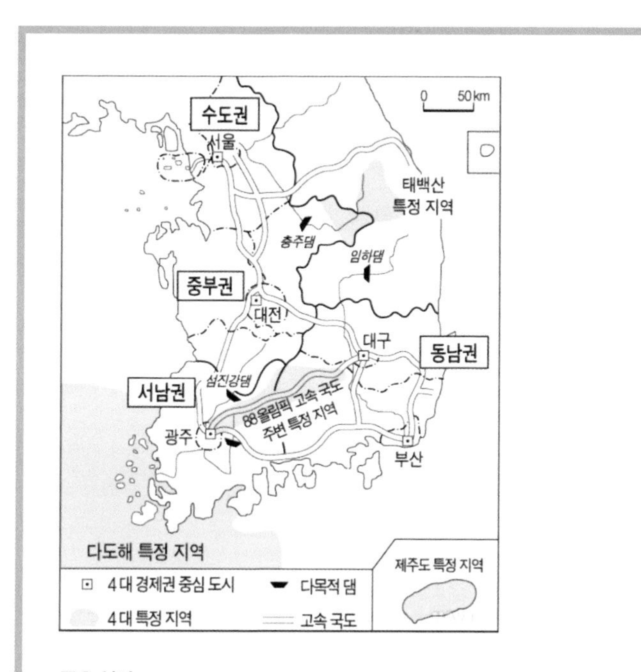

주요 성과

- 대규모 공업기지 신규 배치 : 서해안 6개 지구, 남해안 2개 지구
- 항만 시설의 확충 : 기존의 부산, 인천항 확대, 아산항(12선좌), 군장 신항 개발
- 도로 교통 : 고속도로 353.2㎞ 신규 건설, 325.4㎞ 확장
- 수도권 신국제공항 입지 선정 : 영종도~용유도
- 88올림픽고속도로, 중부고속도로, 서울지하철 3, 4호선과 부산지하철 1호선 건설
- 영광, 울진 원자력발전소 건설
- 국토 자연 환경 보전 부문 : 충주댐, 합천댐, 낙동강 하구 둑, 금강 하구 둑, 주암댐 완공

제3차 국토건설종합계획(1992~2000년)

이 시기에 맺어진 1992년 한중수교와 1990년 한러수교는 대한민국 국토를 전면 재조정하는 계기가 된다. 그동안 미국 · 일본이 교역의 중심이 된 경부선 라인을 축으로 발전하던 경제가 수도권, 부산권 과밀화와 함께 여러 가지 문제를 안으며 정체기에 접어든 시점에서 세계의 시장으로 발돋움하고 있는 중국과 교역하는 것이다. 이것은 새로운 돌파구이자 새 엔진을 단 것과 같았다.

두 차례 성장거점방식의 심각한 문제점을 인식한 정부는 이를 보완하고 국토의 균형 개발을 위하여 지방 분산형 국토 골격 형성을 주요 목표로 설정했다. 따라서 지방의 육성과 수도권 집중의 억제, 서해안 신산업지대 조성을 통한 산업구조 고도화, 통합 교통망 구축을 통한 유통의 효율성 제고, 국민 생활환경 부문에 대한 투자 확대, 국토 개발 계획 집행력 강화를 위한 제도 정비, 그리고 남북 교류 지역의 개발과 관리 등을 우선 전략으로 내세웠다.

이로써 당진–평택–서산–군산 · 새만금–광주–무안 · 목포로 연결되는 우리 경제를 대표하는 사업들이 서해안에 속속 들어서기 시작했다. 대중국 수출의 전진기지로 개발된 평택과 단군 이래 최대 사업이라고 불리는 새만금이 개발되고, 1991년 실시된 지방자치로 각 광역 단체는 개별적인 사업들을 추진한다. 인천~안산 구간을 시작으로 1990년 착공된 서해안고속도로는 이 시기를 대표하는 개발사업이자 서해안 시대를 여는 상징이었다. 이 밖에 국토 균형 발전과 전국을 반나절 생활권으로 조성하기 위해 7개의 광역권(부산 광역권역, 대구 광역권역, 대전

광역권역, 아산만 광역권역, 군산 · 장항 광역권역, 광주 · 목포 광역권역, 광양만 광역권역)을 우선 지정하였다. 그리하여 토지 이용 관리에 지방 정부의 자율권을 부여하여 민간 자본 유치를 통한 국토 개발의 효율성 제고를 꾀하는 등의 노력을 기울였으나, 수도권 억제와 지역의 균형 발전이라는 성과는 여전히 미흡했다는 평가이다.

한편 김영삼 정부는 지방자치의 실현과 더불어 선진국형 경제를 만들기 위해 지하경제 양성화를 위한 금융실명제를 전격 실시한다. 이는 결과적으로 '묻지마 투자'가 성행하던 부동산 시장도 투명화되는 계기가 되었다. 그러나 선진국 경제로 가는 데에는 큰 관문이 남아 있었다. G20 가입과 함께 금융 시장의 보호막이 사라지자 외환이 급속히 빠져나갔다. 한국 경제는 디폴트를 선언해야 했고, 모든 자산의 가치는 곤두박질쳤다. 부동산도 직격탄을 맞았다.

대한민국을 대표하는 기업인 대우의 서울역 빌딩이 헐값에 매각되었다. 강남의 아파트들도 급매가 속출하면서 강남 불패의 신화도 깨졌다. 당연히 분양 시장도 얼어붙었다. 미분양 사태뿐 아니라 20%가 넘는 고금리로 인해 분양가마저 반토막 나게 했다. 서울 외곽의 분양 아파트들은 시세의 절반 가격에도 못 미치는 1억 원에 분양해도 매수자가 없었다.

이때 현금을 동원할 여력이 있는 사람들을 중심으로 가치가 하락한 빌딩과 아파트가 대량 거래되기 시작했다. IMF 조기 극복을 위해 정부는 부동산 경기를 활성화해야 했다. 따라서 대통령 특례 조치로 양도세 면제 등의 온갖 당근책을 내놓았다. 1998년 -5.5%까지 곤두박질쳤던 경제 성장률은 1999년 11.3%의 폭발적인 성장률을 기록한다. 1998년

마이너스 성장을 단숨에 만회하고도 2000년에는 8.9% 성장하며 그해 8월 IMF 졸업을 선언한다. 경제 회복의 자신감과 정부의 부동산 경제 활성화 정책에 힘입어 부동산 시장은 고무공처럼 튀어 올랐다.

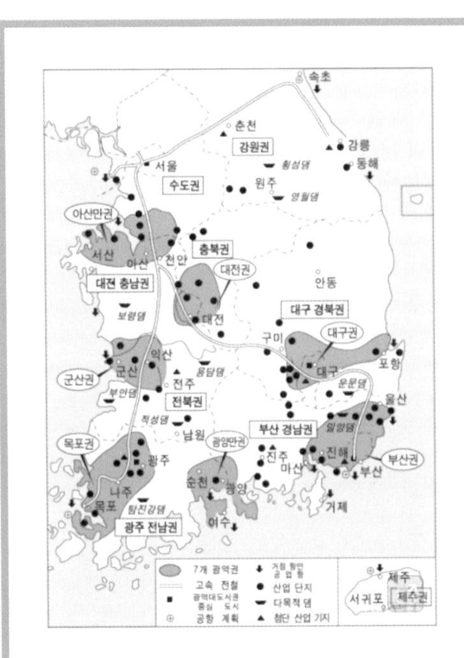

주요 성과

- DMZ에 남북협력단지 조성과 남북통일을 대비하여 경의선, 경원선 등 국도와 철도의 연결 추진
- 도로 : 고속도로 1,500㎞ 신설, 700㎞ 확장, 국도 5,500㎞ 확장 및 포장, 지역 도로 10,000㎞ 신설
- 철도 : 고속 전철의 단계적 건설, 철도 1,300㎞ 복선 전철화
- 4개 대도시 분산 개발 : 부산(국제 무역 및 금융 중심지), 대구(업무, 첨단기술, 패션산업의 중심지), 광주(첨단산업, 예술 · 문화의 중심지), 대전(행정, 과학 연구, 첨단산업의 중심지)
- 중부 및 서남부 지역의 개발 : '아산만-대전-청주', '군산-이리-전주', '목포-광주-광양만' 등 3개 권역을 신산업지대로 집중 개발

1970년 이후 처음으로 대한민국 부의 재조정과 함께 IMF 사태는 부동산 시장에도 많은 교훈을 남겼다. 첫째, 부동산 불패가 깨지며 묻지마 투자는 끝나고 부동산 공부의 필요성을 남겼다. 둘째, 부동산의 가치가 오히려 높아졌다. 정부의 채권은 급락했고, 원화 가치도 폭락하고, 주식은 아예 휴지 조각이 되어 버린 것을 사람들이 목격했기 때문이다. 셋째, 부동산 투자의 전문가를 탄생시켰다. 동네에서 부동산 물건을 소개하여 중개료를 취하는 사람을 중개사라고 한다면, 전문가는 국토종합개발계획을 기반으로 정부의 부동산 정책을 분석하고 투자의 타이밍과 투자 후 발생하는 세무 문제에 이르기까지 종합적인 투자 컨설턴트 역할을 하게 된다. 1999년은 내가 공인중개사 활동을 시작한 해이기도 하다. 전문가가 되기 위해서는 더 많은 공부가 필요했다. 중개사 자격증 취득 후 국토개발 석사 학위를 취득했으나 그것으로도 부족하여 박사 과정을 밟아야 했다. 그제야 대한민국 부동산이 한눈에 들어왔다.

제4차 국토종합계획(2001~2020년)

1~3차까지 추진된 국토건설종합계획은 제4차부터 국토종합계획으로 개칭되었다. 또한 이전의 계획이 10년 단위인데 반해 제4차 계획부터는 20년 장기 계획(2000~2020년)을 추진하되 첫 계획이 확정된 뒤 5년마다 여건 변화를 반영하여 계획을 정비하도록 규정하였다. 이러한 국토 기본법에 따라 노무현 정부는 2006년, 이명박 정부는 2011년, 두 차례 계획을 수정하여 추진하였다.

이 시기는 IMF를 극복한 김대중 정부가 2000년 6월 북한의 김정일 위원장과 평양에서 가졌던 역사적인 제1차 남북정상회담에 주목하게 된다. '한반도 비핵화 달성, 남북교류 · 경제협력 활성화, 이산가족 상봉'을 골자로 한 '6 · 15 남북공동성명'이 발표되었다. 이 정치적 사건이 부동산 관점에서 중요한 것은 제3차 국토건설종합계획까지는 국토 개발의 시야를 남한 영토에 초점을 맞춰 '권역별로 집중 개발하고 각 권역을 효율적 · 유기적으로 결합하여 통합'하는 개념이었다면, 제4차 국토종합계획부터는 국토를 한반도 영역에 가두지 않고 유라시아 대륙과 연결되는 동북아 중심 국가로 나아가는 인식의 전환인 '개방형 통합국토축' 개념으로 변화했다는 것이다.

이를 가장 쉽게 알아볼 수 있는 것은 크게 두 가지이다. 먼저, 환서해안축은 북한의 신의주를 경유하여 중국동해안경제벨트로부터 동남아를 돌아 일본 수도권을 크게 돌아오는 구상이고, 환동해안축은 북한 원산과 나진 · 선봉을 경유하여 러시아의 블라디보스토크를 돌아 일본 서해안축을 돌아오는 구상이다. 현재 추진되고 있는 문재인 정부의 신경제지도 구상의 기초가 이때 마련된 것으로 볼 수 있다.

이러한 국토 개발의 개념 변화는 개발의 새로운 시작을 의미한다. 지금까지 구축된 사회간접자본 시설(도로, 철도, 항공, 항만, 전력 등)도 새로운 전략과 구상에 따라 수정이 필요하게 된 것이다. '전국 1일 생활권'을 기치로 내건 것이 제1차 국토건설종합계획이었다. 하지만 이제는 '동북아 1일 생활권' 시대를 선포할 상황에 이른 것이다. 그러자면 가장 먼저 고속철도(KTX)와 스마트 고속도로가 건설되어야 한다. 단절된 철도와 도로의 연결뿐만 아니라 새로운 하늘길과 바닷길도 열어야 한다.

또 한 가지 눈여겨볼 점은 DMZ에 대한 새로운 시각이다. 남북 분단의 상징으로 세계 유일의 냉전지역으로써가 아닌 세계인이 관심을 가져야 할 평화의 상징으로 부각시키는 일이다. 그렇게 하여 DMZ는 단순히 남북 교류의 장이 아닌 세계 평화의 성지로 탈바꿈시키기 위한 전략으로 접근해야 한다. 마지막으로 '국토 개발 중심의 인식'에서 '국토의 쾌적한 이용과 보전 중심의 인식'에 대한 전환을 들 수 있다. 이는 우리 국민의 국토에 대한 수요가 자연을 경제적 관점으로 보던 것에서 힐링과 즐김의 대상으로 바뀌었다는 것을 의미한다. 이에 따라 모든 국민이 국토 이용에 불편함이 없도록 그동안 소외되어 있던 동서내륙축을 소통시키고, 천혜의 자연경관과 스토리가 숨어 있는 남해안의 다도해를 동서로 연결함으로써 개방축은 완성된다.

이러한 전략의 변화에 따라 이 시기의 부동산 이슈는 단연 고속철도 역세권과 수도권 2기 신도시(판교, 김포, 동탄, 인천 송도, 청라, 파주 운정 등) 개발이었다. 이들 개발의 호재와 IMF 이후 견고한 경제 성장에 힘입어 노무현 정부의 규제에도 불구하고 제2의 전성기를 구가하던 부동산은 2008년 금융 위기로 다시 한 번 큰 충격을 받아야 했다. 그러나 우리는 IMF라는 큰 파도를 넘은 경험이 있어 금융 위기는 대단하지 못했다. 이명박 정부와 박근혜 정부에 들어서 부동산 시장은 다시 투자 활성화를 맞는다.

그럼 2000년에 수립된 제4차 국토종합계획 원안부터 구체적으로 살펴보자. '21세기 통합 국토의 실현'을 기조로 하여 더불어 잘사는 균형 국토, 자연과 어우러진 녹색 국토, 지구촌으로 열린 개방 국토, 민족이 화합하는 통일 국토를 4대 기본 목표로 설정한다. 이를 실현하기 위한 부문별 추진 계획으로는 개방형 통합국토축 형성, 지역별 경쟁력 고도화, 건강하고 쾌적한 국토 환경 조성, 고속 교통 및 정보망 구축, 남북한 교류 · 협력 기반조성 등의 5대 전략이다.

먼저, 개방형 통합국토축 전략은 크게 연안국토축과 동서내륙축을 구성한다. 연안국토축은 다시 3개로 구축한다. 부산 · 울산—포항—강릉 · 속초와 북한의 원산—청진—나진 · 선봉 지역을 잇는 환동해축, 부산—광양 · 진주—목포—제주를 잇는 환남해축, 목포 · 광주—군산 · 전주—인천에서 북한의 개성—평양—신의주를 잇는 환황해축이 그것이다. 동서내륙축 역시 3개로 구축된다. 군산 · 전주—대구—포항을 잇는 남부내륙축, 인천—원주—강릉 · 속초를 잇는 중부내륙축, 통일 이후를 고려한 장기 전략으로써 북한의 평양—원산을 잇는 북부내륙축이 그것이다.

지역별 경쟁력 고도화 전략은 10대 광역권(아산만권, 전주 · 군산권, 광주 · 목포권, 광양만 · 진주권, 부산 · 울산 · 경남권, 대구 · 포항권, 강원동해안권, 중부내륙권, 대전 · 청주권, 제주도 국제자유도시) 육성과 지방 대도시가 특정 부문에서 한국을 대표하는 산업별 수도(과학기술산업수도, 국제물류산업수도, 섬유패션산업수도, 영상산업수도, 자동차산업수도, 첨단광산업수도 등)로 발전할 수 있도록 기능 전문화를 꾀하는 7대 문화관광권으로 구분하여 육성한다는 것이다.

건강하고 쾌적한 국토 환경을 조성하기 위한 전략으로는 주요 산맥과 10대 강, 연안 지역을 네트워크화하여 통합 관리하고, 주요 하천과 상수원의 수질을 1~2등급으로 개선하며, 주택 정책 기조를 '내 집 마련' 중심에서 '살기 좋은 우리 동네'로 전환하는 것이다. 고속 교통 및 정보망 구축 전략으로는 장기적으로 철도 수송 체계를 강화하고, 인천 국제공항을 동북아시아의 중심 공항으로 육성하며, 전 국토를 연결하는 초고속 정보통신망을 구축하는 것이다. 마지막으로 남북한 교류·협력 기반조성전략으로는 남북한 교류·협력 거점 및 사업을 적극적으로 발굴하고, 남북을 연계하는 교통망 복원을 추진하기로 하였다.

1차 수정 계획 : 2006~2020년, 노무현 정부

노무현 정부는 제4차 국토종합계획 원안에 '살기 좋은 복지'를 기본 목표로 추가하여 수정한 계획을 발표했다. 이는 '사람 사는 세상'이라는 그의 평소 지론을 반영한 목표로써 국토 계획 및 집행에 있어 아름답고 인간적인 정주(定住) 환경을 우선으로 하겠다는 전략이었다. 국토 구조 형성의 기본 방향은 대외적으로 유라시아 대륙과 환태평양을 지향하는 개방형 국토축을 유지하고 대내적으로는 자립형 지방화와 지역 간의 상생을 촉진하는 다핵연계형 국토 구조 구축으로 변화를 꾀했다. 이를 위해 다핵연계형 국토 구조 구축의 기본 단위를 수도권과 강원권·충청권·전북권·광주권·대구권·부산권·제주도 등 '7+1'의 경제권역을 설정하였다.

경제권역별로 보면 수도권은 국제 물류 및 금융·비즈니스, 지식기반산업 중심지로 위상을 재정립하고, 강원권은 자연생태자원 및 접경지역을 활용한 국제(남북) 관광 및 청정·건강 산업지대로 육성한다. 충청권은 연구개발(R&D) 및 바이오산업, 행정 중심 복합도시와 연계한 교육·연구·물류 및 지식기반산업을 특화 육성한다. 전북권은 친환경 농업과 생명산업의 고도화를 꾀하고, 자동차 기계 및 에너지 관련 산업 중심의 신산업지대를 구축한다. 또 광주권은 광산업 · 에너지 등 첨단 미래 산업을 육성하고 자연 자원과 친환경 농어업, 향토문화를 연계한 문화 관광 산업지대로 육성한다. 대구권은 전자정보산업과 한방산업을 육성하고 역사 · 문화 · 교육 자원의 활용을 극대화하여 지역의 성장 잠재력을 증진한다. 부산권은 자동차산업과 조선 · 기계 등 주력 산업을 첨단화하고 동북아시아 해양 물류 및 영상산업의 중심지로 위상을 강화한다. 제주도는 국제자유도시 개발을 중심으로 하여 세계적 관광휴양 및 교류 거점으로 육성한다.

2차 수정계획 : 2011~2020년, 이명박 정부

이명박 정부의 기조는 그의 장점과 정치적 기반에 걸맞게 방향을 전환하여 대한민국의 새로운 도약을 위한 '글로벌 녹색 국토'를 내세웠다. 경쟁력 있는 통합 국토, 지속 가능한 친환경 국토, 품격 있는 매력 국토, 세계로 향한 열린 국토 조성을 4대 기본 목표로 설정한 정부는 국토 경쟁력 제고와 지역 특화 및 광역적 협력 강화, 그리고 신성장동력에 방점을 찍는다. 이로써 국토 공간 형성의 기본 방향은 초광역 개발권을 중심으로 한 개방형 국토발전축 형성을 기본으로 유지하되 초국경적 교류 및 협력 기반을 강화하여 유라시아 · 태평양 지역의 전략적 요충지로써 관문 국가 역할과 동아시아 주요 경제권(환황해권 · 환동해권 · 환태평양권 · 유라시아대륙권)의 중추 국가로써 위상을 확립하고자 하였다.

이를 위해 대내적으로는 수도권 · 충청권 · 대경권 · 호남권 · 동남권과 강원권 · 제주권을 묶는 '5+2' 광역경제권을 중심으로 거점도시권을 육성하고 광역경제권 간의 연계와 협력을 통하여 지역의 자립적 발전을 유도하고자 하였다. 이는 4대강(한강 · 금강 · 영산강 · 낙동강) 사업으로 구체화되어 실현되었다. 국토의 균형 발전을 꾀하고 강을 중심으로 한 국토 재창조를 선도하여 녹색 국토 구조를 형성할 수 있도록 탄소 배출 저감형 교통체계를 구축하고, 에너지 저소비형 국토 공간 구조를 형성하려는 것이었다. 이 밖에 4대강, 백두대간, 새만금 연안 지역 등을 중심으로 자원 순환형 녹색 국토 공간을 구축하고, 도시권을 중심으로 INBEC[IT(정보산업) · NT(나노산업) · BT(바이오산업) · ET(에너지산업) · CT(문화산업)]형 녹색산업을 육성한다는 전략을 수립해 추진하였다. 한편 남북한 교류협력에 대비한 기반 구축 사업도 이때 더욱 구체화되어 추진되는데, 문재인 정부의 남북경협을 기반으로 한 한반도 신경제지도 구상과 결부시켜 남북교류사업에 집중하여 구체적으로 살펴보기로 한다.

- 남북한 교류협력의 단계적 추진
  - 기반 조성기, 교류 확대기, 교류 정착기 등 3단계로 접근하되 우선은 접경벨트를 중심으로 남북교류협력 가시화에 대비한 기반을 구축하는 데 주력
  - 이외에 북한 접경지역 공동 관리, 평화지대 구축, 북한 자원 공동개발 및 인프라 지원 등은 향후 남북 간 긴장 완화와 협력 분위기 조성에 대비하는 차원에서 검토

- 접경벨트 발전 종합 계획 수립
  - 접경지역의 체계적 관리 및 북한과 평화적인 교류협력을 위하여

남북교류 접경벨트의 종합적인 발전 계획을 수립하고 남북 관계 진전 추이에 따라 접경벨트에 북한교류협력지구를 조성하여 향후 남북교류협력의 전진기지화 및 접경지역의 지역경제 활성화를 도모하는 방안 강구

- DMZ 인근의 안보 · 생태환경 체험관광을 위해 접경지역 내 핵심 거점지역 중심의 평화누리길을 조성하고 인접 시 · 군 간 연계를 위한 동서녹색평화도로 조성 등으로 접경지역 간 교류 활성화 추진

• 남북 관계 진전에 대비한 협력 과제 강구

- 동부 지역의 녹색산업(GT), DMZ를 활용한 중부지역의 MICE산업, 한강 하구 유역의 서해 지역 남북경제협력사업 등 육성 방안 모색
- 남북 간 환경협력 협약 체결을 통한 DMZ 생태계 공동 조사, 생물권 보전 지역 지정, 생태 공원 조성 등의 국토 환경 관리 계획 수립 및 DMZ 생태계 및 생물종 복원 등을 추진
- 우선 DMZ 남측 지역 일원을 대상으로 유네스코 자연 유산 및 생물권 보전 지역, 자연 유산 등록, 생태 공원 조성 및 보호 지역 지정 등을 추진하여 남북 간 환경협력 기반 구축
- 해양 자원 개발, 수산 증양식, 항만 운영, 해양 환경 보전, 해양 에너지 분야의 과학기술 협력, 한반도 연안의 지속 가능 발전과 생물주권 확보 등을 위한 해양 보호 구역 네트워크 추진
- 민간인 통제선 해제 지역과 기존 접경지역의 전략적 개발을 위하여 평화지대를 구축하고 미개발 토지의 계획적 관리 및 보전 대책을 수립하여 남북한 교류 협력 증진을 도모

- 평화지대는 군사 정전 협정의 군사적 특성, 해양 및 수역 등의 지형적 특성, 기존 사업 및 신성장산업의 경제적 특성, 교통망 · 생활권의 인문 사회적 특성 등을 고려하여 권역별로 개발 방향을 모색
- 북한 접경지역의 기존 댐 정비 및 유역 공동 조사를 통해 홍수기에 남쪽 접경지역에서 발생하는 수해를 사전에 예방하고 관리하기 위한 홍수 방지 시스템 구축
- 남북한 비무장지대 및 접경지역의 북한 하천 유량 정보를 수집 · 관리하는 공동 자연재해 대책반을 구성, 운영하는 방안 검토
- 북한 광물자원에 대한 남한의 민간투자를 활성화하여 희귀 자원에 대한 소유권을 확보하고 이를 운송하기 위한 철도, 도로 등 사회기반시설 구축
- 북한의 낙후된 상하수도 시설과 노후 주택 등을 정비하기 위한 건설 물자 및 기술 지원

• 해양시대와 대륙시대를 함께 여는 글로벌 교통물류 관문 국가 도약

- 유라시아-태평양 지역의 단일 교통 및 물류 시장화에 대비하여 교통물류 관문 국가로 도약할 수 있도록 물류 네트워크 구축
- 동북아 및 ASEAN 주요 거점과 연계를 강화하는 한 · 중 · 일 복합 수송 체계(철도 · 해운 · 육상 연계 등) 국제 운송 네트워크를 구축
- 아시안 하이웨이의 결손 부분인 북한 지역 연결 및 유럽 국제 도로망 연결을 위한 당사국 간 실질 협력 추진
- 한반도를 중심으로 TCR, TSR과 연결되어 아시아 · 유럽 대륙으로 진출을 확대할 수 있도록 국제 철도의 수송 기반 구축

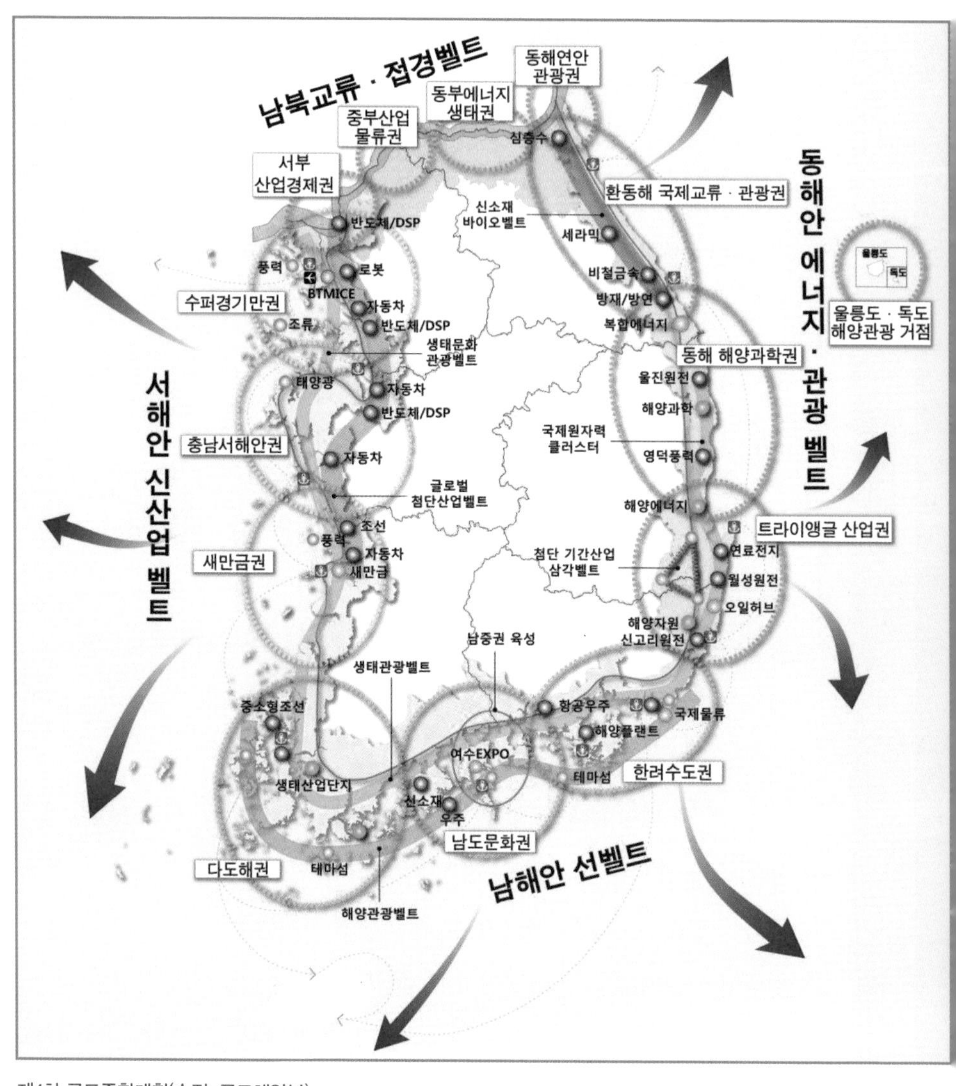

제4차 국토종합계획(수정, 국토해양부)

02

한반도에 그려진 빅 픽처

놀라운 변화가 시작되다

급반전이다. 전쟁의 먹구름이 가득하던 한반도에 무슨 일이 일어난 것인가? 2017년 11월로 거슬러 올라가 보자. 6차 핵실험을 마친 북한은 미국 전역을 타격할 수 있는 대륙간탄도미사일(ICBM)급 화성 15호를 발사하고 '핵 무력 완성'을 선언했다. 그러자 격분한 트럼프 미국 대통령과 미국인들은 화들짝 놀라 격한 반응을 쏟아 냈다. 김정은 위원장을 향해 '꼬맹이 로켓맨'이라는 조롱과 함께 '화염과 분노'라는 말로 평양을 곧 폭격할 것처럼 말했다. 미국이 자랑하는 전략 폭격기가 한반도 상공을 선회비행 했고, 항공모함도 동해상을 어슬렁거렸다. 김정은 위원장도 이에 지지 않고 "괌을 불바다로 만들겠다."고 위협하며 일본 상공을 통과해 태평양 한가운데로 다시 미사일을 발사하며 응수했다. 그렇게 되자 그동안 북한에 우호적이었던 중국조차 유엔의 대북제재에 가담했다. 미국이 주도하는 최대 압박과 관여 정책은 유례가 없던 수준이었다. 민생과 관련된 깊은 영역까지 제재 대상이 확대되어 일각에서는 이러한 강도의 제재가 지속된다면, 북한이 얼마 버티지 못할 것이라는 의견이 나오기도 했다.

파국으로 치달을 것만 같던 정세는 2018년 들어 급변하기 시작했다. 우선 김정은 위원장이 신년사를 통해 '사회주의 경제 건설'과 '인민 생활 개선 향상'을 내비쳤다. 전문가들은 조심스럽게 북한이 대화로 국면 전환을 시도할 것이라는 예측을 내놓았다. 북한의 핵개발이 전쟁 목적이 아닌 '생존'에 있음을 알아차리기 시작한 것이다. '세습'이 아닌 자신의 '능력'으로 정통성을 인정받고 싶은 김정은이 핵개발에 집착한 이유는 협상 테이블에서 발언권을 크게 하기 위한 전략이라는 것이다. 그에게는 2022년이 매우 중요하다. 지난 2016년 제7차 조선노동당대회에서 국가 전략 비전으로 제시했던 '사회주의 강국 건설'의 '완성'을 바로 이때 과시하고자 하는 목표가 있었다. 김정은의 거래 상대방인 트럼프에게도 2018년은 성과를 내야 할 중요한 이유가 있다. 연방의회의 중간선거가 11월(민주당이 하원을 공화당이 상원을 차지했다)에 있고, 대통령 재임 선거가 2020년에 예정되어 있다. 전쟁 대신 평화를 이룩한 트럼프에게 미 국민은 최고의 찬사를 보낼 것이 분명하기 때문이다.

계산을 마친 북한의 행보는 파격적이었다. 시작은 2018년 1월 현송월 북한 삼지연 관현악단 단장의 방남으로 시작된 평창 동계올림픽이었다. 개막식에는 이른바 백두혈통인 김정은 위원장의 여동생 김여정 조선노동당 중앙위원회 제1부부장이 선수단과 함께 참가하여 지구촌을 깜짝 놀라게 했다. 이후 마치 톱니바퀴처럼 북한예술단 공연, 평창올림픽 남북 여자아이스하키 단일팀 구성, 남측 태권도 시범단과 예술단 평양 공연, 그리고 남북정상회담 합의로 이어졌다. 이윽고 4월 27일, 문재인 대통령과 김정은 위원장은 남북 퍼스트레이디를 대동한 역사적 만남까지 포함하여 파격적인 모습을 보이며 '종전선언-평화협정 연내 추진'을 골자로 한 〈4 · 27 판문점 선언〉을 이끌어 냈다. 그리고 4월 29일 국무회의를 마친 정부는 문 대통령이 김 위원장에게 USB를 하나 전달했다는 전언이 흘러 나왔다. 거기에는 무엇이 들어 있었을까?

한반도에 생긴 양날개

2018년 4월 27일 김정은 위원장과 문재인 대통령이 남과 북을 가르고 있던 판문점 경계선 앞에서 손을 맞잡은 장면이 TV 화면을 가득 메웠다. 이윽고 놀라운 일이 벌어졌다. 김 위원장의 손을 잡은 문 대통령이 월북을 한 것이다. 둘은 손을 잡은 채 다시 거리낌 없이 월남을 했다. 실향민 아버지를 둔 내 가슴이 순간 쫄깃해졌다. 이번에는 내 머릿속을 '뻥' 뚫어줄 소식이 들려왔다. 문 대통령이 김 위원장에게 전달했다는 USB에 담긴 내용은 내가 2016년 두만강에서 느꼈던 전율을 다시 일으켰다. USB의 내용은 바로 '신경제지도'였다. 드디어 한반도가 한몸이 되겠다는 것이다. 상반신이 잘려 반도인의 기개를 잃고 팔다리만 발달한 현실주의자인 남쪽, 하반신이 잘려 팔다리 없이 괴성만 질러 대며 자존심 하나로 버티고 있는 북쪽을 서로 통하도록 하겠다는 구상이다.

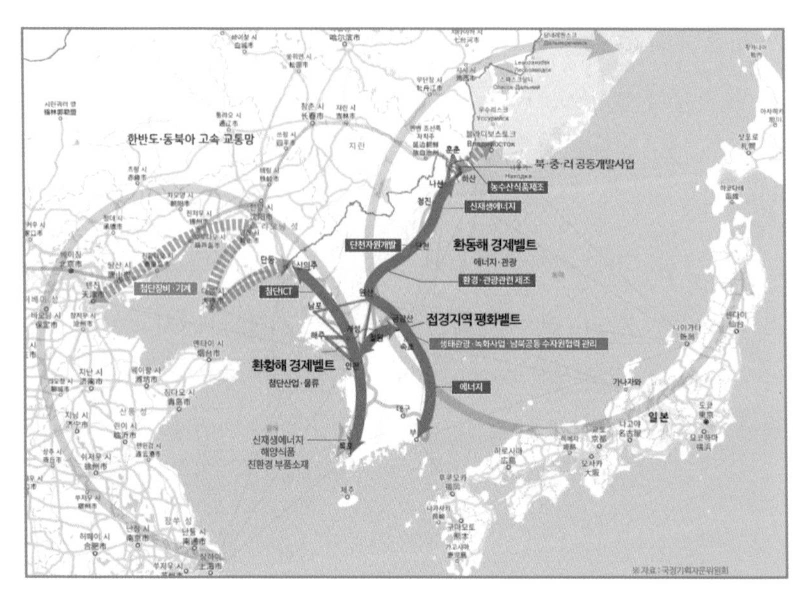

한반도 신경제지도(국정자문위원회)

그 핵심은 3대 벨트다. 위 그림을 보면 마치 허리를 단단히 동여맨 듯한 한반도가 날개를 활짝 편 것 같지 않은가. 이것이 실현된다면 우리 경제는 북방경제권으로 경제 영토가 확장됨으로써 엄청난 기회가 생길 것은 자명하다. 이뿐이겠는가? 막혔던 혈관에 피가 돌 듯 한반도 전역은 부동산 열기로 단숨에 뜨거워질 것이다.

"남북한이 함께 번영하는 경제 협력은 한반도 평화 정착의 중요한 토대입니다. 나는 한반도 신경제지도 구상을 가지고 있습니다. 북핵 문제가 진전되고 적절한 여건이 조성되면 한반도의 경제지도를 새롭게 그려 나가겠습니다. 군사분계선으로 단절된 남북을 경제벨트로 새롭게 잇고 남북이 함께 번영하는 경제 공동체를 이룰 것입니다."

대통령에 당선된 문재인이 2017년 7월 6일 베를린에서 선포한 '한반도 신경제지도'에 대해 관심을 가지는 사람은 별로 없었다. 1990년대 이후 거의 모든 정부가 남북경협과 통일을 지향하는 정책을 발표했고, 문재인 정부의 구상도 큰 틀에서 김대중 정부와 노무현 정부의 그것과 크게 다르지 않았기 때문이다. 그동안 남한의 인도적 지원을 비롯해 금강산관광, 개성공단 사업 등 남북경협은 결국 북한 핵개발을 지원했다는 굴레에서 벗어나지 못하면서 번번이 북한의 유화전술에 끌려다닌다는 내·외부 비판에서 자유롭지 못했다.

그런데 이번에는 뭔가 좀 달라 보인다. 노무현 정부 시절의 경험을 바탕으로 남북경협은 미국과 주변국의 협조 없이는 불가능하다는 것을 뼈저리게 느낀 문재인 정부는 명분보다 실리를 취하겠다는 전략으로 '중재자'를 자처했다. 북미를 비롯해 중국과 일본, 러시아의 이해관계를 조정하면서 '안보'가 '경제'로 전환되도록 하겠다는 운전자론으로 한반도의 평화 정착과 경제 번영이라는 두 마리 토끼를 잡기 위한 의지를 구체화했다. 곧바로 인수위원회격인 국정기획자문위원회를 통해 구상을 발표했다.

이 구상은 한마디로 '남북경협으로 한반도가 동북아지역의 허브로 도약'한다는 빅 픽처였다. 이는 'H 라인'의 3대 벨트 구축을 통해 북방경제와 연결하여 한반도의 신성장동력을 확보하고자 하는 '한반도 신경제지도 구상'으로 명명되었다. 목포–서울–개성–평양–신의주로 이어지는 환서해안축을 서해안산업·물류·교통벨트로, 부산–금강산–원산–나선으로 이어지는 환동해안축을 동해권에너지·자원벨트로 하여 양날개를 구축한다. 서해안산업·물류·교통벨트는 중국으로 이어지며 첨단산업과 물류가 중심을 이룰 것이다. 동해권에너지 · 자원 벨트는 러시아로 이어지며 에너지와 자원이 흐르는 동맥이 된다. 이 동 · 서의 양날개를 DMZ환경 · 관광벨트가 연결해 준다. 설악산–금강산–원산–백두산을 잇는 관광벨트 구축 및 DMZ를 생태화 · 안보 관광지구로 개발하는 계획이다.

'4 · 27 판문점 선언'에서 양 정상은 이 '한반도 H 라인'의 신경제지도에 서로 공감했다고 한다. 이에 따라 동해선 · 경의선 철도, 도로의 연결과 DMZ의 평화지대 건설을 명시했다. 끊어진 한반도의 '맥'을 잇기로 약속한 것이다. '신경제지도'의 또 다른 전략은 서해와 동해를 날개로 삼아 동북아의 중심으로 날아오르겠다는 구상이다. 크게는 남포–대련–상하이–목포를 잇는 환서해경제권, 부산–나진–블라디보스토크–니가타를 연결하는 환동해경제권이 바로 그것이다.

이 같은 'H 라인'이 실현되면 우리나라는 호수에 떠 있는 섬나라와 같은 위치의 지정학적 한계를 극복하고 대륙과 해양으로 뻗어 나가게 되는 것이다. 반도의 동쪽 끝 부산은 대륙으로 가는 기찻길과 해양으로 가는 바닷길을 잇는 물류의 중심 허브도시가 되고, 강원도는 에너지 · 수산업의 중심 지역이 되며, 새만금과 개성공단은 한반도의 핵심 산업단지로 거듭날 수 있다. 연평균 10%대의 성장률로 한강의 기적을 일군 대한민국이 3%대의 성장률에도 못 미치며 허덕이는 상황에서 북쪽은 미래이자 기회의 땅이다. 확실히 이것은 우리 시대의 행운이자 한반도가 가진 에이스 카드이다.

한반도 신경제지도의 실체

서해안산업 · 물류 · 교통벨트

서해안산업 · 물류 · 교통벨트는 '개방형 국토축'을 지향한 제4차 국토종합계획에서 '환서해안축'로 명명되었던 바, 서울 · 수도권–개성공단–평양 · 남포–신의주를 연결하는 서해안 경협벨트 건설이 주요 내용이다. 이 서해안벨트에는 대한민국의 서울특별시, 인천광역시, 광주광역시, 대전광역시, 경기도, 충청남도, 충청북도, 전라남도, 전라북도를 포함하며, 중국의 베이징, 톈진, 허베이성, 네이멍구, 랴오닝성과 북한의 평양직할시, 남포특별시, 평안남도, 평안북도, 황해남도, 황해북도가 포함된다. 남 · 북 · 중의 수도권을 포괄하는 약 3억 명의 인구가 거주하는 거대한 벨트다. 지금은 중단되어 있지만 이미 남북은 개성공단을 가동하여 가능성을 확인했고, 북 · 중 접경지인 압록강 유역에는 신의주 경제특구와 위화도 · 황금평 경제특구가 개발되어 새로운 시대를 대비하고 있다.

남북은 9 · 18 평양 정상회담에서 서해경제공동특구를 개발하자는 합의서를 채택하여 실현 가능성을 높였다. 아울러 남북 군사 긴장 완화를 바탕으로 서해공동어로의 시범 운영을 천명하기도 했다. 이처럼 서해안벨트는 남 · 북 · 중의 거대한 배후 시장과 함께 경협을 위한 인프라가 잘 갖추어져 향후 가장 빠른 진척이 이루어질 전망이다.

• 주요 프로젝트

- 한반도와 중국 주요 도시 간 1일 생활권 구축 : 서해권 고속 교통망 개설을 통하여 서울–평양–베이징 연결, 이는 서울–평양–베이징의 3대 수도권을 기반으로 고급 인적 자원의 투입과 유기적 연계가 요구되는 첨단 · 지식산업, 금융 · 상거래, 기타 첨단 서비스 산업 육성의 기반이 됨
- 서해권(산업 · 물류 · 교통)벨트 건설 : 인천–해주–개성을 연결하는 남북경협 삼각지대, 목포–남포–상해를 자유항으로 연결하는 황해 트라이앵글
- 서해평화협력특별지대 건설 : 인천–개성공단–해주 · 파주–개성–해주
- 북한의 첨단산업 개발 : 평양권(평양 은정첨단기술개발구, 남포IT산업단지)과 신의주권(신의주 국제 경제지대, 황금평 · 위화도 경제지대)
- 북한의 금융 · 상거래 등 첨단 산업 개발 : 남포(와우도 수출가공구), 신의주(신의주 국제 경제지대), 개성(개성 공업지구)
- 기타 : 전력 개발 및 송배전망 현대화, 경의선 철도, 도로의 공동 이용 및 개보수, 개성공단 사업의 재개와 2 · 3단계 확장

동해권에너지 · 자원벨트

동해권에너지 · 자원벨트는 '환동해안벨트'로 명명된 금강산, 원산 · 단천, 청진 · 나산을 남북이 공동 개발하여 우리의 동해안과 러시아를 연결한다는 계획을 담고 있다. 이 동해권벨트에는 대한민국의 강원도,

경상북도, 경상남도, 대구광역시, 부산광역시, 울산광역시와 수도권의 서울특별시를 포함하며, 중국 네이멍구, 헤이룽장성, 지린성과 북한 나선특별시, 함경북도, 함경남도, 강원도를 경유하여 극동 러시아와 연결된다. 이 지역에는 약 1억 3,000명의 인구가 살고 있다. 이곳은 일찍이 두만강 유역을 중심으로 두만강종합개발(GTI), 창지투 개발 · 개방 선도구 전략, 나선 경제지대 구축 등의 발전 전략을 추진해왔다. 하지만 북한의 핵개발에 따른 정치적인 불안정성과 주변국의 열악한 배후 인프라, 수요 부진 등의 이유로 계획들이 실질적으로 진행되지 않거나 중단되었다. 이곳은 부산–강원도–원산–청진–나선–훈춘–창춘–헤이룽장성–네이멍구–몽골로 연결되거나 러시아로 확장되어 유럽으로 가는 유라시아 국제 운송로의 가능성이 무궁무진한 중요한 출구이다. 그래서 나진-훈춘 도로, 나진-하산 철도, 나진항 부두 개보수, 훈춘 국제경제특구 등의 인프라 구축이 진행되고 있거나 계획이 수립되어 있다. 중국 동북3성의 성장, 시베리아의 무한한 에너지, 북한의 풍부한 자원, 남한과 일본의 자본과 기술을 바탕으로 한 잠재력은 엄청나다. 이를 잘 인식하고 있는 남북 정상은 우선 동해안 관광공동특구 개설을 남북정상합의서에 명기하여 동해안벨트 실현에 한 발짝 더 나아갔다.

• 주요 프로젝트

- 동해권 관광지구 개발 : 설악산–금강산–원산–백두산–칠보산 관광벨트를 구축
- 남 · 북 · 러 천연가스 공급 가스관 건설사업
- 한반도 동북부의 천연자원 매장 지역 개발 : 단천 지역 특구 지정

(마그네사이트, 아연, 납 등 매장)

- 교통 인프라 사업 : 경원선, 동해선 철도 · 도로 연결 및 현대화, 원산~함흥 고속도로 건설, 함흥~김책~청진 고속도로 건설, 원산~금강산 철도 개보수 및 고속화
- 주요 항만 현대화 : 원산항, 흥남항, 청진항, 나선항
- 기타 : 나진, 선봉 거점으로 중국, 러시아와 연계 수송망 확충/동해–DMZ를 생태 · 평화안보 관광지구로 개발

DMZ환경 · 관광벨트

DMZ환경 · 관광벨트는 설악산, 금강산, 원산, 백두산을 잇는 관광벨트 구축 및 DMZ생태 · 평화안보벨트로 만든다는 구상이다. 이 지역은 생태관광의 보고로 평가 받는다. 지구상에 유일한 냉전지역으로 남아있는 DMZ 지역에 군사적 긴장 완화를 시작으로 남북이 공동 개발을 하여 생태 보전 지역 지정 및 평화문화교류센터를 건설하게 되면 이곳은 세계 평화의 상징으로 우뚝 설 수 있다. 현재 비무장지대(DMZ)는 군사분계선을 중심으로 각각 2㎞, 즉 남북으로 4㎞의 넓이에 동서로 250㎞에 걸쳐 있는 거대한 띠 모양으로 한반도의 허리를 가르고 있다. 남북 정상은 평양에서 DMZ를 기점으로 서부는 남북 각 20㎞, 동부는 각 40㎞ 이내에서 군사 활동을 전면 금지하는 군사협정을 체결하여, 우선 사업으로 JSA 내 지뢰 제거와 일체의 무기 반입 금지를 실현시켰다. 아울러 2018년 연말까지 남북 군사당국은 DMZ 내 GP 각 10개씩을 우선 철수하기로 하고 이미 실현시켰다. 이외에도 철도 · 도로 연결을 위한

남북 공동 조사가 지난 11월 30일 실시되는 등 DMZ 내 관련 사업이 속도를 내고 있다.

• 주요 프로젝트

- 생태 환경 보호사업, 공유 하천 공동 관리, 생물권 보전지역 지정
- 평화 생태관광 거점 육성, 세계생태평화공원 개장, 문화 교류센터 건립

제5차 국토종합계획은 어떻게 그려질까?

신경제지도로 날개를 달게 될 한반도는 그동안 막혔던 북쪽이 대한민국의 국토 개발 축으로써 북한과 대륙으로 확장하며 새로운 기회를 갖게 될 기대에 가득 찼다. 정부와 학계도 전에 없이 발 빠르게 움직이기 시작했다. 판문점 남북정상회담을 앞둔 3월, 서울 대한상공회의소에서 열린 '제5차 국토종합계획(2020~2040년) 수립 심포지엄'에서 이런 움직임을 확인할 수 있었다. 판문점 선언이 반쪽짜리 인식을 전환하는 계기가 되긴 했지만 대한민국 최상위 법인 헌법에는 이미 대한민국의 영토를 한반도 전체로 규정하고 있다. 우리가 북에 있는 사람들에게 북한 주민이라고 하는 것처럼 북한도 우리를 남에 있는 남한 인민이라고 한다. 백두산이 영원한 민족의 영산이듯이 한라산도 민족의 영산이라는 인식은 서로 다르지 않고, 독도가 자기네 땅이라고 주장하는 일본에 분노하는 것은 남과 북이 따로 없다. 서로 다른 체제로 분단된 이후 지

금까지 국토 개발 정책이 대륙과 단절된 섬과 같았지만 이번 심포지엄에서 한반도가 대륙의 일부라는 사실을 직시하기 시작했다는 점은 매우 중요하다.

이를 바탕으로 제5차 국토종합계획의 수립 방향에 대해 '한반도 통합공간론'을 전제로 구상해 보았다. 제4차 국토종합계획에서 제시한 '개방형 통합국토축'은 부족하지만 폐쇄형 국토 공간의 인식을 유라시아 대륙으로 넓혀 준 기회였으므로 이제는 대한민국의 영토를 한반도를 넘어 태평양과 유라시아 대륙의 중심 국가로 나아가는 '초국경 한반도 통합국토축' 개념으로 정립해야 할 때라는 데 생각이 모아졌다. '초국경 한반도 통합국토축'은 정치 · 사회 · 경제 · 문화 등 국방을 제외한 거의 모든 분야에서 융복합되고 있는 기술 변화에 대응하고, 첨예한 미 · 중 무역 전쟁과 급변하는 세계정세 속에 한반도 경제 통일을 전략적 목표로 설정한 것이다.

그래서 제5차 국토종합계획의 국토축은 한마디로 방패연 모양이 될 것이다. 즉, 신경제지도 구상의 남북축인 환서해안축, 환동해안축에 동서축인 DMZ평화축을 기축으로 환남해안축과 환대륙접경지축을 더해 한반도를 단단히 고정한 다음 X자축으로 뼈대를 만들어 날아오르게 하는 것이다. 환서해안축, 환동해안축, 환남해안축은 기존의 4차 계획을 확대 발전시킬 세부 계획을 마련할 것이고, DMZ평화축은 인천–해주 · 개성–철원–고성 · 속초를 연결하는 한반도 허리가 될 것이며, 환대륙접경지축은 신의주–만포–혜산–남양–온성–나선으로 중국의 단둥을 비롯한 동북3성, 러시아의 하산과 블라디보스토크와 인접할 것이다. 반도의 뼈대가 될 X자축의 오른쪽 사선은 나선–원산–서울–오성 · 세종—익산—목포축이, 왼쪽 사선은 신의주—평양—서울—오성 · 세종—대구—부산축으로 한반도의 동서남북을 가로질러 유기적인 소통과 대륙 지향을 숨기지 않게 될 것이다.

두 번째는 과거의 국토 개발이 '국토 공간의 경제적 가치'에 초점을 두었다면 제5차 국토종합계획에서는 무게중심이 '국토 이용의 사회적 가치'로 이동될 것으로 예상했다. 저출산과 급격한 인구 감소로 비롯된 인구 변화와 초고속 · 인공지능으로 대표되는 4차 산업혁명의 기술변화는 정주와 거주의 개념 자체를 바꿔 줄 것이다. 시속 300㎞를 넘나드는 초고속 철도망이 전국에 깔리면 서울에서 부산, 신의주는 2시간 거리로 좁혀 들고, 북경은 5시간 이내에 주파가 가능해진다. 여기에 인공지능 기능을 탑재한 스마트 하이웨이를 자율주행 자동차가 시속 200㎞ 내외로 달린다면 서울을 둘러싸고 있는 수도권의 경계는 현재의 3배 이상으로 확대된다. 서울—평양—남포—인천이 메가폴리스로 성장하여 한반도 수도권을 새로이 형성할 개연성도 크다. 뿐만 아니라 이미 실현된 초고속 통신망은 가상 세계와 현실 세계의 경계를 없애 회사의 근무 환경도 새롭게 제공할 것이다. 남해의 한적한 바닷가에 사는 사람이 삼성동에 위치한 회사에 출근하지 않고도 회의하고 업무를 주고받는 일이 결코 불가능한 일이 아니다. 원산에서 휴가를 즐기는 사람이 여의도 금융타운과 업무를 주고받는 상상이 결코 허황된 꿈이 아니다. 이처럼 경제 활동에 거리의 제약이 없어지면 일상에서 힐링하고 여가를 누리고 싶어 하는 사람들의 지방 이동이 현실화될 것이다. 귀농이 아니라 귀촌이 더 현실적이다.

세 번째, 인프라 확충과 함께 '인프라 재생'은 주요한 키워드가 될 전망이다. 남북 교류 협력으로 인해 북한의 SOC사업이 최우선으로 추진될 것이다. 철도와 도로, 전력, 항만과 그 외 건설 사업이 대한민국 경제에 새로운 동력을 불어넣을 것이다. 이와 함께 노후한 도로, 산업단지, 상하수도 등 기존 인프라의 재생사업도 적극 추진될 것이다. 기존에 구축한 댐, 방조제, 저수지 등은 급격한 기후 변화를 감당할 수 없는 상황이다. 폭우 · 가뭄 · 홍수 · 폭설 · 해수면 상승 등 기후 변화는 기상청 슈퍼컴퓨터를 무색케 하며 매년 새로운 지역을 강타하고 있다. 따라서 자연재해를 대비한 새로운 인프라 투자도 시급한 사업이다. 한편 자연친화적인 신재생에너지 사업에도 가속도가 붙을 전망이다. 새만금의 풍력과 조력, 제주도와 개마고원의 풍력, 남해안의 태양력 등을 확충하여 화석에너지 사용을 줄이는 정책을 펼칠 것이다.

• 주요 예상 프로젝트

- 도로 : 수도권 제2순환고속도로 완공, 스마트 하이웨이 건설, 아시안 하이웨이 AH1노선 지하화, AH6노선 한 · 일 해저 터널 건설, 환서해고속도로 건설, 평화고속도로 건설, 아시안 하이웨이 AH6노선인 동해안고속도로 건설, 서남해안 국도 77호 완공.
- 철도 : 목포~제주 구간 고속철도 해저 터널 건설, 경의선 고속철도 완공(개성~신의주 구간), 동해선 고속철도 건설(포항~삼척~속초~원산~청진~나선 구간), 경원선 고속철도 완공(철원~원산 구간), 평원선 고속철도 신설(평양~원산 구간), 수도권 광역철도 완공(GTX A, B, C노선), 한반도종단철도(TKR) TCR, TCMR, TSR 노선과 연결
- DMZ 평화단지 조성 : 통일경제특구 건설(미정), 세계평화생태공

원, 서해3강 하구 개발

- 한반도 4개 거점 개발 : 부산(태평양 국제 무역 전진기지, 동해안벨트 시종착점), 목포(해양 레저 관광 거점, 서해안벨트 시종착점), 신의주(첨단IT산업 물류네트워크 중심지, 대중무역의 전초기지), 나선(에너지, 지하자원 동북아 국제 물류기지)
- 통일 관광 산업 : 설악산 · 금강산 국제관광특구 개발, 백두산 · 개마고원 관광특구, 평양 · 묘향산 관광특구, 서울 · 개성 역사문화 관광특구, 제주도 관광특구, 남해안 다도해 관광특구, 환동해안 크루즈관광(동해~원산~블라디보스토크~캄차카반도~북해도~니카타~부산), 환서해안 쿠르즈 관광(인천~남포~대련~웨이하이~상하이~하이난~오키나와~제주~목포) 등

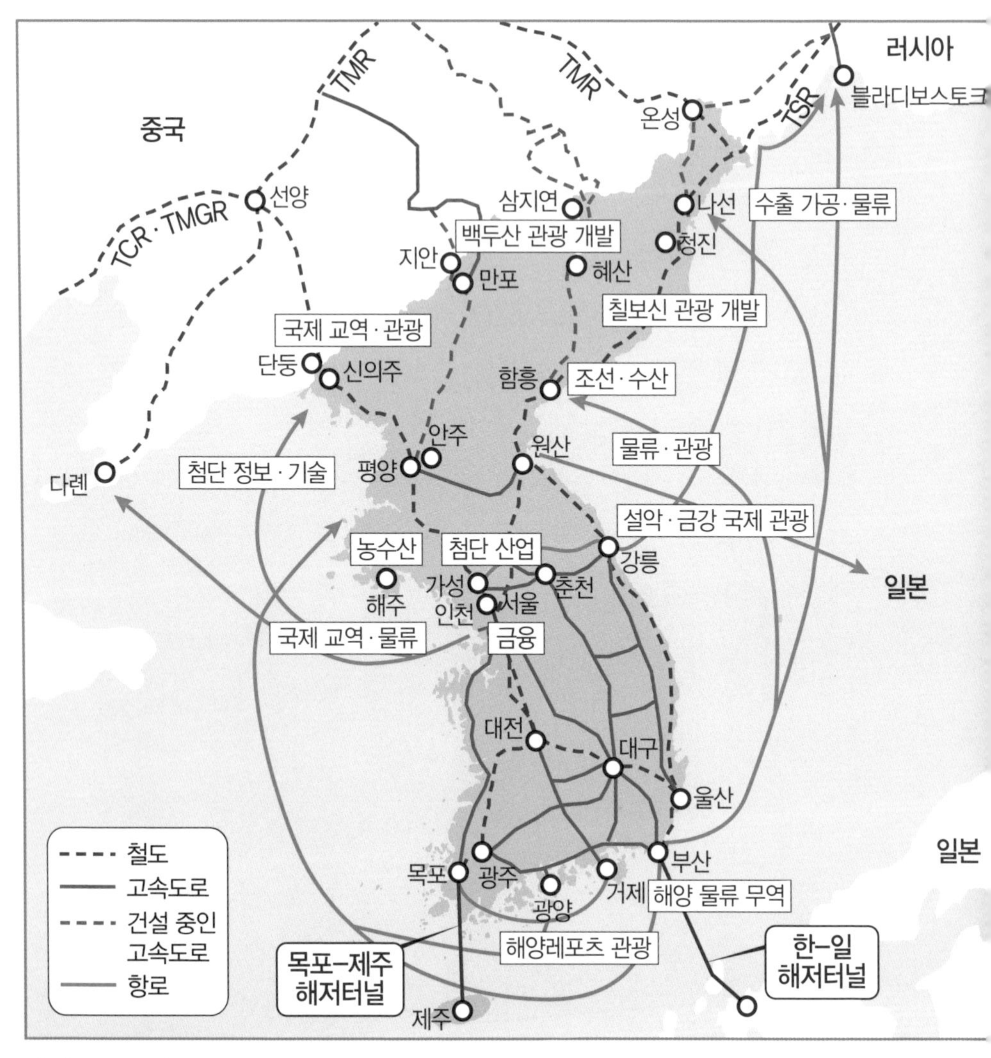

제5차 국토종합계획 예상

2장

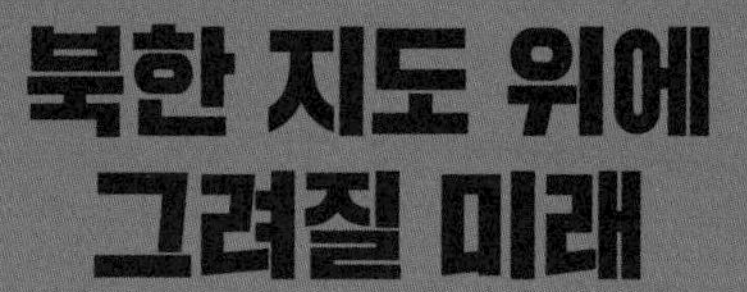

북한 지도 위에 그려질 미래

01
그동안 북한은 어떻게 변했을까

북한의 현실 속으로

우리가 살아온 대한민국이 어떻게 변화해왔는지를 간략하나마 살펴보았다. 그럼 분단되어 있던 70여 년 동안 북한은 어떻게 변했을까? 지난 9월 18일 문재인 대통령과 김정은 위원장이 카퍼레이드를 할 때 TV에 비친 평양 시내는 우리를 깜짝 놀라게 했다. 2007년 노무현 대통령 방문 때와는 확연히 달라진 평양은 50~70층에 이르는 초고층 건물들이 즐비했다. 그곳은 '여명거리'로, 2016년부터 김정은 위원장의 지시로 건설된 주상복합단지라고 한다. 평양 북동쪽 대성구역 일대에 약 25만 평 규모로 조성된 이곳 주변에는 금수산태양궁전과 김일성종합대학이 있고, 초고층 아파트와 상가, 탁아소 · 유치원 등 교육시설과 식당 같은 서비스 시설까지 완비한 북한판 신도시이다. 평양을 드나든 외신 기자들 사이에서는 이미 뉴욕의 맨해튼을 빗대어 '평해튼'이라 불리기도 한다고 했다. 남측 사람들이 묵었던 고려호텔 내 상점에는 구찌, 마이클 코어스 등의 로고가 박힌 가방이나 일본 음료수, 펩시 다이어트 등 외국 상품도 많아 예전의 북한이 아니었다고 한다. 뿐만 아니라 그동안 북한이 자본주의의 첨단이라고 비난했던 샤넬, 불가리, 디올, 랑콤 등의 명품 브랜드 향수와 화장품들이 별도로 마련된 매장에서 별일 아니라는 듯 팔리고 있다고 했다.

이처럼 1983년생 젊은 김정은이 이끄는 북한은 지금껏 우리가 상상했던 것과는 매우 다른 모습을 보여주고 있다. 핵과 미사일로 세계를 위협하며 고모부조차 숙청한 무자비한 철권 통치자, 가난으로 굶어 죽는 사람이 속출하는데 자신은 호화 생활을 즐기는 철부지라는 인식을 여지없이 깨 주고 있는 것이다. 이러한 변화를 이해하기 위해서는 김정은과 같은 또래의 일명 '장마당 세대'를 알아야 한다. 그들은 열 살 남짓 한참 학교를 다녀야 할 나이에 '고난의 행군' 시절을 겪으며 학교 대신 고사리 같은 손으로 시장에서 먹을 것을 찾아 헤매거나 장사를 하며 청소년기를 보낸 세대다. 북한의 뉴 제너레이션이라 불리는 이들은 더 이상 우리가 알던 북한 사람, 즉 노동당과 김일성 · 김정일 부자를 신처럼 떠받들던 사람들이 아니다. 배급이 끊겨 30만 명 이상이 굶어 죽는 상황에서 인민들은 살아남기 위해 목숨을 걸고 '장마당'을 만들었다. 인민들의 생존을 책임지지 못한 북한 당국도 막을 수 없었던 이 풀뿌리 시장주의는 이미 공산주의 북한에 깊숙이 뿌리내린 지 오래다. 서울에 있는 광장시장보다 큰 시장이 전국에 400개가 넘게 생겨났고, 현재 북한식 경제 관리 방법이라는 독자적인 경제 노선까지 취하고 있다.

그들 '장마당 세대의 꿈'은 더 이상 국가와 인민을 위해 당에 헌신하는 것이 아니다. 시장에 자신만의 번듯한 가게를 갖는 소망에서부터 백화점을 갖고 싶다는 자본주의의 꿈을 가진 지 오래다. 고층 빌딩 사이를 핸드폰의 이어폰을 끼고 출근하거나, 북한판 재벌인 일명 '돈주'들이 지어 놓은 고급 아파트에서 러닝머신 위를 달리거나, 하이힐을 신은 멋진 여성들이 애완견을 안고 산책하는 모습이 지금의 평양이다. 어쩌면 세계가 하나로 연결되어 있는 초고속 네트워크 시대가 시작된 지 오래고, 인공지능이 사람을 대체할 것이라는 초디지털 시대인 지금, 북한만이 장막에 가려진 채 오프라인 세계에 머물러 있을 것이라는 우리의 생각이 순진한 것이었는지도 모른다. 그들도 한강의 기적을 만들어 낸 우리와 같은 DNA를 가진 한민족이지 않은가? "더 이상 멀다고 하면 안 되갔구나!"라는 김정은의 말처럼 더 이상 먼 나라가 아닌 북한에 대해 좀 더 깊이 들어가 보기로 하자.

군사분계선(DMZ) 북쪽에 있는 북한의 정식 명칭은 조선민주주의인민공화국이다. 면적은 대한민국보다 약간 큰 12만 3,138㎢로 한반도 전체 면적의 55.1%를 차지하고 있고, 인구는 2018년 기준 2,501만 명으로 한반도 전체 인구의 33.2%에 해당한다. 북한의 행정구역은 1945년 해방 당시에는 황해도, 평안남도, 평안북도, 함경남도, 함경북도, 강원도(일부), 경기도(일부)를 포함한 7도, 11시(개성시, 나진시, 성진시, 신의주시, 원산시, 진남포시, 청진시, 평양시, 함흥시, 해주시, 흥남시), 89군으로 되어 있었다. 그러나 이후 남쪽에 이승만 정권이 들어서고 북쪽에 김일성 정권이 들어서면서 분단이 현실화되자, 북한은 1946년 평양을 수도로써 특별시로 승격하고, 38도선 이북의 강원도 땅과 함경남도 원산을 포함한 일부를 합쳐 강원도를 신설했다. 3년 후인 1949년에는 강계군을 포함한 함경북도 일부와 함경남도 장진군 일부를 떼어서 자강도를 신설하고, 1954년 함경남도 개마고원 일대의 혜산시와 신설되었던 자강도의 후창군을 다시 떼어 양강도를 신설했다. 같은 해 황해도를 황해남도와 황해북도로 나눠 오늘날과 같은 9도가 되었다.

2002년에 평양특별시를 평양직할시로, 개성직할시를 개성특급시로, 신의주는 신의주행정특별구로, 원산 일대를 금강산국제관광특별구로 승격하고, 2010년에는 나선직할시가 나선특별시, 남포특급시가 남포특별시로 승격되어 북한의 행정구역은 현재, 1직할시 2특별시 9도 1특급시로 정리되었다. 기초 행정구역으로는 우리와 비슷하게 시, 군, 구역으로 형성되어 있는데, 직할시와 특별시의 아래에는 구역, 군을 두고, 도의 아래에는 시, 군을 두고 있다. 시, 군, 구역의 하부 행정구역으로는 동, 읍, 리, 로동자구가 있으며, 시와 구역의 아래에는 동, 리를 두고, 군의 아래에는 읍, 리, 로동자구를 둔다. '구역'이 남한 광역시의 '구'에 해당하는 것을 제외하면 기본적으로 큰 차이가 없다. '로동자구'라는 행정단위가 우리에게 낯선데 이는 일종의 공동마을 개념으로 공장 · 광산 ·

북한의 기초 행정구역

구분	지역
1직할시	평양직할시
2특별시	남포특별시, 나선특별시
2특별구	신의주특별행정구, 금강산국제관광특별구
9도	평안남도, 평안북도, 자강도, 함경남도, 함경북도, 양강도, 황해남도, 황해북도, 강원도
1특급시	개성특급시

임산 · 어업에 종사하는 노동자들이 65% 이상 거주하는 곳에 별도 설치된다.

참고로 우리 대한민국은 헌법상 북한의 행정구역을 이북5도(황해도, 평안남도, 평안북도, 함경남도, 함경북도)로 유지하고, 행정안전부 이북5도위원회에서 관리하고 있다. 현재까지 휴전선 이북에 위치하고 있는 이북5도를 헌법 제3조의 규정에 따라 '미수복 영토'(대한민국의 영토는 한반도와 그 부속 도서로 한다)로 간주하고 있다.

북한의 행정구역도

북한의 주요 도시들

평양직할시

평양의 인구는 약 325만 명으로 알려져 있다. 북한의 최대 도시이자 수도로 정치, 문화, 교육의 중심지인데 북한에서는 혁명의 수도라고도 부른다. 대동강을 중심으로 강 좌측에 형성된 중심부를 본평양, 서쪽을 서평양, 그리고 강을 건너 동쪽에 형성된 시가지를 동평양으로 나눈다. 서울에 비해 겨울은 몹시 추운데 여름 날씨는 비슷하다. 비도 여름에 집중되어 있고 연강수량 939.8㎜로 한반도의 평균보다 약간 적은 정도이다.

평양은 수도답게 철도와 도로의 중심지로써 전국을 연결하는 교통망이 거미줄처럼 얽혀 있다. 대표 노선으로는 평의선, 평부선(둘 다 본래의 경의선), 평원선이 지나며 평양개성고속도로, 청년영웅도로, 평양순안고속도로, 평양원산고속도로가 지난다. 평양에는 지하철도 있는데 서울보다 1년 빠른 1973년에 개통되었으며, 2개 노선이 운영되고 있다. 평양에는 공항이 두 개가 있는데 순안 국제공항과 미림비행장이다. TV에 자주 나오는 공항이 바로 북한의 허브공항인 순안국제공항이다. 유적지로는 고구려 고분군과 단군릉, 동명왕릉, 을밀대, 평양성, 대동문 등이 유명하다. 남한 사람들에게 가장 유명한 곳은 단연 옥류관으로 냉면을 먹어 보고 싶다는 사람들이 많아 왕래가 자유로워지면 줄이 얼마나 길게 늘어설지 짐작하기 어렵다.

남포특별시

우리의 인천직할시와 비교되는 남포특별시는 동쪽에서 서쪽으로 흐르는 대동강 하구 북쪽에 위치한 인구 약 100만 명의 북한 제2의 도시이다. 수도인 평양과 해외를 연결하는 관문이자 국제 무역항으로 일찍이 항만 교통이 발달하였다. 1986년에 서해갑문이 건설되어 2만 톤급 이상의 선박이 드나들 수 있는 국제항 규모로 발전하였다. 기후는 온화한 편으로 인천과 비슷하다. 서해안에서 유일하게 관광객이 드나들 수 있는 지역으로 관광도시로 개발하기 위해 와우도에 신시가지를 건설했다. 와우도해수욕장은 원산의 송도원해수욕장과 함께 북한이 개방하고 있는 대표적인 해수욕장이나 아직은 외부 출입이 자유롭지 않다고 알려져 있다.

1998년 12월에 완공된 10차선의 청년영웅도로(평양~남포 간 고속도로)가 평양시를 연결하고 있으며 철도 평남선이 연결되어 있기도 하다. 우리와 합작기업인 평화자동차에서 승용차를 생산하고 있고, 1990년대 중후반에 대우그룹이 남포공단에서 의류 봉제공장을 운영하기도 하였다.

나선특별시

나선특별시는 두만강 하류에 있어 중국, 러시아와 지리적으로 아주 가깝다. 한반도 가장 북쪽에 위치한 항구로 이곳은 용수가 풍부하고 수심이 깊어 대형 선박의 출입이 가능하다. 2002년 북한은 두만강 지역을 개발하려는 국제적 움직임에 발맞춰 중국의 경제특구와 비슷한 나진 ·

선봉경제무역지대를 설치하였다. 현재 인구는 약 20만 명으로 추정된다. 특이한 점은 현재 북한에서 평양 다음으로 소득이 높은 도시로 알려져 있다. 그 비밀은 역시 중국과 러시아의 동해 관문이라는 데 있다. 즉, 중국, 러시아가 투자를 많이 하면서 자연스럽게 외국 물품이 드나들어 교역을 할 수 있기 때문이다.

이곳은 그대로 둔다 해도 지정학으로 반드시 성장할 도시이다. 중국 동북3성 가운데 지린성과 헤이룽장성에는 항구가 없어 5,500만 인구가 나선항 하나만 바라봐야 하는 상황이기 때문이다. 뿐만 아니라 조선족들이 많이 거주하는 연변 지역에도 항구가 없어 나선은 무한한 성장 잠재력을 지니고 있다. 마치 부산항이 대한민국 5천만의 수요를 가지고 태평양 관문으로 성장한 것처럼, 나선은 중국 동북3성의 전초기지로써 그 역할이 기대된다. 남북 철도가 연결되면 시베리아 횡단철도의 시작점이 될 이곳은 세계적인 물류의 중심지로도 각광 받을 전망이다. 나선은 북쪽이라는 선입견에 비해 그렇게 춥지 않다. 동해 특유의 푄 현상이 있다고 보면 된다. 연평균 기온이 6.3도이고, 최저 기온은 -8.8도, 최고 기온은 20.9도이다.

신의주행정특별구

서울에서 서북쪽으로 직선거리 360㎞, 철도로는 약 490㎞ 거리에 있는 신의주행정특별구는 인구 약 40만 명의 평안북도청 소재지로 북쪽으로 압록강을 경계로 중국 단둥시와 마주보고 있다. 국경도시답게 북한 개방의 관문으로써 중국으로 가는 철도와 도로가 이곳을 거친다. 그래서 신의주는 상당히 개방되어 있다. 개성공단이 폐쇄된 이후 북한은 신의주특구에 더 많은 공을 들이고 있다. 압록강을 건너면 바로 중국과 연결된다는 점에서 현재도 중요하지만 남북교류가 본격화되면 가장 주목받는 경의선(현, 평의선) 종착역으로 국경 출입의 관문이기 때문이다. 이곳을 통해 중국대륙철도(TCR)와 만나 유라시아로 연결된다. 철도 못지않게 항구도 중요한 역할을 할 것으로 기대된다. 신의주항과 함께 인근의 룡천항에서는 유람선과 화물선이 한 차례씩 출항하고 있다. 신의주는 북한에서 가장 낮은 도시로 해발 고도가 1m이고 연평균 기온은 9°C로 온화한 편이다.

금강산국제관광특별구(원산시)

서울에서 180㎞, 평양에서 150㎞, 금강산과 함흥에서는 각각 85㎞ 떨어져 있는 원산시는 인구 약 30만 명인 북한 강원도의 도청소재지이다. 해안선이 단순한 동해안의 다른 도시와 달리 갈마반도, 호도반도에 둘러싸인 원산만에 여도, 신도, 웅도, 황토도 등의 여러 섬들이 앞에 있어 일찍부터 천혜의 항구로 평가 받았다. 일제강점기부터 광복 당시까지만 해도 서울이나 평양에서 동해로 놀러간다고 하면 으레 원산으로 가는 것을 생각했었다. 왜냐하면 원산의 송도원해수욕장은 분단 전에 조선 제일의 해수욕장으로 유명했고, 갈마반도 오른쪽에 있는 명사십리해수욕장도 유명하다. 워낙 입지 조건이 좋아 1880년 일제에 의해 동해안 제1호로 개항하여 도시화가 진행되었으며, 경원선(경성~원산) 철도가 있고, 평원고속도로(평양~원산)가 뚫려 있어 평양으로 오가는 교통도 좋은 편이다.

최근 금강산관광특구로 지정되면서 금강산으로 통하는 고속도로가 새로 개통되어 강원도의 교통 요지가 되고 있다. 갈마반도에 3,500m의 활주로를 갖춘 국제공항인 갈마국제공항이 개항하였다. 평창올림픽 전에 우리 선수들을 태운 비행기가 이곳으로 내렸다. 김정은이 태어난 곳으로 알려진 원산은 김정은 집권 이래 제2의 평양으로 개발하라는 교시를 내려 현재 대대적인 개발이 진행 중이다. 남북교류가 이뤄지면 원산은 서울과 비교적 가까운 거리에 천혜의 입지 조건(해수욕장과 금강산)을 갖춘 관광도시로 급격하게 발전할 것으로도 예상된다.

개성특급시

고려 왕조 500년의 수도로 개경이라 불렸던 개성시는 소나무가 많아 송악 또는 송도라는 별칭으로도 유명하다. 현재 인구는 약 35만 명으로 추정하고 있다. 개성시의 10㎞ 동쪽(판문점)에 군사분계선이 지난다. 개성 시내와 군사분계선 사이에 개성공단이 있는데, 개성공단은 대한민국의 파주시 문산읍에서 14㎞ 서북쪽에 있다. 2000년에 설치된 이 개성공단은 그동안 남북경협의 관문으로 발전해왔으나 2016년 폐쇄된 상태이다. 그러나 2018년 남북정상회담 '판문점 선언'을 계기로 지난 9월 남북 간 소통을 담당할 남북공동연락사무소가 개설되어 곧 예전의 모습을 되찾을 것으로 기대한다.

옛 고려의 수도로 남한의 경주시나 서울특별시 못지않게 명승고적이 많다. 명승의 대부분은 유네스코 세계유산 개성역사유적지구로 등재되었다. 철도는 평부선(경의선) 개성역이 있으며, 그 동쪽으로는 대한민국 경의선 도라산역과 연결되는 판문역, 손하역, 봉동역이 있다. 도로는 평양개성고속도로가 있는데 우리 측 파주문산고속도로와 연결될 전망이다. 개성은 북쪽에는 송악산, 서쪽에는 오공산(지네산), 남쪽에는 용수산이 둘러싸고 있는 분지이다. 그래서 대구시와 마찬가지로 겨울에는 춥고 여름에는 더위가 심하다. 추위는 서울보다 심한 편이다.

함흥시

함흥냉면의 고장으로 잘 알려진 함흥시는 인구 약 77만 명으로 평양과 남포에 이어 세 번째로 큰 도시이며, 동해안에 있는 도시 중에서는 가장 큰 도시로 함경남도청 소재지이다. 우리의 청주시, 전주시와 비슷한 규모의 대도시로 서울과의 거리는 약 270㎞, 광주와 대구 정도라고 생각하면 무리가 없을 것이다. 역사를 좋아하는 사람들은 잘 알겠지만 함흥은 조선왕조를 세운 태조 이성계의 본거지이다. 지금도 경흥동에 정화릉과 덕안릉 등 왕릉이 있고, 귀루동에는 이성계가 태어난 준원전이, 경흥동에는 그가 왕이 되기 전에 살던 집 가운데 하나인 경흥전이 남아 있다. 태종 이방원이 아버지인 이성계에게 차사를 보내면 죽임을 당해 다시는 돌아오지 못한다는 의미의 '함흥차사'라는 말이 유래된 곳이기도 하다. 영화 〈국제시장〉에서 미군이 철수한 흥남부두가 있는 곳이다. 함흥은 위도에 비해 기온이 따뜻한 편이다. 우리 동해안과 마찬가지로 함경산맥이 바람막이 역할을 해 줘 푄 현상이 일어난다. 북쪽은 함경산맥, 서쪽은 낭림산맥으로 둘러싸여 있고 성천강 유역으로 함흥평야가 발달해 있다. 주변의 풍부한 목재를 실어나르기 위해 함남선, 신흥선, 장진선 등의 철도 노선이 발달해 있으며 선덕비행장이 주변에 있다.

청진시

함경북도의 도청 소재지인 청진시는 평양, 남포, 함흥에 이어 네 번째로 큰 도시이다. 1908년 개항된 뒤 청진만을 중심으로 항구도시로 발전하였으나 주변의 풍부한 철광광산으로 인해 일찌감치 일제강점기부터 제철소가 조성되어 북한의 최대 중공업 도시로 성장하게 된다. 우리의 포항과 유사한 위치와 도시 구조를 가지고 있다. 항구도시로 발전하면서 무역도 활발해 지방에서는 생활수준이 상당히 높은 편이다. 대중교통 수단도 잘 발달되어 있고 대학도 많으며 부자나 당원도 많이 산다. 특히 청진 수성시장은 역사가 일제강점기까지 거슬러 올라가는 유서 깊은 곳으로 평양 통일거리시장, 신의주 채하시장, 평성시장, 사리원시장과 함께 북한의 주요 도매시장으로 자리매김했다.

신의주가 단둥의 대규모 트럭 행렬로 대변되는 합법적 형태의 교역이 주류를 이룬다면, 청진은 온성, 회령, 혜산 등을 통해 합법과 비합법을 가리지 않고 무수히 다양한 경로를 통해 들어온 온갖 소비재들이 몰려드는 곳이다. 그래서인지 오래전부터 많은 젊은이들이 청바지나 미니스커트를 입고 활보하는 패션의 도시이기도 하다. 현재 한국으로 온 새터민들 중 청진 출신 사람들이 굉장히 많은 점도 이런 특성을 반영한다고 볼 수 있다. 김정은의 부인으로 파격적인 행보를 보인 퍼스트레이디 리설주가 이곳 청진시 출신이고 납북되어 화제가 된 영화감독 신상옥과 1세대 건축가인 김수근도 이 지역 출신이다.

기후는 동해의 영향으로 겨울에는 따뜻하고 여름에는 시원하다. 연간 강수량은 623.4㎜로 한반도에서 강수량이 가장 적은 지방에 속한다. 철도는 평라선(옛 함경선)과 함북선이 지나며 어랑군에 어랑공항이라고도 하는 청진공항이 있다. 청진항은 2만 톤급의 선박이 입항할 수 있는 항구로, 서해안의 남포항에 필적하는 항구이다.

북한의 경제력은 어느 정도일까

두 차례 남북정상회담에서 '남한에 비해 불비한 도로 사정'이라거나 '세계 여러 선진 나라들의 시설보다 뒤떨어지는 것을 양해해 달라'는 김정은 위원장의 솔직한 표현이 화제가 되었다. 그의 말처럼 실제로 현재 남과 북은 비교 자체가 무의미할 정도로 큰 경제력 차이를 보이고 있다. 2018년 12월, 통계청이 국내외 북한 관련 통계를 모아 분석한 '2018 북한의 주요 통계지표'에 따르면 2017년 기준 북한의 국민총소득(GNI 명목)은 36조 6,310억 원으로 남한의 1,730조 4,614억 원에 비해 1/47.2에 불과하다. 1인당 국민소득(GNI) 또한 북한은 146만 원으로 3,364만 원인 우리의 1/23 수준이다. 이는 2016년 1/22 수준에서 격차가 더 벌어진 셈이다. 무역 총액은 55억 5,000만 달러로 우리의 1조 521억 7,300만 달러 대비 1/190 수준으로 나타났다. 발전설비용량은 7,721MW로 남한 11만 7,158MW 대비 1/15에 불과했다. 북한의 도로는 총 연장 2만

남한과 북한의 경제력

구분		북한	남한	차이
국민총소득(GNI)		36조 631억 원	1,730조 4,614억 원	1/47.2
1인당 국민총생산(GDP)		146만 원	3,364만 원	1/23
무역총액	합계	5,550억 달러	1,052,173억 달러	1/189.6
	수출	1,772억 달러	573,694억 달러	1/323.8
	수입	3,778억 달러	478,478억 달러	1/126.6
전력 생산량		235억kW	5,535억kW	1/23.6
도로 총연장		2만 6,178km	11만 91km	1/4.2
인구		2,501만 명	5,145만 명	

(2017년 기준)

6,176km로 남한의 11만 91km에 비해 1/4이다. 그러나 북한이 남한에 앞선 분야도 있다. 철광석과 석탄 생산량이다. 북한의 철광석 생산량은 574만 톤으로 남한(31만 톤)보다 18.5배가 많고 석탄도 북한이 2,166만 톤을 생산해 남한의 144만 톤보다 14.6배 이상 많다.

1975년 이후로 출생한 사람들(만 45세 이하)은 아마도 북한이 우리보다 잘사는 나라였다는 사실을 알지 못할 것이다. 자료에 따라 약간 다르긴 하지만 남과 북의 1인당 국민소득 역전이 이루어진 해로 1975년을 꼽는다. 1962년 제1차 경제개발 5개년 계획을 수립하여 본격적인 실행을 하기 바로 전인 1961년 대한민국의 1인당 국민소득은 82달러였다. 이는 세계 독립국가 125개국 가운데 101번째에 해당한다. 한마디로 세계 최빈국이었다는 얘기다. 당시 우간다, 방글라데시, 에티오피아, 토고, 파키스탄이 우리와 비슷한 수준이었고 이집트는 152달러, 필리핀 260달러, 터키 276달러, 브라질 203달러였는데, 북한은 320달러로 포르투갈, 브라질 바로 위인 세계 50위 수준이었다. 풍부한 지하자원과 일제가 남기고 간 산업시설을 바탕으로 공산주의 특유의 계획경제가 빛을 발한 결과였다. 북한의 전성기였던 1970년대에는 농기계의 자력갱생을 달성한다. 수년간의 노력 끝에 조선형 트렉터를 개발하는 데 성공하는 기염을 토하기도 하였다. 어획량도 많아서 명태를 무상 배급할 정도였다. 또한 광물자원 수출도 활발하여 고급스러운 외제 상품들이 풍족하게 공급되기도 했다.

그러나 중공업 중심 계획경제의 폐단과 러시아를 비롯한 동구 공산권 변화와 맞물려 경제성장이 둔화되었다. 1976년부터는 서서히 뒤쳐지기 시작하더니 1980년에는 1인당 GDP가 남한의 1/15로 역전되어 버렸다. 1989년 동구권 공산당 일당 독재의 붕괴, 1991년 소련의 붕괴는 고립된 북한 경제에 치명타가 되었다. 설상가상으로 1993년 흉작, 1994년 집중호우에 이어 김일성 사망은 경제의 붕괴를 넘어 최악의 민생고에 빠뜨리고 말았다. 이로 인해 배급제가 붕괴되며 아사자가 속출하기 시작했다. 이른바 '고난의 행군' 10년이 시작된 것이다. 당시 최악의 식량난으로 약 30만 명 이상의 인민들이 아사했다고 알려져 있다. 이때부터 북한 인민들은 살기 위해서 농사를 짓거나 가축을 키웠다. 국가에게 생존 보호를 기대할 수 없으니 자연스럽게 이웃과 물물교환을 하는 시장이 생겨났다. 이것이 오늘날 북한 장마당의 시초가 되었다.

02
김정은 시대의 북한과 경제 개발 계획

변화, 가능성 있는 도박

1994년 김일성의 갑작스런 사망으로 집권한 김정일은 소련을 비롯한 공산권이 없어진 환경에 적응하지 못하고 오히려 고립과 철권통치를 강화하다가 국제 사회의 압박에 직면하게 된다. 미국과 적대관계는 심해지면서 미국은 UN을 통해 김정일 정권의 목을 더욱 옥죄었다. 김정일은 중국과 관계를 이용하여 교묘하게 제재를 빠져나가면서 정권을 유지했으나 피해는 북한 경제에 쌓여 인민들에게 고스란히 돌아갔다.

이런 북한 정권의 내부 상황은 물론 스위스에서 유학하며 세계정세를 잘 알고 있던 김정은은 아버지 김정일과는 다른 스탠스를 취하기 시작했다. 핵실험과 국제 사회에 대한 도발로 지원이 완전히 끊겼음에도 장마당을 통제하며 인민들에게 스스로 알아서 먹고 살라는 식의 대응으로 인민의 분노를 샀던 김정일에 비해, 김정은은 사실상 시장 경제 체제를 인정하고 장마당을 제도권에 편입시키는 과감한 정책을 폈다. 김일성, 김정일 시기에 간부들까지도 엄격하게 통제했던 외화 사용을 허용한 것도 김정은이다. 외화를 갖고 있다면 얼마든지 사용할 수 있는 고급 외화 상점들이 평양뿐만 아니라 지방 도청 소재지나 국경 무역도시에 계속 생겨나고 있다. 이러한 외화 상점의 개설은 그동안 북한 내 부유층이 쌓아 두고 있던 외화를 끌어내는 역할도 하고 있다. 김정은은 운도 좋은 편이다. 집권 이후 자연 재해도 많지 않아서 식량 사정도 큰 폭으로 개선되었다.

또 다른 김정은의 특징은 평양 및 수도권 개발에서 벗어나 주요 지방 대도시 개발에도 신경을 쓰고 있다는 점이다. 2013년 발표된 지방 13개 경제개발구 지정과 2015년 원산 · 금강산국제관광지대 지정과 함께 갈마공항 현대화 재개장, 송도원지구 정비 등으로 상당한 투자가 진행되고 있다. 이처럼 김정은은 국가 주도 건설 정책을 효과적으로 활용하고 있다. 평양에는 수십 층짜리 주상복합 아파트가 들어서 있으며 평양 정상회담에서 보았듯이 여명거리는 신도시로써 위용을 뽐내고 있다. 결과적으로 주택 거래를 암묵적으로 허용하여 부동산 시장까지 형성되고 있다고 한다.

2016년 초에 잇따른 핵실험과 ICBM급 미사일 도발로 촉발된 강력한 국제제재로 북한 경제가 적어도 성장률 -4%대로 떨어질 것으로 내다봤으나 전문가들의 예측을 비웃기라도 하듯 북한은 3.9%의 견고한 성장률을 보였다. '핵 · 경제 병진노선'을 고집하면서도 성장세를 유지한 것은 집권 이후 형성된 북한식 시장경제 체제의 효과라는 것이 대다수 전문가들의 분석이다. 하지만 이러한 경제 발전은 그동안 사회주의 체제에 억압되어 있던 시장을 그나마 자유롭게 풀어 준 단기적 반등 효과로 보인다. 성장을 지속하기 위해서는 외부 세계와 정상적인 교역이 필요하다는 것을 김정은은 누구보다 잘 알고 있는 듯하다. '핵개발 완성'을 대내외에 선포하고 미국과 한판 승부에 나선 김정은의 도박은 그래서 상당히 높은 수준의 가능성을 점치게 한다.

북한의 경제 개발 계획

북한 경제는 이미 살펴본 바와 같이 1970년대 중반까지는 우리보다 앞서 있었다. 경제 계획도 우리보다 앞선 1947년부터 시작된다. 1947년과 1948년은 각각 1개년 계획으로 추진되었는데 이때는 일제 식민 잔재를 청산하고 북한 정권의 기반을 다지는 시기였다. 1949년에 추진된 2개년 계획에서는 각 산업 분야에서 생산을 급속히 늘릴 목표를 세웠으나 6 · 25전쟁으로 중단되었다. 1954에는 전쟁 복구를 위한 3개년 계획이 실시되었다. 생산 수준을 전쟁 전인 1949년 수준으로 높일 것을 목표로 한 이 계획은 중국과 소련의 원조에 힘입어 조기 달성한다. 1957년부터 착수한 5개년 계획은 사회주의 경제의 공업 기반 구축과 인민의 의 · 식 · 주 해결에 필요한 섬유, 석탄, 화학비료, 철강, 옷, 신발, 농수산 생산량 증대와 전력 생산 능력 85㎾h를 목표하였다. 이 과정에서 북한은 토지 개혁, 주요 산업 국유화 등과 같은 사회주의화 개혁을 추진하였으며, 1958년 8월 농업의 협동화와 수공업 및 중소 상공업의 협동화가 완료됨으로써 사회주의화는 일단락되었다.

북한에서 본격적인 경제 계획이 시작된 것은 1961년 제1차 7개년 계획(1961~1970년)부터이다. 제1차 7개년 계획은 1950년대 후반의 5개년 계획에서 구축된 공업기반을 한층 견고하게 발전시키고 주민 생활의 향상을 목표로 추진되었다. 이 시기에 북한은 전력 생산 능력 200㎾h 이상, 철강, 섬유, 합성수지 · 고무, 시멘트, 트렉터의 생산량 증대 등 기계 제작 공업을 중심으로 한 중공업 우선 정책을 강력하게 추진한 결과 공업화를 위한 초보적인 기반 조성이 어느 정도 이루어졌다. 그러나 중공업 중심 정책의 한계와 1962년 10월의 쿠바 사태를 계기로 군사력 증강에 지출을 대폭 증대시켜 스스로 위기를 자처했다. 또한 중국과 소련의 이념 분쟁, 동구권을 중심으로 한 사회주의 국가들의 대북 원조 격감으로 경제 계획은 순조롭지 못했다. 이에 따라 계획 기간을 3년간 연장하였으나 목표는 전반적으로 미달된 상태에서 끝을 맺었다.

그 다음 1971년부터 시작된 6개년 계획(1971~1976년)은 3대 기술 혁명 수행과 산업의 체질 개선을 기본 목표로 실행되었다. 이 기간 중에는 계획을 적극적으로 추진하기 위해 서구의 자본 · 기술 및 설비 도입에 관심을 가진 것이 특징이다. 그러나 북한은 서방국가로부터 도입한 차관 및 수입 대금을 제때 상환하지 못함으로써 1975년 이후부터는 심각한 외채 문제가 야기되었다. 또한 경제 규모가 커지면서 에너지와 물류 수송 등 사회간접자본 부문에서도 많은 문제점들이 나타남으로써 당초 계획한 목표의 달성이 불가능해졌다. 따라서 북한은 1975년 8월 갑자기 이 계획을 1년 6개월 조기 완수했다고 발표한 다음 2년간의 완충기를 설정하고, 부진한 부문을 조정하는 데 주력하였다.

제2차 7개년 계획(1978~1984년)에서는 인민 경제의 '주체화 · 현대화 · 과학화'를 표방하고, 1977년에 비하여 국민소득 1.9배, 공업 총생산 2.2배, 알곡 1,000만 톤 생산 등을 주요 목표로 제시하였다. 그러나 실적 부진으로 목표 연도인 1984년이 지나도록 추진 결과를 발표하지 못하다가 1985년 2월 16일 국가계획위원회 중앙통계국을 통해 뒤늦게 계획이 완료되었다는 내용의 단순 발표로 끝을 맺었다. 한편 북한은 계획 기간 중 '사회주의 경제 건설 10대 전망 목표', '4대 자연 개조 사업' 등 별도의 목표를 제시하고 경제 건설에 박차를 가하였으나 별다른 성과를 거두지 못했다. 이와 별도로 이 기간 중 대외 경제 사업 및 무역 확대 · 발전 방침 채택, 합영법 제정 · 공포 등과 같은 경제적 대외 개방에 관심을 보이기 시작했다.

제2차 7개년 계획 역시 실패로 종료되자 북한은 제3차 7개년 계획에 착수하기까지 2년간의 조정기를 거쳤다. 이 시기에 주목할 점은 북한에서 주민들의 소비생활에 대한 욕구 충족 문제가 더 이상 미룰 수 없는 주요한 과제로 대두되기 시작했다는 것이다. 제3차 7개년 계획(1987~1993년)의 기본 과업은 제2차 7개년 계획과 마찬가지로 경제의 주체화 · 현대화 · 과학화에 두고 국민소득 1.7배(연평균 7.9%), 공업생산 1.9배, 농업생산 1.4배 등의 성장 목표와 이미 발표된 10대 전망 목표를 일부 수정하여 주요 생산 및 건설 목표를 설정하였다. 제3차 7개년 계획의 목표치는 대부분의 산업 생산 분야가 이전의 경제 계획에 비해 하향 책정되어 있는 점이 특징이다. 이 계획의 추진 실적은 특히 1989년 이래 소련 및 동유럽 사회주의 국가들의 체제 붕괴로 북한의 대외 경제 환경이 극도로 악화됨에 따라 전반적으로 매우 부진하였으며,

북한의 경제 개발 계획

구분	목표	세부 계획
단기 계획 (1947년, 1948년)	• 일제 식민 잔재 제거	• 공산 국가 건설 및 경제 사회주의화
2개년 계획 (1949~1951년)	• 생산량 증가	• 6 · 25 전쟁으로 중단
3개년 계획 (1954~1957년)	• 전후 복구	• 전쟁 전인 1949년 생산량 회복
5개년 계획 (1957~1961년)	• 사회주의 공업화 기초 구축 • 의식주 해결	• 섬유, 석탄, 화학비료, 철강, 옷, 신발, 농수산 생산량 증대 • 전력 생산 능력 85kwh 목표
1차 7개년 계획 (1961~1967년)	• 공업 기반 견고한 발전 • 주민 생활수준 향상	• 철강, 섬유, 합성수지/고무, 시멘트, 트렉터 생산량 증대 • 전력 생산 능력 200kwh 이상
6개년 계획 (1971~1976년)	• 3대 기술 혁명 수행 • 산업 체질 개선	• 서구 자본, 기술, 설비 도입 • 자체 원료 70% 이상
2차 7개년 계획 (1978~1984년)	• 인민 경제의 '주체화 · 현대화 · 과학화' • 경제 대외 개방	• 전년 대비 국민소득 1.9배 • 공업 총생산 2.2배 • 알곡 1,000만 톤 생산
3차 7개년 계획 (1986~1992년)	• 사회주의 완전 승리를 위한 경제의 주체화 · 현대화 · 과학화 • 두만강 하구 개발 계획	• 국민소득 1.7배(연평균 7.9%), 공업생산 1.9배, 농업생산 1.4배 성장 목표 • '나진–선봉자유경제무역지대' 개발계획, 남북 경제교류 · 협력 관심
5개년 전략 (2016~2020년)	• 자립경제 강국 달성 • 지식경제 강국 달성	• 식량 자급자족, 원료와 설비 국산화 • 생산 과정의 자동화, 지능화 • 전력 문제 우선 해결 • 산림 복원, 환경 보호, 오염 방지

북한 역시 이 계획이 실패로 종료되었음을 시인하였다.

반면 이와 같은 경제적 어려움이 대외 개방을 촉진하는 방향으로 작용하여 1991년에는 UNDP의 두만강 하구 개발 계획 추진과 관련하여 '나진 · 선봉자유경제무역지대' 개발 계획을 발표하였고, 남북 경제 교류 · 협력에서도 상당한 변화를 나타냈다. 북한은 당중앙위원회 제6기

21차 전원회의(1993년 12월 8일)에서 제3차 7개년 경제 계획의 주요 지표들이 목표에 미달되었다는 사실을 인정하면서, 이후 3년간(1994~1996년)을 '사회주의 경제 건설의 완충기'로 설정하고 심각한 산업구조 불균형, 의 · 식 · 주 문제 등을 해결하기 위해 농업제일주의 · 경공업제일주의 · 무역제일주의를 경제 개발의 전략적 방침으로 제시하고 이를 추진하였다. 그러나 완충기 설정을 통해 경제의 시급한 문제들을 해소해 보겠다는 당초의 목적과는 달리 북한 경제는 점점 더 위축되었다. 북한이 1997년에 새로운 경제 정책을 제시하지 않고 농업 · 경공업 · 무역제일주의의 철저한 관철을 재천명함으로써 1996년 종료하기로 한 완충기 경제 전략은 또다시 연장되었다.

김정은 시대가 열렸다

'고난의 행군' 시기가 끝나고 김정일은 공식적으로 열린 1998년경부터 개혁적 법률을 발표하며 자율적 경제 행위를 전제로 한 시장화를 꾀하였다. 2001년 김정일은 '강성대국 건설의 요구에 맞게 사회주의 경제 관리를 개선'하라는 지시를 내려, 군수산업 등 전략적인 기간산업을 제외한 여타 산업 전반까지 확대하며 기업의 가장 중요한 목적인 수익성을 확보하도록 독려하는 실질적인 자본주의 노선을 천명한다. 이러한 새로운 노선은 2002년 7월 발표된 7 · 1 경제 관리 개선 조치로 시장을 제도화, 양성화하는 등으로 구체화된다. 이를 계기로 종합시장이 개설되는데 이는 기존의 농산물 중심의 시장에서 공업제품까지 확대되었음을 의미한다. 이 시기에 남북경협도 적극 추진된다.

주요 남북경협 사업과 현재 상황

사업명	주요 내용	상태	중단 이유
개성공단	대표적 남북 경협사업	2000~2016년 중단	핵실험에 따른 대북제재
관광사업	금강산 관광	1998~2008년 중단	관광객 총격 피살
	개성 관광	2007~2008년 중단	총격 피살 영향
	백두산 관광	진행되지 않음	
철도 도로	경의선, 동해선 철도 도로 연결	2000년 합의, 2003년 임시 통행	2008년 북한의 12 · 1 조치로 사업 중단
	개성~평양 고속도로 개 · 보수	공동 현지 조사	
나진-하산 프로젝트	복합 물류 시설 사업	2006~2016년 중단	핵실험에 따른 대북제재
광역 두만강 개발 계획	다자간 경제 협력 사업	1992~현재	2009년 북한 탈퇴

그러나 선군정치를 앞세워 '핵 · 경제 병진노선'을 고집한 북한에게 국제사회의 압박과 경제제재가 가해지면서 북한 경제는 좀처럼 살아나지 못했다. 그래서 2009년 화폐개혁을 단행한 김정일은 2010년 하반기부터 개혁적 조치의 준비에 착수했다. 한동안 실각해 있던 개혁적 인사를 복권시키며 세 차례나 중국을 방문하고 중국과 경제 관계 복원으로 문제를 타개하려 했다. 그러나 핵과 미사일 개발에 들어가는 국방비의 부담에서 벗어나지 못한 상태에서 2008년 금강산 관광객 피살 사건으로 인한 남한의 개성 · 금강산 관광 중단도 북한 외화 벌이에 상당한 타격이 되었다.

2011년 12월에 김정일이 사망하자 2008년 후계자로 지목되었던 젊은 김정은이 2012년부터 북한 최고지도자의 지위를 이어받았다. 김정은은 취임하자마자 경제 개혁에 대한 의지를 내비치면서 경제 관리의 개선을 위한 지시를 연이어 내놓았다. 김정일 시대와 구별되는 노선으로 보이지는 않았지만, 젊은 김정은은 과격할 것이라는 세계의 시선과는 다르게 느리지만 확실한 변화를 선택했다. 고모부 장성택 등을 숙청하며 권력 기반을 강화한 '핵 · 경제 병진노선' 전략이 단순한 국방력 강화에 있지 않음을 내비쳤다. 핵 완성으로 전쟁 억제력을 갖춤으로써 국방비 지출을 줄여 경제 건설과 인민 생활 향상에 집중하려는 전략이었던 것이다.

이를 뒷받침하듯 북한은 2017년 9월 6차 핵실험으로 핵폭탄 보유에 성공한 후, 그해 11월 29일 ICBM급 미사일을 쏘아 올리고, 다음날 '국가 핵무력 완성'을 대내외에 선포했다. 하지만 전문가들이 보는 북한의 ICBM 기술은 미완성이라는 평가가 지배적이었다. 그럼에도 서둘러 핵무력 완성을 선포한 것은 미국과의 협상에서 핵을 지렛대로 사용하여 최대한의 지원을 얻을 수 있는 최적의 상태를 만들려는 생각이라는 것이다. 즉 미국을 향해 '우리는 언제든 핵무력 완성에 필요한 기술을 보유하고 있으니 아직 미완일 때 협상에 나서라'는 무언의 압박과 협상을 향한 메시지라는 것이다. 한편 북한 입장에서도 전례 없는 UN의 대북 제재로 인해 2016년 3.9% 성장에서 2017년에는 '고난의 행군' 시기 수준으로 후퇴하게 되었다. 한국은행에 따르면 2017년 북한의 경제성장률은 -3.5%로, '고난의 행군' 시기인 1990년부터 1998년까지 연평균 -3.8%의 성장률과 맞먹는 수준에 이른 것으로 나타났다.

정치적 선언이 된 경제 발전 5개년 전략

2011년 1월 15일, 북한은 2008년 후계자로 지목된 김정은을 통해 '국가 경제개발 10개년(2011~2020년) 전략 계획'을 발표했다. 젊은 지도자를 전면에 내세우며 변화와 함께 정치적 업적을 쌓으려는 포석이었다. 주요 전략적 목표로는 하부구조 건설, 농업, 전력, 석탄, 연유, 금속 등 기초 공업과 지역개발을 제시하고 아울러 농업개발, 5대 물류 산업단지 조성(나선, 신의주, 원산, 함흥, 청진), 석유에너지 개발, 2,000만 톤 원유 가공, 전력 3,000만kWh 생산, 지하자원 개발, 고속도로 3,000km 건설, 철도 현대화 2,600km, 공항 · 항만 건설, 도시개발 및 건설, 국가개발은행 설립, 제철 2,000만 톤 생산 등 12개 분야의 중점 추진 과제를 선정하였다. 크게 보면 북한 전역을 '신의주-남포-평양'의 서남 방면과 '나선-청진-김책'으로 이어지는 동북 방면의 양대 축으로 개발한다는 것으로, 공업지구 개발과 교통망 개발, 에너지 개발과 농업개발 분야로 나누어 총 1,000억 달러를 유치해 투자 · 개발함으로써 경제적 면모를 일신한다는 계획이다. 그 중심에는 남포IT산업단지, 김책광업제련단지, 청진중공업지구, 나선석유화학공업지구가 있다. 즉 평양 수도권에는 첨단 IT산업을, 평라선 연안의 동해북부 해안지대에는 중화학공업벨트를 중점적으로 육성하고자 하는 구상을 밝힌 것이다. 특히 동해북부 중화학공업벨트인 청진, 나선지구에 10년간 총 180~200억 달러를 투자한다는 계획이 가장 큰 눈길을 끌었다.

그러나 의욕을 앞세운 장밋빛 계획은 대부분 큰 갭을 보이며 현실과는 멀어졌다는 평가가 지배적이다. 외자유치가 선행되어야 할 개발 계획은 2013년부터 핵개발로 인한 연이은 UN의 대북제재로 인해 오히려 더욱 고립되는 상황이 되었던 것이다. 이를 반영하듯 김정은은 2016년 제7차 노동당대회에서 '경제 발전 5개년 전략(2016~2020년)'을 발표했다. '5개년 계획'이 아닌 '5개년 전략'이라는 용어를 사용했는데, 이는 법적 구속력을 가진 구체적인 숫자 목표 대신 정치적 선언 목표를 의미한다. 핵개발을 지렛대 삼아 경제 발전과 민생 안정을 최우선으로 하겠다는 전략적 선택에도 불구하고 여전히 미국과의 협상 여부에 따라 경제 상황이 유동적일 수밖에 없다는 점을 잘 알고 있기 때문일 것이다.

그럼에도 김정은은 경제 발전의 두 가지 핵심 방향을 제시했다. '자립경제 강국 달성', '지식경제 강국 달성'이 그것이다. 이는 외국에 의존하지 않고 자국의 힘으로 과학기술을 발전시켜 인민 생활을 향상시키겠다는 것으로, 특히 수입에 의존하고 있는 경공업 분야를 발전시켜 수입 대체를 추진하겠다는 목표이다. 이러한 목표 달성을 위한 세 가지 과제를 제시했는데 그 첫째가 '인민 생활의 향상'이다. 전력 문제를 우선 해결하고, 경제의 선행 부문(석탄, 금속, 철도)과 기초 공업 부문(화학, 기계, 건설, 건자재) 정상화로 인민 생활에 필수적인 원자재나 중간재를 국산화해서 자급하겠다는 절실한 현실 과제인 셈이다. 두 번째 과제는 산림 복원과 환경 보호, 대기 · 하천 · 바다 오염 방지 등의 '국토 관리 사업'이다. 세 번째 과제로는 '대외 경제의 활성화'를 들었다. 무역 구조를 개선하고 부가가치를 높여 수출을 증대하고 선진 기술을 도입하며 관광을 활성화하겠다는 목표이다.

북한의 '경제 발전 5개년 전략'은 우리의 경제개발 경험으로 볼 때 매우 익숙한 방향과 전략이다. 국민 생활 향상을 위한 사회간접자본 건설, 생활필수품인 경공업 우선 전략, 국토의 균형 발전 추구, 대외무역 활성화를 통한 글로벌화가 그것으로 1970년대부터 1990년대에 성공적으로 추진해온 경험을 그대로 적용해도 좋을 정도이다. 그래서 두 차례의 남북정상이 합의한 것처럼 남북경협은 '철도, 도로, 전력, 건설, 산림복원, 관광' 등이 가장 우선적으로 추진될 것으로 예상된다.

북한의 사회간접자본 수준

김정은이 제시한 경제 발전 전략인 '자립경제 강국 달성', '지식경제 강국 달성'이 정치적 선언 같지만 실상은 간절하고 절실하다는 것을 여러모로 살펴보았다. 그럼 실제로 북한의 사회간접자본(SOC) 수준은 어느 정도일까? 김정은 위원장의 말에서도 드러났듯이 북한의 주요 시설은 노후화하여 매우 열악한 수준으로 나타나고 있다. WEF(World Economic Forum)에서 매년 발간하는 국가경쟁력지수를 참고하면 비교대상국 46개국 중 41위 수준으로 추정된다. 36위 우크라이나, 39위 베트남, 43위 방글라데시, 46위가 콩고민주공화국임을 감안하면 얼마나 열악한 수준인지 짐작할 수 있다. 1990년대 극심한 경제난을 겪으며 새로운 건설은 고사하고 유지 보수조차 안 되었던 것이 주요 원인일 것이다. 그 가운데 철도 부문이 상대적으로 높게(17위) 나타났다. 이는 산악지형이 많은 지리적 상황에서 도로 건설보다 유리한 철도 위주의 건설이 이루어진 결과다. 그러나 이는 수치상의 수준으로 실질적인 철도의 수준은 현대화가 절대적으로 필요한 상황이다.

남한보다 길지만 수준은 낙후되어 있는 철도

"문 대통령이 오시면 솔직히 걱정스러운 것이 우리 교통이 불비해서 불편을 드릴 것 같다. 평창올림픽에 갔다 온 분들이 말하는데 평창 고속열차가 다 좋다고 하더라. 남측의 이런 환경에 있다가 북에 오면 참으로 민망스러울 수 있겠다."

김정은 위원장이 4월 27일 남북회담에서 인정하였듯이 북한의 철도 상황은 열악하다. 실제로 5월 23일, 풍계리 핵시설 폐기 현장을 다녀온 해외 취재진이 260㎞를 이동하는 데 16시간 이상 걸렸다고 하니 충분히 짐작해 볼 수 있다. 이렇게 열악한 상황에도 불구하고 북한은 철도가 교통의 중심을 이루고 있다. 여객 수송의 60% 이상을 담당하고 있고, 화물 수송의 90% 이상을 담당하고 있다. 이는 험준한 산이 대부분인 지형적인 특성과 함께 주민 통제에 유리한 북한 특유의 정치적 목적, 열악한 경제적인 배경과도 관련이 있다. 북한의 철도망은 여객 운송보다는 산업 철도의 기능에 치중하고 있다. 북한의 여객 열차는 크게 급행열차, 준급행열차, 장거리각역정차열차, 근거리각역정차열차로 구분된다. 주요 간선철도로는 평의선(평양~신의주, 224.8㎞), 평부선(평양~부산, 현재는 평양~개성 간 199.3㎞), 평남선(평양~남포, 89.6㎞), 평라선(평양~나선, 800.5㎞), 강원선(고원~평강, 145.8㎞), 금강산청년선(안변~감호, 125.9㎞) 등이 있다. 총 길이는 2018년 기준 남한 4,078㎞보다 긴 5,287㎞이다.

그러나 우리로서는 상상할 수 없는 국제열차가 운행되고 있다. 시베리아 횡단 철도를 기본 축으로 연결되는 북한 · 중국 · 몽골을 경유하는 노선이다. 3개 노선은 다음과 같다.

① 평양~신의주~단동~센양~텐진~베이징 노선(1,347㎞)
② 평양~신의주~단동~센양~만주리~자바이칼스크~치타~모스크바 노선(8,666㎞)
③ 평양~나진~하산~우수리스크~치타~모스크바 노선(10,214㎞)

노후화에 비포장인 도로

북한의 도로는 철도의 보조 수단으로 주로 단거리 운송에 이용되며 포장률은 10% 미만이다. 하지만 이마저도 노후화하여 재포장이 시급한 상태로 알려져 있다. 특히 산악지대가 많아 터널과 다리가 노후화하여 안전 문제도 심각한데 경제난으로 신규 투자가 안 되어 총 연장도 정체 상태이다.

도로망은 크게 서해안축의 개성~평양~신의주 구간, 동해안축의 고성~함흥~회령 구간, 남포~평양~원산을 잇는 동서연결축, 평양~초산, 신북청~혜산, 용잠리~무산을 잇는 북부내륙축, 그리고 신의주에서 고무산 구간인 동서국경축으로 이루어져 있다. 고속도로는 1999년 기준 평양~순안국제비행장, 평양~남포, 평양~원산, 원산~금강산, 평양~개성, 평양~향산, 사리원~신천 등 총 7개 구간 724㎞가 있다.

가장 낙후되어 있는 해운 항만

북한의 해안선은 약 3,000㎞에 이르지만 동서로 분리되어 있다. 중국, 러시아와는 도로와 철도를 이용한 육로 수송을 주로 하기 때문에 해운산업이 매우 낙후되어 있다. 수송분담률도 화물의 경우 약 8% 수준으로 철도의 보조 역할에 그치고, 여객도 1% 미만이다. 이렇게 북한의 해운교통이 낙후된 데에는 장기간 UN의 대북제재가 결정적으로 작용했다. 열악한 사회간접자본 시설 가운데 가장 낙후되어 있다면 이해가 쉬울 것이다.

항만시설은 컨테이너 화물을 취급할 수 있는 다목적 부두가 전혀 개발되어 있지 않고, 하역도 거의 수작업에 의존하는 등 부대시설도 취약하다. 컨테이너 수송량으로 간접 비교를 하면, 2017년 기준 한국이 521,271TEU(인당)인데 비해 북한은 5,181TEU로 우리의 1/101 수준이다. 인프라 종합 순위 39위인 베트남의 90,794TEU와 비교해도 현저히 낮은 수준이다.

북한의 8대 무역항은 원산항, 남포항, 청진항, 흥남항, 나진항, 선봉항, 해주항, 송림항이다. 항구별 장점을 살려 관광항으로 발전시키거나 하역 능력을 늘려 무역항으로써 전문성을 키워야 한다.

항공화물 수송량이 거의 없는 항공

북한 공항은 시설 및 항공기 노후화가 심해 미주와 유럽 지역으로 운행 가능한 항공기가 극소수에 불과하다. 그러나 서방세계에 '평양 비행정보구역(FIR)'을 개방하여 영공 통과료로 수백만 달러를 벌어들이고 있는 것으로 알려져 있다. 국내선은 평양 순안공항에서 삼지연, 어랑, 선덕, 원산 등 11개 구간을 부정기적으로 운행하고 있고, 국제선은 유일한 순안공항을 통해 고려항공이 평양~북경(주 2회), 평양~방콕(주 1회), 평양~모스크바~베를린(주 1회), 평양~블라디보스토크(주 2회), 평양~선양(주 1회) 노선을 운행하고 있다.

김정은 집권 이후 북한의 유일한 국제공항인 평양의 순안공항과 원산·금강산국제관광특구를 겨냥하여 집중 투자한 갈마공항의 현대화에 박차를 가하고 있다. 그러나 대북제재가 심해져 2013년 이후 항공화물 수송량은 오히려 급감한 상태이다. 2017년 기준으로 항공화물 수송량은 남한 10.497TEU(인당)에 비해 베트남은 4.91TEU, 북한은 우리의 0.01에 불과해 실제로는 거의 없는 것이나 마찬가지인 상황이다.

가동이 중단된 발전소가 만드는 전력

북한의 전력 생산은 수력발전과 석탄 화력발전으로 단순하게 구성되어 있다. 그런데 역시 1990년대 '고난의 행군' 시절을 겪으며 2000년대까지 거의 신규 투자와 유지 보수가 이루어지지 못해 가동이 중단되거나 정격 출력을 내지 못하는 발전기가 대다수라고 알려져 있다. 1인당 전력 사용량을 비교하면 2017년 기준으로 한국 10,497㎾(인당), 중국 3,927㎾, 베트남 1,411㎾, 북한은 600㎾ 수준이다.

03
북한의 경제지도는 어떻게 바뀔까

핵과 평화협정을 맞바꾸려는 북한

북한의 행정구역과 주요 도시의 위치, 그리고 북한이 추진하고 있는 경제개발 5개년 전략을 유심히 본 독자라면 전문가가 아니라도 금방 눈치챘을 것이다. 데칼코마니, 마치 한반도 지도를 휴전선에서 접어 펼쳐 놓으면 그려질 남과 북의 그림이 너무나 닮아 있다. 서울-인천은 평양-남포, 신의주는 목포, 해주는 당진-평택, 속초-강릉-태백은 원산-단천, 포항-울산은 함흥-청진, 부산은 나선과 오버랩된다.

이것을 다시 한반도를 H자형으로 그려 놓은 '신경제지도'와 함께 보도록 하자. 어떤가? 북한의 경제 발전 모델을 두고 전문가들 사이에서는 벌써부터 '중국식 개혁 개방 정책'과 베트남의 '도이머이 전략'과 비교하며 의견이 분분하다. 하지만 북한이 어떤 방식을 취하든 중국과 베트남보다 더 유리한 조건을 가지고 있다고 생각한다. 앞서 잠깐 언급한 83년생 김정은과 장마당 세대는 이미 시장경제 체제를 꽤 경험했다. 이것은 시장경제 체제에 대한 학습효과를 전혀 내지 못한 다른 공산주의 국가와는 엄청난 차이를 가져다 줄 것이다. 그리고 또 한 가지, 북한에게는 민족의 동질성을 가진 대한민국이 버티고 있다는 점이다. 비록 70여 년이 넘게 분단되어 있었지만 언어와 풍습이 같은 민족의 동질성에 한반도의 지정학적인 기회를 공유한다면 발전 속도는 상상을 초월할 것으로 예상된다.

이쯤에서 우리는 북한의 지도 위에 1961년부터 그려진 대한민국의 지도를 대입해 보려고 한다. 전쟁으로 폐허가 된 이 땅에서 태어난 아이들은 비좁은 교실에서 추위와 더위, 배고픔을 참으며 초롱초롱한 눈망울로 선생님을 쳐다보며 하나라도 더 배우려고 했었다. 그러나 나라가 가난하여 이들이 배워도 내줄 수 있는 일자리가 없었다. 당시 나라의 첫 번째 임무는 어디서든 돈을 구해 와 경제를 일으켜 세우는 일이었다. 정부는 한 · 일 보상 협상, 광부 · 간호사 파독, 원양어선 승선, 사우디아라비아 건설 현장 파견 등 외자를 유치할 수 있는 일은 무엇이든 해야 했다. 그렇게 해서 모은 돈으로 국가산업단지부터 만들었다. 구로수출산업단지, 인천공단, 울산국가산업단지, 구미국가산업단지, 창원국가산업단지 등. 이후에는 고속도로와 전력 생산을 위한 발전소를 건설했다. 경인고속도로, 경부고속도로, 호남고속도로, 영동고속도로가 차례로 건설되고 인천화력발전소를 비롯해 수력발전소와 원자력발전소까지 차례로 만들어 기간시설을 확충해 나갔다. 1971년 시작된 국토개발 종합 계획은 이런 일들을 만들어가는 과정이었다.

북한 지도층과 김정은 위원장이 이런 대한민국의 발전 과정을 모를까? 김정은의 행보를 보면 그는 누구보다 이것을 잘 알고 있는 것 같다. 이미 언급한 바와 같이 스위스 유학파인 그는 상당한 수준의 자본주의 교육을 받았으며, 후계자 수업을 하면서부터 어떻게 북한을 통치할 것인지에 대해 학습했을 것이다. 이를 바탕으로 할아버지 김일성과 아버지 김정일이 실패한 전철을 답습하지 않으려 할 것이다. 즉, 미국과 서방세계의 제재 속에서 살아남는 것은 불가능하다는 것을 알고 있는 그가 핵개발을 선택한 이유는 앞서 살펴본 바처럼 역설적이게도 핵을 개혁개방의 지렛대로 삼으려 한 것이다. 핵으로 몸값과 발언권을 최대한 높여 원하는 것을 가능한 많이 얻어내려는 전략으로, 핵 · 경제 병진노선을 이해한다면 지금의 국면은 심플해진다. 핵을 포기하면 경제적 지원을 하겠다는 미국을 향해 오히려 북한은 '우리의 체제를 보장하면 핵을 포기하겠다'고 요구하고 있다. 경제적 지원보다 제재 해제와 평화협정 체결을 요구하고 있는 것이 그 방증이다.

이러한 요구는 돈으로 해결하려고 한 미국과 서방세계를 당황하게 만들었다. 북한 특유의 자존심과 '고난의 행군'도 이겨낸 자립심을 가진 그들의 셈법은 다른 곳에 있다. 우선 중국, 베트남과 가장 다른 점은 같은 정서와 DNA를 가진 세계 12위 경제 대국(2017 기준) 남한이 있다는 것이다. 여기에 북한은 남한이 그랬던 것처럼 일본과의 수교 과정에서 대일청구권을 사용할 것으로 보인다. 정확히 얼마인지는 예단할 수 없으나 천문학적인 금액이 될 것임에는 틀림이 없다. 이외에도 북한이 가지고 있는 풍부한 자원이면 국제사회 민간자본 유치에 큰 어려움이 없을 것이다. 그래서 북한은 경제 지원이 아니라 정권의 체제 보장과 제재 해제를 원하고 있는 것이다. 아무튼 이런 문제는 정치하는 사람들이 풀어야 할 숙제이고, 우리는 북한과 미국이 평화협정을 체결하여 대북제재가 풀리고 북한이 서방세계로부터 자유로이 외자를 유치할 경우 어떻게 될 것인지를 상상해 보고자 한다.

북한의 경제개발에서 가장 우선 순위는 어떤 것일까? 한반도 지도를 다시 펴 보자. 아마도 우수한 인재가 몰려 있는 평양과 수도권에 국가산업단지를 개발하고 뒤이어서 남포를 중심으로 첨단산업단지를 만들려고 할 것이다. 그러고 나서 중국과 지척인 신의주까지 도로와 철도를 건설하여 제품과 상품을 빠르게 실어 나를 수 있게 할 것이다. 나선특별시까지도 철도 개보수는 필요해 보인다. 나선은 조선족자치주를 비롯해 러시아와 일본으로 나갈 수 있는 전초기지이기도 하다. 나선특별시가 개발되면 함흥과 청진에 있는 제철과 중공업단지를 확대 개발하여 가동하고 풍부한 관광자원을 활용하여 외국 관광객을 유치할 것이다. 천혜의 비경인 금강산은 동해안과 연결하고 민족의 영산인 백두산만 개방해도 단시간에 엄청난 효과를 거둘 수 있을 것이다. 1인당 GDP가 3만 달러를 넘어선 대한민국의 5천만 명이 금강산과 백두산을 서로 먼저 가려고 대기 중이다. 이런 생각은 '신의주-남포-평양'을 잇는 서부축과 '나선-청진-김책'으로 이어지는 동부축을 양대 축으로 삼아 공업지구 개발, 교통망 개발, 에너지 개발, 농업개발 분야로 나누어 총 1,000억 달러를 투자하겠다고 발표한 북한의 경제 발전 5개년 전략과도 별 차이가 없다는 것을 확인할 수 있다. 북한의 개발 전략을 좀 더 구체적으로 예상해 보자.

북한의 주요 도시가 있는 서부경제축

북한 역시 남한과 비슷하게 평양·수도권, 신의주권, 개성권, 해주권 등 서해안축에 인구와 주요 시설이 밀집되어 있다. 이곳에 북한 전체 인구의 46.5%인 약 1,100만 명이 살고 있으며 수도인 평양을 비롯하여 북한 상위 10대 도시 중 6곳(평양, 남포, 신의주, 개천, 개성, 사리원)이 포함되어 이미 다양한 산업기반 및 시장이 형성되어 있다. 최남단인 개성에서 최북단인 신의주까지는 약 430여㎞로 철로의 현대화가 이루어지면 3시간 이내에 주파할 수 있는 거리다. 이에 따라 북한의 주요 개발 계획 중 첨단산업, 금융·상거래 등 첨단산업 대부분이 서해안축에 몰려 있게 된다. 특히 이미 개발된 개성공단을 첨병 삼아 평양·수도권과 신의주권이 핵심 거점 역할을 할 것이다. 첨단산업은 평양 은정첨단기술개발구, 남포IT산업단지와 신의주국제경제지대, 황금평·위화도경제지대를 집중 개발할 계획이고, 남포·와우도수출가공구, 신의주국제경제지대, 개성공업지구에는 금융·상업을 지정하였는데 이는 최대 시장인 평양·수도권과 최대 대외 통로인 신의주, 개성이 투자 유치의 최적격지라는 점을 활용한 것이다.

서부경제축에는 수도 평양을 거점으로 교통·물류 인프라도 잘 발달되어 있다. 북한 유일의 국제공항이자 허브공항인 평양국제비행장(순안공항)과 평의선 순안역이 연계되고 북한 최대의 간선철도인 평의·평부선을 중심으로 황해청년선, 평남선 등 보조 간선노선과 주요 지선노선들이 복잡한 노선망을 형성하고 있다. 고속도로 노선으로는 평양~개성, 평양~남포, 평양~원산 고속도로 등이 발달되어 있다. 육상 교통망 이외에도 해주항과 남포항이 있어 국제 무역의 전초기지 역할을 하고 있다.

북한 서해안축 경제특구

• 개성경제특구

대표적인 남북경협사업으로 2000년 6 · 15 남북 공동 선언 이후 총 2,000만 평 부지 개발을 목표로 추진하여, 2006년 7월 1단계 100만 평 부지 조성 공사 완료 이후 추가 개발은 미진한 상태이다. 2015년 기준 총 125개 남한의 기업이 가동되어 5억 6,000만 달러를 생산했으나 2016년 대북제재로 인해 개성공단이 전면 철수하여 현재는 중단 상태이다. 향후 대북제재가 풀리면 가장 먼저 사업이 재개될 것이다. 평양 남북정상회담 공동선언문에 담긴 서해안 경제 공동특구 개발 프로젝트의 중심지 역시 개성공단이 될 것이다. 개성–해주–파주–인천을 연결한 황금지대가 향후 서해안벨트의 핵심 지역으로 떠오를 전망이다.

• 신의주국제경제지대

2002년에 외교와 국방 이외 입법권, 행정권, 사법권을 50년간 별도로 시행하는 홍콩식 특별행정구로 설립되었으나, 신의주특구 초대 행정관에 임명된 중국인 사업가가 탈세 등의 혐의로 중국 당국에 체포되면서 특구 개발의 동력을 상실했다. 2015년 북한의 대외 경제성은 중국 랴오닝성 정부와 신의주특구 공동 개발에 합의하여 재추진하고 있다. 기초시설 건설에 1,000억 달러, 총 4,000억 달러 규모의 투자가 이루어질 것으로 예상하고 있다. 신의주는 중국으로 통하는 관문으로 한반도 서북부 요충지이다.

• 황금평 · 위화도경제특구

2010년 북 · 중 관계 개선에 따라 양측이 공동 개발하기로 하였으나 북 · 중 경제협력을 총괄하고 있던 장성택이 숙청되면서 전면 중단되었다. 개발 규모는 위화도를 포함하여 16㎞에 정보산업단지, 관광문화산업단지, 현대시설농업단지, 경공업단지 등 총 4개 산업단지를 조성할 예정이었다. 이에 따라 항구, 도로, 전력, 통신 등의 사회간접자본 시설이 건설될 예정이었다. 향후 서해안벨트가 정상 가동되면 남 · 북 · 중의 수도권을 잇는 첨단물류 기능의 역할이 증대할 것으로 예상된다.

주요 자원이 몰려 있는 동부경제축

북한 동해안축에는 원산권, 함흥권, 김책권, 청진 · 나선권 지역에 약 600여만 명이 거주하여 북한 인구의 25.7%를 차지하고 있다. 강원도 원산 · 문천, 함경남도 함흥 · 신포 · 단천 · 김책, 함경북도 청진 · 회령, 나선특별시 등의 도시가 있으며, 최남단의 평강에서 최북단의 온성까지는 약 800㎞이다. 동해안축의 개발 계획은 크게 원산 · 금강산국제관광특구와 나선경제특구로 형성되어 있다. 나선경제특구는 향후 러시아와 중국으로 통하는 국제통로로써 중요한 역할을 하게 될 것이다. 원산 · 금강산국제관광특구는 북한의 5대 경제특구 중 유일하게 관광 개발이 중심이다. 갈마국제비행장 건설, 마식령스키장 개장, 명사십리해수욕장 리조트단지 개발 등 김정은 위원장이 각별한 관심을 갖고 있다고 알려져 있다. 그 밖의 공업 특구 및 개발구로는 현동공업개발구, 흥남공업개발구, 청진경제개발구, 어랑농업개발구, 북청공업개발구가 있으며, 나선석유화학공업지구, 청진중공업지구, 김책광업제련단지의 3대 공업지구를 설정하여 동해안축을 중공업 중심으로 개발하려는 계획을 발표했다. 동해안축의 교통망은 주로 철도와 1급 도로를 중심으로 형성되어 있다. 철도는 평라선, 강원선이 주요 간선축을 형성하고 있으며, 백두산청년선, 함북선 등의 보조간선과 함흥에서 출발하는 장진선과 신흥선 등의 지선이 형성되어 있다. 도로의 경우 평양~원산고속도로와 원산~금강산고속도로가 개설되어 있으나 시설이 낙후되어 개보수가 필요한 실정이다. 육상 교통망보다는 원산항과 흥남항, 청진항, 나진항, 선봉항이 있는 항만이 발달하여 물류의 축을 담당하고 있다. 항공시설로는 원산 갈마국제비행장이 현대화 리모델링을 마치고 재개장했으며, 함흥권에서는 선덕비행장, 청진권에서는 어랑비행장이 있다.

북한 동해안축 경제특구

• 나선경제특구

북한은 나선경제특구를 동북아 물류 수송과 관광 거점으로 개발하기 위해 중국과 러시아의 투자를 유도하여 1991년 북한 최초의 경제특구로 지정하였다. 하지만 대외 고립과 인프라 시설 투자 미흡으로 실질적인 성과는 미흡하다는 평가이다. 2010년 북 · 중 관계 개선에 따라 '나선경제무역자유지대와 황금평 · 위화도경제지대 공동 개발 및 공동 관리에 관한 협정'을 체결했으나 역시 장성택의 숙청으로 추가적인 진행은 중단되었다. 이후 북한이 핵실험을 강행하자 중국이 대북제재에 동참함으로써 다시 북 · 중 간 협력이 중단되어 오늘에 이르고 있다. 그러나 지금까지 투자한 기업 중 중국기업이 90%를 차지하고 있고, 나진항 1, 3−5부두를 중국과 러시아가 각각 개발하여 장기 임차 계약이 되어 있어 향후 우리의 개발 참여에 상당한 어려움이 예상된다.

• 원산 · 금강산관광특구

원산은 북한 동해안 개발의 중심지가 될 가능성이 매우 크다. 김정은은 이미 원산을 북한 경제 개방의 랜드마크로 개발하겠다고 대내외에 천명했다. 이곳은 잘 알려진 대로 동해안에서는 유일하게 항구로써 천혜의 입지 조건을 가지고 있을 뿐만 아니라 송도원해수욕장−명사십리해수욕장−갈마반도를 연결하는 해안 관광지구와 내금강−외금강−마식령스키장으로 연결되는 자연 풍광지구가 있는 국제적인 관광특구로써 훌륭한 자원을 가지고 있다. 여기에 남북 정상이 금강산−설악산을 잇는 동해안 공동 국제관광특구 개발에 합의함에 따라 개발의 속도는 더욱 빨라질 전망이다.

현재 김정은은 여객기 12대까지 계류 가능한 대형 활주로를 갖춘 갈마국제공항을 이미 개항했으며, 중 · 소규모의 여객부두를 조성하여 해운수송을 준비하고 있다. 또한 평양~원산 간 206㎞의 고속도로를 정비하고, 원산~고성 해안도로를 고속화로 건설하고 있다. 그 외에 김정은의 특별 지시로 원산지구개발총회사가 설립되어 세계적인 수준을 갖춘 호텔과 리조트를 건설하고 있으며, 국제전시장, 워터파크, 백화점 등을 대대적으로 개발하고 있다. 원산은 경원선의 핵심축으로써 관광과 교통이 원활해지면 서울에서 가장 가고 싶은 곳 중의 한 곳으로 떠오를 전망이다. 우리도 개성경제특구와 더불어 원산 · 금강산관광특구를 가장 뜨거운 투자처로 꼽는 데 주저하지 않았다.

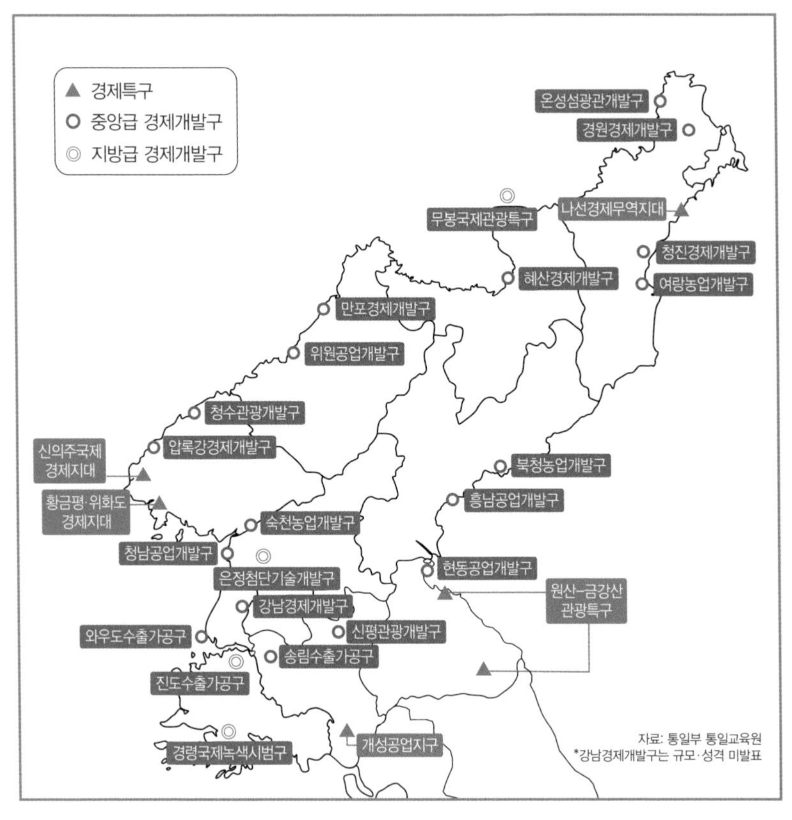

북한의 경제특구 및 경제 개발구

04

북한에서 부동산 투자는 가능할까?

평양에 부는 부동산 투기 열풍

최근 발행된《평양 자본주의 백과전서(주성하 기자가 전하는 진짜 북한 이야기)》는 깜짝 놀랄만한 내용을 많이 담고 있다. '평양도 지금 서울 못지않은 부동산 투기 열풍'이라는 부분에서 우리는 확실히 한민족이라는 것을 확인할 수 있었다. 사회주의 체제인 북한은 원칙적으로 땅과 건축물 모두 개인이 소유할 수 없다. 국가에서 나눠주는 주택의 사용권만 가질 수 있다. 그런데 1990년대 '고난의 행군' 시기를 거치며 국가의 주택 공급 시스템이 무너져 버렸다. 이후 주택 거래가 물밑에서 활발하게 이뤄지면서 시장이 점차 커지고 있다. 주택시장이라고 해서 우리와 같다고 생각하면 안 된다. 북한의 주택은 여전히 국가가 소유하기 때문에 개인이 사고 팔 수 있는 것은 주택 이용 허가를 보증하는 사용권, 일종의 입주권이다. 이것도 원칙적으로는 불법이지만 북한 당국은 매도자 허가증의 사용자 이름을 매수자 이름으로 바꾸는 식으로 사실상 거래를 허용하고 있다. 입주권은 상속이 가능하기 때문에 부의 축적 수단이 된다. 북한의 주택시장은 처음에는 단순 매매 수준이었지만 점차 전세, 월세 등의 자본주의 주택시장과 별반 다르지 않게 변해갔다. 최근에는 한 발 더 나아가 돈주가 자금을 투자해 직접 주택(아파트)을 공급하여 이익을 남기고, 이를 중개하는 부동산 중개인도 나타나고 있다고 한다.

그러나 북한에서는 돈주가 아무리 돈이 많다고 해도 개인이 주택을 건설할 수는 없는 구조이다. 국가의 주택 건설 계획에 따라 기관이 건설주로써 주택 건설을 위한 행정적·법적 절차 문제 등을 처리하고 나머지 설비, 자재 등을 돈주가 투자해 완공하는 방식이다. 주택(아파트)이 완공되면 돈주의 자금 기여도에 따라 아파트를 분배하는 계약을 체결해 투자 수익을 나눈다. 그러다 보니 완공된 아파트의 로열층은 건설의 뒤를 밀어 준 당 간부나 기관 관계자가 차지하고 나머지를 돈주가 분양하여 투자금을 회수하게 된다. 평양의 주택 공급이 워낙 부족하다 보니 입지 좋은 신규 아파트의 경우 프리미엄이 10배를 넘기기도 한다고 전해진다. 북한의 아파트가 내부 인테리어를 하지 않고 분양하는 시스템임을 이용해 돈주가 30평대 아파트를 3만~4만 달러에 다량으로 분양받아 내부 공사를 한 뒤 최고 10만 달러 이상에 되팔아 수익을 챙기는 경우도 나타나고 있다. 이렇게 부동산 투자로 100만 달러 이상의 부를 축적한 신흥 부유층이 등장했다.

이런 방식으로 건설하여 인기를 끌고 있는 대표적인 고급 아파트 단지가 등장했는데, 2014년 건설된 미래과학자거리아파트와 2016년도에 건설된 여명거리 등이 대표적인 곳들이다. 이 아파트 단지는 지하철역도 가깝고, 주변에 공공기관을 비롯한 극장, 영화관, 학습당, 도서관 등 문화공간과 대학, 병원 등 편의시설이 집중되어 엘리트들이 거주하는 최고급 대형(55평형) 아파트로 꼽힌다. 이 아파트들은 분양 당시 1m²당 450달러(총 8만 달러) 언저리에 머물렀던 가격이 단숨에 배가 뛰어 900달러(16만 달러)를 기록하더니 현재는 1,700달러(30만 달러)를 상회하고 있다고 한다. 이 밖의 평양 중심 구역의 인기 아파트들도 가격이 빠르게 상승하는 추세에 있다고 한다.

일반적으로 1m²당 800~1,700달러(약 90만~190만 원)에 형성되고 있다고 보면 된다. 참고로 북한은 중국과 마찬가지로 부동산의 단위를 1m²로 사용하고 있다. 그래서 평양의 아파트 값을 우리 단위인 3.3m²로 환산하면 평당 270만~570만 원 정도이니, 30평 기준의 고급 아파트가 8,000만~17,000만 원 하는 셈이다. 이는 중국 조선족자치주의 주도인 연변과는 비슷한 가격이고 서울과 비교하면 1/10 수준이다. 평양과는 거리가 좀 있지만 5개의 경제개발특구인 신의주행정특구, 위화도 · 황금평경제특구, 개성공업지구, 나진 · 선봉경제특구, 금강산국제관광특구의 아파트 가격도 조심스럽게 상승하는 추세이다. 그 가운데 평양과 함께 수도권을 형성하고 있는 남포의 아파트는 1m²당 3,500~6,000위안(약 50만~100만 원), 경제특급시 개성은 1m²당 2,300~4,000위안(약 40만~60만 원), 청진과 나선은 1m²당 1,000위안(약 17만 원)을 형성하고 있다고 한다.

가장 유망한 투자처는?

보통강을 끼고 있는 평양의 신도시(대동강의 북쪽으로, 서울은 강남이지만 평양은 강북이다) 보통강구역에 3억 원쯤 투자해서 아파트 하나 마련하고 싶은 독자들이 많을 것이다. 아니면 아예 평양에 터를 잡고 모란봉과 능라도 사이를 유유히 흐르는 대동강 강변을 산책하고 싶은 사람도 있을 것이다. 그러나 당분간은 불가능한 일이니 상상으로만 만족해야 할 것 같다. 우선, 평양 아파트가 아무리 좋다 해도 북한 사람들조차 평양 시민이 아니면 살 수 없다. 직업 선택의 자유와 거주 이전의 자유가 제한된 북한 사회라는 것을 잊어서는 안 된다. 혹여 그런 사항들의 제약을 받지 않는 외국인이라면 어떨까? 그래도 문제는 남는다. 남한 주민은 북한에서 외국인의 지위를 인정받지 못하기 때문이다. 한편으로 북한이 남한 사람들에게 평양을 개방할 가능성은 거의 없다는 게 전문가들의 공통된 의견이다. 체제 붕괴의 위험도 크지만 남한 사람들의 경제력이면 평양 아파트를 접수하는 데 그리 오래 걸리지 않을 것이기 때문이다.

그렇다면 북한 부동산에 직접 투자할 가능성은 없는 것인가? 우리는 중국의 홍콩식 '1국 2체제' 방식의 가능성을 예상해 보았다. 아니면 북미 정상회담 기간에 야경 관광으로 파격적인 행보를 보여준 싱가포르와 같은 '도시국가'의 모델 가능성도 예상 가능한 시나리오다. 이런 조건에 가장 부합한 곳을 꼽으라면 단연 원산이 될 것 같다. 원산은 한반도에서 가장 뛰어난 자연경관을 갖춘 곳으로 개항 후 최초 서양식 리조트의 발상지이기도 하다. 병풍처럼 감싼 마식령산맥 덕분에 높은 위도에도 불구하고 겨울은 온화하고, 여름은 동해 바람으로 시원하다. 북쪽 호도반도, 남쪽 갈마반도와 함께 20여 개의 섬들이 천연 방파제 역할을 하고 있는 원산에는 조선 제일로 불리었던 송도원해수욕장과 갈마반도 동남쪽에 펼쳐진 명사십리해수욕장이 있다. 인근에 있는 천하절경의 금강산, 관동팔경의 총석정, 미네랄 광천수로 유명한 통천의 감탕, 동해안을 끼고 있으며 제 모습을 간직한 삼일포 등이 있다. 또 석호(潟湖), 높이 75m를 자랑하는 울림폭포, 원산 앞바다에 있는 장덕섬, 세계적인 시설을 갖춘 갈마스키장 등이 있으니, 산과 바다와 온천과 스키장을 고루 갖춘 세계적으로 빼어난 관광자원이다.

이러한 원산을 북한은 2013년 원산 · 금강산관광특구로 지정하여 외자유치를 통한 개발에 착수했다. 그러나 북한 특유의 정치적, 제도적 불확실성으로 인해 외국 투자가 부진하자 2014년 김정은은 원산 · 금강산관광특구에 투자한 외국인 투자 수익의 제한 없는 송금 보장과 독자적인 경영을 인정하는 법률적인 보장을 직접 언급하며 개발 의지를 내보였다. 원산을 싱가포르나 마카오 같은 세계적 관광지로 육성하여 개방체제를 실험하려는 의도로 읽힌다. 2013년 시작하여 이미 마식령스키장, 갈마 · 원산국제공항 개발이 끝나고 송도원해수욕장-명사십리해수욕장-갈마반도로 이어지는 휴양리조트 사업이 한창 진행 중인 것으로 알려져 있다.

김정은이 2018년에만 두 차례 이상 방문하여 건설을 독려한 장면이 TV에 소개되었는데, 호텔 앞으로 시원하게 뚫린 해안도로와 호텔 뒤편의 갈마국제공항이 눈길을 끌었다. 바닷가에 줄줄이 들어선 독립형 호텔리조트에는 수영장과 문화체험시설, 카지노가 있고, 해수욕장 옆으

원산 · 금강산국제관광지대 종합계획도

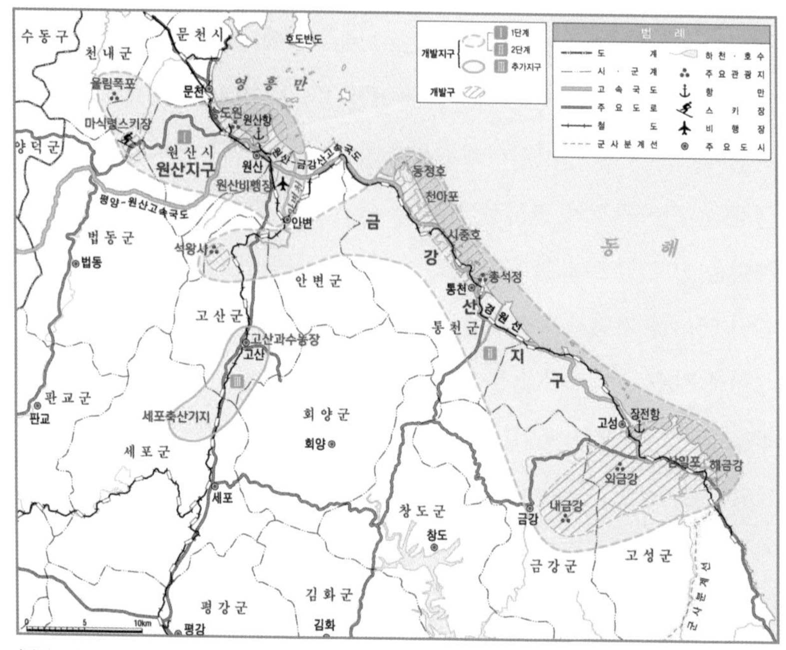

(삼성증권 리포트)

로는 요트 정박시설이 건설 중이다. 카지노 사업에 관심이 많은 미국 트럼프 대통령도 관심을 표명한 바 있는데 북미회담이 진척되면 어느 곳보다 개발 가능성이 높아 보인다. 카지노는 인구 유동성과 고용 효과가 큰 사업으로 컨벤션, 쇼핑몰, 테마파크 콤플렉스가 한 데 들어선 복합리조트의 성공 가능성이 그만큼 커지게 될 것이다.

평양 남북정상회담에서 양정상이 원산 · 금강산관광특구를 원산 · 금강산국제관광공동특구로 개발하자고 합의한 만큼 관광사업과 부동산 투자에도 매력적인 기회가 커질 것이다. 당장 경원선은 의정부~동두천을 지나 중단된 월정리역을 이어 북한의 평강~안변을 거쳐 원산까지 달릴 날이 멀지 않았다. 철거되었던 금강산관광선(철원역~내금강역)을 재건하여 평강~김화~회양을 거쳐 내금강으로 이어지는 관광전용 열차로 철원에서 금강산을 내금강~외금강~해금강 순으로 관광할 수 있다. 또 외금강에서는 동해선과 연결되는 금강산청년선으로 원산을 오르며 동해안과 호수를 감상할 수도 있다.

이러한 호재에도 김정은이 직접 공개 석상을 통해 보장한다고 했지만 관건은 역시 부동산에 대한 절대 권력을 행사할 수 있는 사회주의 북한에서 투자의 안정성을 담보할 수 있느냐일 것이다. 원산 · 금강산 관광특구는 가능할 것으로 보인다. 우선 핵을 포기하면서까지 절실하게 얻고자 하는 경제 개혁 개방이다. 그 실험장이 되는 원산 · 금강산 관광특구는 북한과 김정은으로서도 꼭 성공시켜야 할 최우선 사업이다. 여기에 남북 정상이 합의한 원산 · 금강산국제관광공동특구는 대한민국 정부의 보증도 담보된 셈이다. 따라서 정부 차원에서는 공동특구 투자에 대한 후속 조치를 내 놓을 것이다. 개성공단의 예처럼 특별법 제정이 가장 유력한 방안이 될 것으로 보인다.

3장

한반도의 길은 북으로 뚫린다

01

왜 북으로 가야 하는가

끊어졌던 허리가 이어지는 호랑이

1910년 4월 최남선은 잡지 〈소년〉에서 한반도의 지세를 다음과 같이 묘사했다. '발을 들고 대륙을 향해 할퀴며 달려드는 용맹스런 범의 형상으로 함경북도는 머리와 오른쪽 앞발이요, 함경남도와 평안남북도는 가슴과 왼쪽 앞발이요, 황해도는 허리요, 강원도는 경상북도와 잇닿아 등줄기가 되니 백두대간은 바로 척추요, 충청 · 전라 등 남도는 배 부분이요, 경상남도는 볼기요, 전라남도는 뒷발이요, 경기도는 전체의 전방을 중국 가까운 곳에 처하여 한성이라는 폐를 간직하였으니 강원 · 함경의 경계선과 경기 · 황해의 경계선을 분계선으로 하여 그 이남을 남한이라 하고, 그 이북을 북한이라 하느니라.'

엄청난 반향을 일으킨 최남선의 호랑이 지도는 일제강점기는 말할 것 없고 해방 이후에도 우리의 상징으로 폭넓은 호응을 얻게 된다. 그런데 그의 예견 덕분이었을까? 공교롭게도 해방 후 한반도는 남한과 북한으로 나뉘어 용맹스런 호랑이는 허리가 잘린 채 70여 년의 세월을 보냈다. 이제 다행히 잘린 허리가 이어져 한반도가 온전히 북으로는 드넓은 북방경제와 연결되고 남으로는 무한한 태평양으로 나갈 수 있는 가능성이 생겼다. 그동안 한반도 허리를 가르고 있던 DMZ는 한반도의 단단한 허리띠로 다시 태어나고(DMZ생태 · 관광벨트), 함경남도와 평안남북도의 왼쪽 앞발과, 전라남도의 왼쪽 뒷발은 황해와 중국을 향해 발톱을 곧추세울 수 있게 되었고(서해안첨단산업 · 물류벨트), 함경북도에서 두만강을 넘어 쭉 뻗은 오른쪽 앞발은 유라시아 대륙을 향해 포효할 준비를 하고 있다(동해안에너지 · 자원벨트). 서해안축이 대규모 인구와 경제력을 자랑한다면 동해안축은 풍부한 지하자원과 에너지를 가지고 있다. 극동러시아의 에너지 자원, 북한의 지하자원과 노동력, 동해안 천혜의 관광자원, 남한 남동해안 지역의 시장과 기술, 일본 서해안권의 시장과 자본이 결합한다면 그야말로 국제적인 성장 엔진이 될 수 있다. 드디어 백두산을 시작으로 금강산, 설악산, 태백산, 소백산을 거쳐 지리산으로 이어지는 백두대간에 흐르는 정기로 한반도의 호랑이가 허리를 꼿꼿이 세울 수 있게 된 것이다.

호랑이로 표현한 한반도 지도

평화가 주는 경제적 가치는 얼마일까

그래서일까? 이 땅에 살아가는 사람이라면 남녀노소 모두 '우리의 소원은 통일'이라고 외친다. 보수 진보를 막론한 역대 정부도 '통일'을 지향해왔다. 박근혜 전 대통령은 2014년 신년기자회견에서 '통일은 대박'이라는 말을 해 세계를 깜짝 놀라게 했다. 워딩이 적절했느냐는 갑론을박이 있었지만 논란과 관계없이 표현 그대로 '대박'은 맞는 말이다. 통일까지는 아니더라도 적어도 경제적 통합만 이루어도 엄청난 효과를 누릴 수 있다. 2%대로 주저앉은 우리의 경제 성장 잠재력을 3~5%로 끌어올릴 수 있는 가장 큰 기회라는 점에서는 역대 어느 정권도 부인하지 않았다. 일본의 잃어버린 10년을 지켜본 우리도 정말 일본의 전철을 밟는 것 아니냐는 우려도 있지만, 남북경협은 속도를 내고 있으며 우리에게 행운이자 번영으로 나아가는 가장 확실한 카드가 될 것으로 본다.

실제로 '평화'를 바탕으로 남북경협이 이루어지면 향후 30년간 170조 원의 경제 효과가 발생할 것이라는 대외경제정책연구원의 분석도 나와 있다. 170조 원은 2000년대 초반에 논의됐던 7가지 남북한 경제협력사업(금강산사업, 개성공단사업, 경수로사업, 남북 철도 및 도로 연결사업, 한강 하구 공동 이용 사업, 조선 협력 단지 사업, 단천 지역 지하자원 개발사업)을 근거로 추정한 것이다. 30년간의 170조는 연평균 5조 7,000억 원으로, 2017년 기준 우리의 명목 GDP 약 1,730조 원의 0.3%에 해당하는 것이다. 분석 결과를 보면, 개성공단의 경제 성장 효과는 약 160조 원으로 가장 컸고, 그 다음이 금강산 관광사업과 단천 지역 지하자원 개발사업으로 각각 4조 1,000억 원, 조선 협력 단지 사업 2조 6,000억 원, 남북 철도 및 도로 연결사업 1조 6,000억 원 순이었다.

지난 2014년 국회 예산정책처가 펴낸 '한반도 통일의 경제적 효과' 보고서도 흥미롭다. 보고서는 2015년을 통일 기점으로 가정하고 2016년부터 2060년까지 45년간 가져올 통일의 경제적 효과를 분석했다. 이에 따르면 통일 비용 4,657조 원에 경제적 편익은 비용의 3.1배에 해당하는 1경 4,451조 원으로 추정했다. 연평균 2.7% 성장을 지속한 통일 한국의 2060년 경제규모(GDP)는 5.5조 달러로 세계 9위에 해당하고, 1인당 GDP는 7.9만 달러로 세계 7위가 될 것으로 전망했다. 골드만삭스는 국내 기관의 예측보다 훨씬 희망적이다. 2007년과 2009년 각각 한국이 통일되면 2050년 국민소득이 8만 7,000달러로 미국에 이어서 세계 2위가 될 것이라는 장밋빛 전망을 내놓기도 했다.

통일 한국이 가져다주는 시너지로 먼저 남북한 대치에 따른 군사비 절감과 징병제 유지에 따른 막대한 사회적 비용을 절감할 수 있다. 현재 GDP의 4% 내외로 추정되는 분단 비용의 일부를 생산 투자로 전화해도 큰 효과가 있을 것이다. 그리고 현역병의 30%만 감축해도 약 18만 명의 젊은 노동력이 확보되어 저출산과 고령화로 떨어진 생산성 향상에도 도움이 될 것이다. 두 번째, 지정학적 리스크로 저평가된 한국 주식시장의 가치 향상에도 큰 영향을 끼칠 것이다. 그동안 북한의 미사일 도발 등 북한발 리스크는 하루아침에 수십조의 돈을 증발시키곤 했다. 실제로 2010년 3월 11일 천안함 사태가 터지자 코스피는 2,75%, 코스닥은 5.45%가 폭락했고, 원 · 달러 환율은 60원이 치솟았다. 그리고 무엇보다 통일 한국은 인구 약 8,000만 명의 대규모 내수 시장을 확보하게 되어 안정적인 성장이 가능해진다. 현재의 영국, 독일, 프랑스보다 경쟁력이 커지는 것이다. 이와 같이 우리에게 평화는 경제다.

지하자원 잠재 가치 6~10조 달러(약 7,500조~1경 1,000조 원)

먼저 북한 전역에 묻혀 있는 막대한 지하자원이 우리를 설레게 한다. 남한은 해방 이후 부족한 자원 대신 치열한 교육열로 인재를 길러 세계적인 수준의 기술력을 갖춘 경제대국으로 성장했다. 남북경협이 활성화되면 남한의 기술과 북한의 지하자원은 서로에게 윈윈할 가장 훌륭한 모델이 될 것이다. 북한의 지하자원 가치에 대해서는 아직 정확히 밝혀지지 않았다는 것이 정설이다. 통계청은 2008년 기준으로 북한 광물 매장량의 잠재 가치를 약 7,500여 조라고 발표했는데 미국 온라인 경제 전문 매체 〈쿼츠(Quartz)〉 또한 2017년 기준으로 7조 달러(약 8,050조 원)에 달한다는 분석을 내놓기도 했다. 한편 민간 연구 단체인 북한자원연구소는 2012년 상반기 시장가 기준으로 북한 주요 지하자원의 잠재 가치를 10조 달러(1경 1,000조 원)로 발표해 우리를 깜작 놀라게 했다. 이런 여러 자료를 종합해 보면 북한의 지하자원 예상 가치가 천문학적 수준이라는 데에는 이견이 없어 보인다.

북한은 360여 종의 다양한 광물자원이 전역에 고루 분포되어 있으며, 그 중 200여 종은 경제적 가치가 충분한 것으로 평가 받고 있다. 그래서 '자원(資源)의 보고'이자 광물자원의 박물관으로 불린다. 약 7,500조~1경 1,000조 원의 가치가 얼마나 큰 규모인지 감이 안 오는 분들을 위해 예를 들면, 세계적 기업인 삼성전자의 시장가치가 약 350조 원이라는 것과 비교해 보기 바란다. 우리가 더욱 주목하고 있는 것은 수입에 절대적으로 의존하고 있는 금, 은, 동과 아연, 철, 마그네사이트 등이 풍부해 대체 효과가 어마어마할 것이기 때문이다. 통일이 되면 금값이 떨어질 것이라는 얘기가 우스갯소리가 아닐지도 모른다. 대한광물자원공사의 자료에 따르면 북한의 금 매장량은 698톤으로 세계 7위, 철광석은 25억 톤으로 10위, 텅스텐은 16만 톤으로 6위, 아연은 2,700만 톤으로 5위, 흑연은 200만 톤으로 3위, 마그네사이트는 세계 총 매장량의 50%인 40억 톤이 묻혀 있어 2위를 차지하고 있다.

특히, 북한에는 희귀자원인 희토류가 세계 2위 물량인 4,800만 톤이 묻혀 있는 것으로 알려져 있다. 히토류는 스마트폰과 수소전지, 전기차 등의 4차 산업에 없어서는 안 될 중요한 자원으로 8,900만 톤(세계 1위)을 가진 중국이 2010년부터 자국 내 희토류 생산량을 제한하고 수출량을 감축시킴으로써 희토류 자체를 정부 통제하에 자원 무기화하려고 하는 귀한 자원이다. 그런 희토류가 평안북도 남부 해안과 함경남북도 경계를 중심으로 막대한 양이 매장되어 있다. 마그네슘의 원료이자 내화재로 사용되는 '마그네사이트(magnesite)'도 전 세계에서 남아프리카공화국과 북한에만 존재하는 희귀 광물이다. 마그네사이트 화합물질은 1,500도 이상의 고온에도 견딜 수 있어 우주 항공 소재 및 첨단 소재에 주로 사용되는데, 마그네사이트는 무게가 철에 비해 25%에 불과하면서도 가공성이 뛰어나 자동차, 가전제품, 선박 등 고급 철강제품 생산에 필수적 재료로 '백금'으로 불린다. 그런 백금을 단천시 인근의 노천광산에서 캐내고 있다. '백금산(白金山)'으로 불리는 산 전체가 온통 하얀 마그네사이트로 갱도를 파고 들어갈 필요 없이 포크레인으로 퍼내는 것이다.

한편, 북한은 쉬쉬하고 있지만 중국의 해양석유총공사는 2005년 북한 황해도 서한만 분지에 약 600억 배럴의 원유가 매장되어 있다고 발표하여 기대를 높였다. 광물 소비 세계 5위, 수입 의존도 92%인 대한민국에게 북한 자원의 가치는 45조 원 이상의 효과가 있을 것으로 평가하고 있다.

수십 조 원의 수익이 기대되는 관광사업

현재의 열악한 인프라에도 불구하고 관광이 가능한 중국인들에게 북한은 인기 있는 관광코스라고 한다. 북미협상이 순조롭게 진행되어 경의선 등 고속철도가 개설되어 평양, 신의주를 지나 중국 철도와도 연결되면 관광의 양상은 전혀 달라질 것이다. 대한민국의 5,000만 국민은 말할 것 없고, 중국 · 일본 · 미국 · 러시아 등지에서 관광객들이 몰려들어 동북아 관광의 중심이 될 가능성이 크다. 그동안 폐쇄되어 숨겨져 있던 희소성의 가치와 지구상 최후의 분단국가라는 상징성은 지구촌의 관광객들에게 매력적인 요소로 작용할 것이 분명하기 때문이다. 북한처럼 폐쇄정책을 유지하다가 1990년에야 관광 개방을 한 쿠바의 예가 이를 방증한다. 쿠바의 관광 수입은 10년 사이에 무려 2,300배가 증가했다. 북한은 자체로도 산 · 바다 · 문화 유적지가 어우러진 천혜의 관광 자원을 보유하여 더할 수 없이 매력적일 뿐 아니라 남한 · 중국 · 러시아 · 일본 · 몽골 등 주변국과의 연계 관광 개발도 가능하여 더 가치가 있다. 이번에 남북 정상이 합의한 바와 같이 금강산은 원산 · 설악산과 연계하여 국제관광특구로, 해주와 개성은 인천 · 강화와 연계하여 경제공동특구로 개발하겠다고 발표해 어느 때보다 기대를 높이고 있다. 그 동안 중국 쪽에서 올랐던 민족의 영산 백두산을 개마고원과 연계한 상품으로 개발한다면 인기가 있을 것이다. 곧 부산에서 출발한 크루즈선이 나진과 청진항을 거쳐 시베리아 횡단 철도(TSR)를 통해 유럽으로 가는 관광 상품 출시도 멀지 않았다.

북한에 대한 관심이 높아진 가운데 최근에는 탈북자들이 추천한 관광지가 인터넷을 뜨겁게 달구며 주목을 받기도 했다. 세계에서 가장 큰 평양의 개선문, 판문점 남북정상회담에서 화제가 된 평양냉면의 옥류관, 하늘을 향해 날아가려는 모습의 청동 조각상으로 외국인에게 이미 유명한 천리마동상, 2000년 김대중 대통령이 평양을 방문했을 때 환영 만찬이 열린 곳으로 잘 알려진 인민문화궁전, 건물 앞면에 사람의 커다란 눈을 형상화한 독특한 디자인을 자랑하는 건축물 류경안과종합병원, 원자 모양을 본떠 만든 화려한 건물로 유명한 과학기술전당, 한옥 300채가 온전하게 보존된 개성 한옥 보존지구, '제2의 금강산'이라고 불릴 만큼 아름답고 빼어난 경관을 자랑하는 칠보산, 바다 위에 솟아 있는 돌기둥 위에 지어진 정자 총석정, 산과 암벽, 자연호, 모래사장, 하천 등이 어우러져 절경을 이룬 금강산 해금강과 감호 등이 그곳들이다. 이밖에 평양 남북정상회담 당시 문재인 대통령이 방문했던 평양대동강 수산물식당도 좋은 관광상품이 될 것이다. 한편, 앞으로 '평화의 상징'으로 바뀌게 될 비무장지대(DMZ)는 세계적인 평화 생태 관광지로 아프리카의 세렝게티보다 더 각광받게 될 것이다. 현재 남한에서 반쪽짜리로 운영 중인 도라산 관광열차, 철원 철새도래지, 파주 통일전망대만으로도 관광 수요는 충분히 입증되고 있는 상황이다.

그럼 관광산업의 효과는 얼마가 될까? 대북제재가 풀리면 우선 개성공단과 금강산 관광이 재개될 것으로 보인다. 금강산 관광사업이 시작되었던 초기의 연매출이 2,000억 원이었고, 개성 관광이 1,000억 원이었음을 감안하면 최소 연 3,000억 원은 회복될 것으로 예상된다. 2014년 모 일간지에 실린 현대경제연구원의 분석에 따르면 통일 이후 10년쯤 지나면 한반도를 찾는 관광객이 3,600만 명을 돌파할 것이라고 전망했다. 이렇게 되면 관광 산업의 GDP 기여도는 북한의 경우 11.8%, 남한은 1.7%에 이를 것으로 추정된다. 현재 기준으로 약 30조 원에 달하는 어마어마한 돈이다. 북측 사람들 중 경제력이 있는 계층은 의외로 남한 지역의 서해안, 남해안의 도서 지역이나 제주도를 방문하고 싶어 한다고 한다. 북한의 해안에는 큰 섬들이 거의 없기 때문이다. 이와 같은 역관광 수요로 남해안 지역의 섬관광 산업도 호재를 맞을 수 있다.

물류비 절감과 값싼 러시아의 천연가스

아직 좀 먼 얘기이긴 하지만 문재인 대통령이 제안한 '동아시아 철도 공동체'가 완성되면 해상 물류에 의존했던 우리에게 상당한 변화가 있을 전망이다. 먼저, 수에즈 운하를 통과하는 20,500㎞의 남방항로를 이용해 부산에서 네덜란드 암스테르담까지 가는 경우 한반도 종단철도(TKR)와 대륙철도 3개 노선을 이용하면, 거리는 10,000㎞ 정도가 줄어들고 소요시간은 45일에서 25일로 단축되어 물류비는 컨테이너 개당 150만 원에서 80만 원으로 줄어들 것으로 예측된다. 그리고 대륙철도와 연결되면 그동안 접근이 어려웠던 중앙아시아의 5개국(카자흐스탄, 우즈베키스탄, 투르크메니스탄, 키르기스스탄, 타지키스탄)과 서부 러시아와 동부 유럽(폴란드, 헝가리, 체코, 슬로바키아, 오스트리아) 등 내륙국까지 수출 길이 열려 우리의 경제 영토가 획기적으로 확장된다.

남북 교역에도 큰 변화가 예상된다. 그동안 남북 간 화물은 인천항~남포항이 주로 이용되었는데 공해로 운항해야 하는 문제로 운항시간만 24시간이 걸렸다. 그런데 운항시간보다는 까다로운 남북 간의 통관 절차 등으로 인해 실제 운송시간은 2주일 정도 걸리고 있는 실정이었다. 이것을 경의선을 통해 실어 나르면 1일에서 최대 3일이면 충분할 것으로 예상된다. 운송비도 최대 1/4로 대폭 줄어든다는 분석이다. 북극항로에 대한 검토와 분석도 활발하다. 북극항로를 이용할 시 부산~로테르담 간 운항거리가 기존 남방항로에 비해 최대 31%(20,500→15,000㎞), 항해 일수로는 최대 10일(45일→35일)이 단축되어 운항기간과 비용이 크게 절감된다. 남방항로에 창궐한 해적을 피할 수 있다는 장점은 덤이다.

에너지 물류에도 큰 편익이 예상된다. 세계 3위의 LNG 수입국인 우리나라는 현재 사용하고 있는 천연가스 전량(3,700만 톤)을 바다를 통해 LNG(액화천연가스) 형태로 들여오고 있다. 남 · 북 · 러 3각 '천연가스파이프(PNG)' 협력이 실현되면 세계 천연가스 매장량과 생산량 2위인 러시아를 통해 유럽처럼 육로로 도입이 가능해진다. PNG의 최대 장점은 부피 단위당 수송원가가 0.31달러로 LNG(0.94달러)에 비해 3배 이상 저렴하다. 이는 우리가 1/3 가격으로 천연가스를 이용할 수 있다는 것을 말한다. 이는 북한에게도 막대한 이익이다. 자국을 통과하는 파이프라인 건설로 인건비와 개발 수익을 얻을 수 있을 뿐만 아니라 파이프라인 통과 이용료로 연간 1억 5,000만 달러의 수익을 얻을 수 있을 것이기 때문이다. 여기에 러시아산 천연가스는 북한의 고질적인 에너지 문제 해결에도 도움이 될 수 있다. 러시아 또한 천연가스 수출 시장을 다변화하면서 EU(유럽연합)에 대한 수출 의존도를 낮출 수 있어 3자 모두에게 큰 도움이 되는 프로젝트이다.

꿈틀거리는 북방 경제

중국의 일대일로와 동북3성 진흥 계획

중국의 동북3성(랴오닝성, 지린성, 헤이룽장성)은 서북쪽으로는 몽골, 동북쪽으로는 러시아, 남쪽으로는 북한과 인접한 지역으로 우리에게는 만주라는 지명으로 익숙한 곳이다. 약 10,947만 명(2016년 기준)의 인구에 총면적은 808,000㎢(한반도의 약 3.7배), 총 GDP는 약 1조 달러(2015년 기준)이며 1인당 GNP는 평균 8,000달러인데 이중 지린성이 가장 높다. 2013년 중국의 시진핑 주석은 총 62개국을 도로, 철도, 해로 등의 교통 인프라부터 투자해 세계를 하나로 연결하겠다는 국가 핵심 전략으로 일대일로(一帶一路) 계획을 발표했다. 이후 중국은 특유의 추진력으로 일대일로 전략을 밀어붙여 고속철도, 도로, 항만, 공항 등 교통인프라 건설에서 큰 발전을 거두었다. 특히 고속철도는 이미 세계에서 가장 많은 노선을 가지고 있을 정도이다. 일대일로 6대 경제회랑 중 한반도로 연결을 확장시킬 수 있는 동북지역 인프라 개발 계획은 2016년에 제13차 5개년 계획에서 주요 사업으로 구체화하였다. 동북3성 중 유일

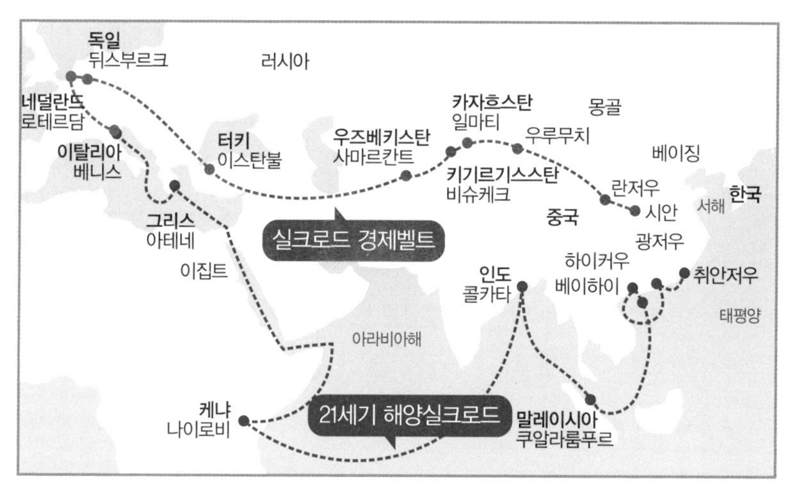

중국 육상 · 해상 실크로드 '일대일로'

하게 랴오닝성은 대련항을 통해 바다와 연결되어 있지만 지린성과 헤이룽장성은 내륙을 통하거나 북한과 러시아의 항구를 통해서만 해외 진출이 가능하다. 그래서 태평양으로 나갈 수 있는 동해안에 항구를 갖기 위해 북한의 나진 · 선봉항 개발에 집중해왔다.

이런 상황에서 중국 정부는 지린성의 '창지투 개발 · 개방 선도구'와 랴오닝성의 '압록강연해경제벨트' 개발 전략을 수립해 국가 차원에서 추진하고 있다. 지린성의 '창지투 개발 · 개방 선도구 계획'은 내륙에 있는 창춘과 지린시를 접경지역과 연동하여 발전시키는 계획으로 북 · 러 접경지역인 훈춘을 개방의 창구로, 북한 접경지역인 옌지(연길)—룽징(용정)—투먼(도문) 일대는 개방의 전진기지로 삼아 추진하고 있다. 마치 동부 연안지대의 대외 개방으로 중국 내륙 발전을 이끌었듯이 창지투 개발 · 개방 선도구를 지렛대로 지린성과 헤이룽장성의 발전을 견인하겠다는 것이다. 랴오닝 압록강연해경제벨트는 동북지역 최대 항구도시인 다롄을 중심으로 신의주와 마주보는 단둥을 비롯해 다롄–잉커우–진저우–후루다오 등 5개 도시를 잇는 경제벨트를 구축한다는 전략이다. 이로써 중국과 북한의 국경지역 경제협력은 중국의 동북3성 진흥 계획과 결합하게 된다. 지린성의 경우는 창춘–지린–투먼으로 이어지는 벨트를 통해 북한의 나진 · 선봉, 러시아 극동지역과의 다자간 협력으로, 랴오닝성은 단둥을 중심으로 압록강을 사이에 두고 마주보는 북한의 신의주와 황금평 · 위화도에 경제특구 등을 조성하는 북 · 중 간 공동 개발, 공동 관리의 지역 협력으로 이어지고 있는 것이다. 이 계획은 중국의 놀랄만한 고속철도가 앞당겨 주고 있다. 지린성 성도인 창춘에서 훈춘까지 고속철도가 개통되어 6시간 이상 걸리던 거리를 2시간 반으로 단축시켰다. 2019년에 베이징~선양 간 고속철이 개통되면 베이징에서 훈춘까지는 불과 6~7시간이면 갈 수 있는 거리로 좁혀지게 된다. 헤이룽장성의 성도인 하얼빈에서 창춘~선양~대련으로 이어지는 동북지방 종단 핵심 노선도 이미 모두 고속철도로 연결되어 있다. 북한 나진과 훈춘은 54㎞에 불과하다. 북한의 3차 핵실험으로 중단된 나진항까지 철도 연결 공사와 훈춘~블라디보스토크 간 고속철도 건설 프로젝트도 대북제재가 해제되면 급물살을 탈 것이다. 중국의 동북3성 진흥 계획과 러시아의 극동 개발 프로젝트는 이해관계가 맞아 떨어지고 있다. 이곳으로 우리가 가기 위해서라도 북한을 연결해야 한다.

러시아의 '신동방정책'

2015년 5월 푸틴 대통령은 러시아 역사상 처음으로 극동지역에서 대규모 경제포럼을 열었다. 바로 '동방경제포럼(EREF)'이 그것이었다. 그는 이 동방경제포럼을 극동지역 개발을 위한 다자협력의 플랫폼으로 활용했다. 특별 경제 지대인 선도개발구역 및 블라디보스토크 자유항 프로젝트, 석유 가스에 이어 또 다른 핵심 에너지인 전력과 관련해 극동지역 단일 전력망을 구축하는 '에너지 브리지 사업', 유럽입자물리학연구소(CERN)와 유사한 과학센터 설립 같은 대규모 사업 등 그동안 야심차게 준비한 극동 개발 프로젝트를 쏟아 냈다. 푸틴 대통령은 또 '경제 자유'가 극동 개발의 핵심 우선순위라고 선언하고, 블라디보스토크항, 자루비노항, 나홋카항, 볼쇼이카멘항, 포시예트항, 슬라비얀카항 등 연해주 남부 13개 항만과 공항 등의 지역에 외국인 투자 유치를 위한 우대 정책을 제시했다. 자유항으로 선포된 이들 지역은 8일간 무비자 입국이 가능하고, 24시간 통관 업무로 입출입이 빨라지게 된다. 또한 자유항에 거주하고자 하면 각종 세금 혜택을 주는 등 기존의 러시아 대외 경제 정책에서는 찾아보기 어려운 획기적인 내용들을 담고 있다.

이 가운데 '에너지 브리지 사업'은 한국-러시아-중국-일본을 연결하여 전력 공급망을 구축하는 동북아시아 에너지 시스템 통합 프로젝트로 우리의 북방경제협력위원회에서 제시하는 9-브릿지 사업의 주요 사업이기도 하다. 이와 함께 러시아는 '통합 가스 공급망' 구축 사업도 구체적으로 발표했다. 이미 러시아는 동시베리아와 사할린을 포함한 극동지역 가스전에서 생산되는 천연가스를 하나의 파이프라인으로 모아 극동지역으로 보내는 세계 최장인 4,700㎞의 동시베리아 태평양 석유 파이프라인을 가지고 있다. 이를 통해 동시베리아 · 극동지역의 유전에서 생산되는 원유를 대륙의 동쪽 끝인 나홋카항 인근 코즈미노

수출터미널로 운송하고 있다. 2018년 9월 푸틴 대통령과 문재인 대통령은 나홋카항에서 블라디보스토크를 거쳐 북한 동해안으로 파이프라인을 연결하여 대한민국에 공급하는 사업에 합의했다. 뿐만 아니라 북극해에서 천연가스를 생산하는 대규모 자원개발사업인 야말 가스전 개발에도 참여할 것이라고 밝혔다.

1억 명의 인구를 거느린 동북3성 동진 전략과 러시아 극동 연해주 개발 전략인 동방 정책이 남북경협이라는 세기의 변화와 맞물리며 용트림을 하고 있다. 그동안 북 · 중 · 러의 두만강 삼각지대는 지정학적인 요충지임에도 불구하고 북핵 문제, 중 · 러 간의 대결 구도, 러 · 일 간의 북방 4개 섬을 둘러싼 분쟁 등의 이유로 지지부진했던 지역이다. 그런데 상트페테르부르크와 크림반도를 통한 유럽의 서진 전략이 여의치 않았던 러시아에게 극동아시아에서 중국 영향력 확대는 위기의식을 불러일으키기에 충분했다. 이로써 중국과 러시아의 북한 끌어들이기 구애는 러시아의 '극동 발전 전략 2025'를 더욱 촉진시켰다. 이런 흐름은 나진–훈춘–블라디보스토크를 잇는 두만강 대삼각 지역에 변경의 한계를 넘어 초국경 경제권이 형성될 수 있는 가능성이 커졌다. 20세기 초 해양세력이었던 일본이 대륙 진출을 위해 만주로 향했다면 21세기 초인 현재에는 대륙세력인 중국과 러시아가 해양으로 진출하기 위해 동해로 나아가는 모양새이다. 새로운 세기의 흐름에 북방이 들썩이고 있다. 그 중심에 북한이 있다.

러시아 극동지역은 총 면적 1,100만㎢(한반도의 약 46배)에 약 2,550만 명의 인구를 가진 광활한 땅이다. 주로 블라디보스토크(63만 명)를 비롯해 이르쿠츠크(62만 명), 하바롭스크(60만 명), 유즈노사할린스크(19만 명)

등이 속해 있다.

황금 삼각지대 두만강 개발 계획

포괄적 범위의 동북아시아는 한반도, 중국, 일본, 러시아, 몽골을 포함한다. 이런 동북아시아 환동해권의 중심지인 두만강 유역은 러시아의 극동지역, 중국의 동북3성, 일본의 대륙 운송, 북한의 대외 개방 등 주변국 모두에게 지정학적 요충지이다. 그래서 1992년 UN은 두만강유역개발계획(TRADP)을 시작으로, 광역두만강개발계획(GTI)으로 범위를 확대하면서 두만강 유역의 다자간 개발 협력을 추진하고자 하였다. GTI 출범 당시 회원국들은 교통, 관광, 에너지, 무역 · 투자, 환경 5개 분야를 우선 협력사업으로 추진하고자 접경지역의 인프라 개발에 대한 사업계획을 발표하였다.

두만강 유역의 접경 인프라는 북-중, 북-러, 중-러의 연계로 구분된다. 그중 한국 정부는 남 · 북 · 러의 나진 · 하산 프로젝트에 대한 양해각서에 서명하고 직접 참여, 건설에 합의하였다. 나진 · 하산 프로젝트는 부산~나진 간 해상수송, 나진항 제3부두 건설, 54㎞ 떨어진 나진~하산 철도를 연결하여 시베리아횡단철도(TSR)를 경유하는 컨테이너 물류 수송사업을 일컫는다. 육로 운송로가 없는 우리에게는 매우 의미 있는 사업이다. 그래서 2013년 한 · 러 정상은 '나진-하산 물류협력사업' 양해각서에 서명하였고, 나진항 제3부두 개발과 화물터미널 현대화 건설에 한국기업이 참여하는 것에 합의하였다.

하지만 2009년 북한의 탈퇴와 동북아시아의 주요 국가인 일본이 회원국으로 참여하지 않는 등의 요인으로 GTI에서 추진하였던 프로젝트가 실제 사업으로 추진되는 경우는 매우 적었다. 이후 GTI와 관련한 프로젝트 중, 중국만이 역내 인프라 기반사업으로 창지투 선도구 전략을 추진하며 철도 및 도로를 건설했다. 이로써 낙후지역이었던 동쪽 변경의 훈춘이 활기를 띄기 시작하였다. 훈춘은 한·중·러의 육·해 노선인 훈춘–자루비노–부산의 거점을 담당하고 있으며, 동북아시아 국제복합운송의 중요 지역이다. 2016년 한·중 경제장관은 양국 경협의 주요 무대로 훈춘을 선정하여 본격 개발에 합의했다. 현재 훈춘에는 포스코와 현대가 150만㎡ 규모의 국제 물류단지를 공동으로 설립해 두었는데, 이는 향후 나진항의 배후 물류기지 역할을 담당하게 될 것이다. 포스코현대국제물류단지는 나진과 53㎞ 거리에 있다.

베링해협을 넘어 아메리카 대륙까지

베링해협은 러시아의 동쪽 끝과 미국 알래스카 서쪽 끝, 그러니까 유라시아 대륙과 아메리카 대륙이 나뉘는 부분을 말한다. 그 폭이 85㎞로 현대 토목기술로 터널 공사가 충분히 가능한 곳이다. 54㎞인 영·불 해저터널이 이미 개통되어 있고, 한·일 간을 해저터널로 연결하고자 하는 구상이 여러 차례 언급된 바 있는데, 대한해협의 폭이 최대 200㎞가 넘는다는 점을 고려하면 베링해협을 연결하는 것은 그리 어려운 일이 아닐 것이다. 해저터널은 러시아 쪽의 데즈네프 곶에서 시작해 중간에 있는 리틀 다이아몬드 섬과 빅 다이아몬드 섬의 아래쪽을 통과하여 미국 알래스카 웨일스 마을 남쪽을 연결하게 된다. 이를 위해 러시아의 푸틴 대통령은 2008년 4월 소치 동계올림픽 개막식에 참가한 미국 부시 대통령에게 베링해협터널 건설을 제안한 것으로 알려져 있다.

러시아는 상당히 적극적인 태도로 2007년 4월 '동러시아 메가 프로젝트(Megaproject of the Russian East)' 국제 콘퍼런스에서 베링해협을 통한 유라시아-아메리카 대륙 연결로 구축하자는 의제로 열띤 토론을 하였다. 그리고 2007년 9월 '2030 러시아 철도 교통 발전 전략'을 승인하여 2030년까지 베링해협에 이르는 시베리아 철도를 연결하는 계획을 세워 놓고 있다. 연결 구간은 야쿠츠크에서 베링해협과 만나는 우에른까지 구간으로 총 3,200㎞의 철도가 부설되어야 하는 큰 프로젝트이다. 알래스카와 캐나다 쪽의 철도 역시 2,800㎞를 건설해야 미국까지 연결된다. 이 프로젝트가 완공되면 베링해협의 해저터널을 통과, 야쿠츠크를 거쳐 현재의 바이칼-아무르 메인 라인(BAM)과 시베리아 횡단철도(TSR)를 통해 한반도까지 철도망이 연결되게 된다. 베링프로젝트로 완성될 환태평양 철도 교통망은 한반도 남북을 관통하는 한반도종단철도(KTR)와 직접 연결된다. 부산~원산~나선~블라디보스토크~야쿠츠크에서 베링해협행 시베리아 철도를 만나 아메리카 대륙으로 직접 가는 날이 올 수도 있을 것이다.

미래의 성장동력, 북방 경제

남북관계 개선에 힘입어 신북방정책이 속도를 내고 있다. 중국의 동북3성 진흥 정책과 러시아의 신동방정책과 손발을 맞추는 모양새이다. 북·중·러 접경지역 경제특구 개발을 한반도 신경제 구상과 역내 국가 개발 전략을 연계하는 동북아 경제 협력 모델 사업이다. 정부는 이를 위해 대통령 직속 북방경제협력위원회를 설치하여 본격 가동하기 시작했다. 신북방정책은 크게 두 가지 방향으로 추진된다.

첫째, 중국의 일대일로 연계사업 및 동북3성 진흥 전략에 대해 다자간 협력사업을 추진한다. 아시아인프라투자은행(AIIB), 광역두만강개발계획(GTI) 등을 활용하여 몽 · 중 · 러 경제회랑과 연계한 사업을 발굴하고 개발할 예정인데, 훈춘 물류단지 등 중단된 사업이 재추진될 것이 유력하다. 서해안축의 랴오닝성은 압록강연해경제벨트로 북한의 신의주와 황금평 · 위화도경제특구와 연계되고, 지린성의 창지투 개발 · 개방 선도구는 광역두만강개발과 함께 북한의 나진 · 선봉경제특구와 연계하게 된다. 이를 위해 남북철도 연결 사업은 최우선 추진되어 한반도 철도는 중국(TCR) · 몽골(TMGR) 횡단철도와 합류하게 된다.

두 번째로 한 · 러 협력을 위한 9개 분야(가스, 철도, 항만, 전력, 북극항로, 조선, 농업, 수산, 일자리)를 선정하여 동시다발적으로 추진해 나갈 예정이다. 이는 2017년 동방경제포럼 기조연설에서 문재인 대통령이 언급한 한 · 러 협력을 위한 9－BRIDGE 전략이다. 한반도 신경제지도 구상의 동해안 물류 · 에너지벨트 구축 사업을 구체화한 것으로 유라시아 대륙철도(TSR), 중국횡단철도(TCR)와 연계해 동아시아 통합 물류 네트워크를 구축하겠다는 구상이다. 이와 함께 남북한과 중국, 러시아, 일본까지 포함한 에너지 협력을 위한 슈퍼그리드 구축을 추진하고, 남북한과 러시아 가스관을 연결하는 사업도 주요하게 추진된다. 북극 항로와 러시아 내륙 수로가 연계된 새로운 운송 루트를 개발해 중앙아시아와 시베리아 자원 개발에 적극 참여할 예정이다.

세 번째로 미래 성장 가능성이 높은 신흥 시장인 유라시아경제연합(EAEU)과 경제 협력을 강화하는 것이다. 유라시아경제연합은 러시아, 카자흐스탄, 벨라루스, 아르메니아, 키르기스스탄, 타지키스탄 등 러시아를 중심으로 한 구소련 지역의 경제공동체로, EU와 같은 경제 공동시장 형성을 목표로 하고 있다. 이 지역은 석유, 가스 등 에너지 및 광물자원이 풍부하고 넓은 영토와 많은 인구를 가지고 세계 시장에서 영향력을 확대해 나가고 있는 상태인데, 대륙철도와 연결되지 못한 우리로서는 이 지역 진출에 애를 먹고 있는 상황이었다. 그러므로 신북방정책을 통해 러시아, 중앙아시아, 몽골 등과 경제 협력이 활성화되는 것은 대한민국의 미래 경제 성장동력이 될 것으로 기대된다.

02

길이 뚫리면 돈이 흐른다

한반도는 유라시아 대륙철도의 시발점

길이 뚫리면 경제가 뚫리고 돈이 흐르게 된다. 그런데 그동안 우리의 길은 휴전선에서 멈춰 서야 했다. 길만 멈춘 게 아니었다. 대륙과 연결되어 있다는 반도인의 생각도 멈춰 버려 섬나라인 일본보다 더 고립되어 있었다. 하지만 이제 멈춰 섰던 철마가 대륙을 향해 달릴 날이 얼마 남지 않았다. 일반적으로 철도 개통 소식이 전해지면 부동산은 세 번 뛴다고 한다. 사업계획이 발표되었을 때, 타당성 결과가 발표 되었을 때, 그리고 공사가 시작되었을 때가 그것이다. 그리고 그 상승의 폭은 어느 정도 짐작이 가게 마련이다. 예를 들어 운정신도시까지 수도권 광역급행철도(GTX) A노선이 연장되면 서울역, 삼성역까지 이동 시간이 획기적으로 줄어 부동산 가치가 서울권에 곧바로 편입되는 것처럼 말이다. 그런데 북한을 넘어 중국과 러시아를 거쳐 유럽 대륙과 만날 수 있는 도로와 철도의 연결은 어느 정도의 가치일까? 경부고속도로가 뚫린다는 소식을 들었을 때와 비교할 수 있을까? 상상조차 해 본 적이 없는 일이라 우리로서는 더 이상 가치를 측정하기가 어렵겠다. 다만 단순히 단절되었던 철도의 복원을 넘어서 한반도종단철도(TKR)가 만주횡단철도(TMR), 중국횡단철도(TCR), 시베리아횡단철도(TSR) 등의 대륙 철도와 연결되면 우리는 단숨에 유라시아 주요 간선 축의 시발점이 된다는 것은 분명하다. 2018년 12월 26일 '남북 철도와 도로 연결 및 현대화 착공식'이 북측 개성 판문점역에서 열렸다.

TKR : 한반도종단철도(Trans－Korea Railway)

한반도종단철도는 한반도와 중앙아시아 및 유럽의 연결을 목표로 추진하는 철도 노선으로 영문 첫 글자를 따서 TKR이라고도 부른다. 2000년 9월 경의선 철도 복원 공사를 기점으로 시작되었는데 현재 가장 유력한 TKR 노선으로는, 남쪽에서는 경부선과 경의선 구간을 이용한 부산~서울~도라산, 북쪽에서는 도라산에서부터 평부선~평의선 구간과 평원선 구간을 이용한 개성~원산~나진으로 이어지는 노선이다. 이를 위해서는 먼저 끊어진 철도를 이어야 한다. 현재 남북 간 연결 가능한 노선은 총 4개다. 즉시 운행 가능한 구간인 경의선을 포함해 단절 구간인 동해선(강릉~제진), 경원선(백마고지~평강), 금강산선(철원~내금강) 등이 있다.

단절 구간인 동해선은 남쪽 구간이 예상 일정보다 상당히 빨리 착공되어 2004년 4월 17일에 군사분계선을 건너는 선로가 복원되었으며, 남북출입사무소인 제진역까지는 2005년 12월에 완료된 상태이나 북쪽 구간의 공사가 늦어지고 있다. 경원선, 금강산선은 남측 구간(신탄리~군사분계선, 철원~군사분계선)의 설계가 1999년 완료되었으나 경의선, 동해선에 비해 중요성이 떨어지고, 남북 관계 악화 등으로 인해 2012년 11월 20일 경원선 신탄리~백마고지 구간만 개통되었다. 이제는 경원선(백마고지~평강) 복원에도 속도를 낸다. 노선은 남한 백마고지~군사분계선, 북한 군사분계선~평강 구간이다.

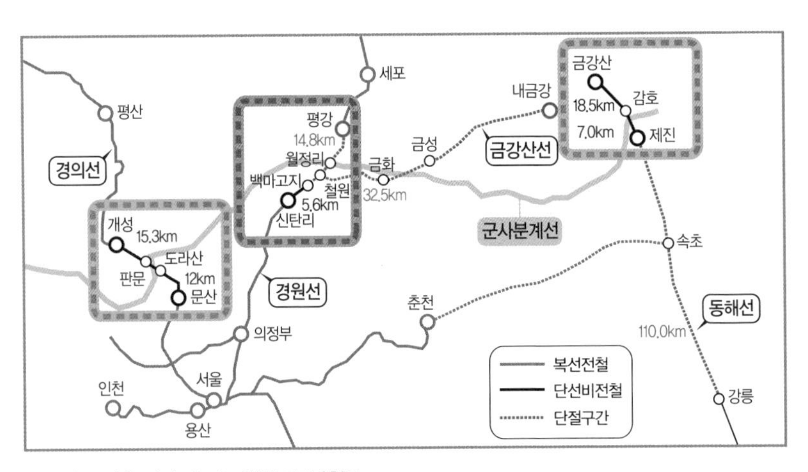

끊어진 구간을 이어 만드는 한반도종단철도

현재 검토되고 있는 한반도의 대륙 연결 철도망은 신의주~중국횡단철도(TCR)~시베리아철도(TSR)를 연결하는 노선과 원산~두만강역~시베리아철도 연결 노선, 평양시~남강~만주횡단철도(TMR) 연결 노선, 신의주~베이징~몽골횡단철도(TMGR) 연결 노선, 순천(북한)~만포시~만주횡단철도 연결 노선 등이 있다. 이 가운데 신의주~중국횡단철도~시베리아철도 연결 노선과 원산~두만강역~시베리아철도 연결 노선이 실현 가능성이 가장 큰 것으로 검토된다. 신의주~중국횡단철도~시베리아철도 연결 노선은 한국의 부산 · 광양에서 출발하여 서울 · 개성 · 평양을 거쳐 북한의 국경역인 신의주에서 중국의 국경역인 단둥으로 이어져 중국횡단철도에 연결되는 노선이다. 부산에서 신의주~단둥~모스크바를 거쳐 유럽의 주요 도시에 이르기까지 총연장 1만 2,091㎞이며, 한국과 북한, 중국, 카자흐스탄, 러시아 등 5개국을 통과한다. 원산~두만강역~시베리아철도 연결 노선은 부산과 광양에서 출발하여 북한의 원산~청진~나진을 경유한 뒤 북한의 국경역인 두만강역에서 러시아의 하산을 통과한 다음 보스토치니에서 시베리아철도와 연결되는 노선이다. 총연장 1만 3,054㎞이며, 한국과 북한 · 러시아의 3개국을 통과한다. 철도공사에 따르면 남한, 북한, 중국, 러시아가 함께 계획을 수립하고 재원 조달이 순조롭게 된다면, 철로 개선 등에 소요되는 시간을 감안해도 3~4년 내에 시베리아 횡단철도(TSR) 등의 대륙 철도 노선을 운행할 수 있다고 한다.

- **TSR** 시베리아 횡단철도(Trans-Siberian Railway, TSR)는 러시아의 동쪽 끝 블라디보스토크항에서 출발하여 벨로루시의 브레스트까지 연결하는 총 길이 9,297㎞의 유라시아 대륙횡단철도를 말한다. 브레스트에서는 폴란드의 바르샤바, 독일의 베를린을 경유하여 네덜란드의 암스테르담까지 연결된다. 시베리아횡단 노선은 대륙 철도의 본선답게 가는 도중 치타에서 TMR과 울란우데에서 TMGR과 노보시비리스크에서 TSR과 만나 모스크바로 가는 국제선이다. 경

의선이 복원되면 서울~평양~신의주~단둥~베이징을 지나 몽골의 울란바토르를 거쳐 러시아의 울란우데에서 TSR과 만나거나, 경원선이 복원되면 서울~원산을 통해 고원으로 가서 함경선을 타고 홍의역~두만강역~러시아 하산~라즈도리노에역에서 TSR을 타게 될 것으로 보인다. 서울에서 암스테르담까지 거리가 12,000㎞ 정도이니 평균 시속 80㎞로 달린다면 통관 절차를 감안하더라도 20여 일이면 충분해진다.

TSR 노선 블라디보스토크→하바롭스크→울란우데→이르쿠츠크→크라스노야르스크→노보시비르스크→옴스크→예카테린부르크→페름→모스크바, 총 60여 개의 역에서 정차

- **TMR** 몽골횡단철도(Trans-Mongolian Railway, TMR)는 북한의 평양, 중국의 베이징, 몽골의 울란바토르 등 3개국 수도를 관통하는 노선으로 향후 막대한 여객과 물동량이 예상되는 노선이다. 다만 러시아까지 총 4개국 국경을 통과해야 하므로 통관 수속이 복잡한 단점이 있는 반면, TSR에 비해 약 1,000㎞ 정도 거리가 짧아 물류비가 절감될 것으로 예상된다.

  TMR 노선 중국 천진항→베이징→울란바토르→몽·러 국경역인 호이트역→울란우데→TSR 연결, 총 연장 7,753㎞

- **TCR** 중국횡단철도(Trans-China Railway)는 베이징을 출발하여 남쪽의 스좌장을 거쳐 정저우에서 서쪽으로 방향을 틀어 룽하이철도를 타고 가다가 난신철도와 연결된다. 중국의 우루무치, 카자흐스탄의 악토가이를 거쳐 러시아의 노보시비리스크역에서 TSR과 만나게 된다. 한반도종단철도(TKR)가 TCR과 만나는 지점은 경의선

신의주~단둥 구간과 만포선 만포~집안, 함북선 남양~도문 등 총 3곳이다. 시베리아횡단철도에 비해 운행 거리가 단축되어 시간이 단축된다는 장점이 있으나, 중국 · 카자흐스탄 · 러시아 국경을 경유하여 유럽으로 연결되기 때문에 각 구간별 운임이 비싸고 궤간이 바뀔 때마다 바꿔 타야 하는 단점이 있다.

TCR 노선 천진항→정저우→뤄양→시안→란주→위먼→하미→우루무치→악토가이→노보시비리스크→TSR 연결. 중국 내 총 연장은 4,018㎞

- **TCMR** 만주횡단철도(Trans-China-Mongolia Railway)는 특이하게도 TSR의 치타역에서 아래로 분기하여 만주리~대경~목단강과 하얼빈에 도착한 후, 서쪽으로는 하얼빈~대련을 연결하고 동쪽으로는 하얼빈~쑤이펀허로 갈라지는 T자형 노선이다. 이 노선은 시베리아철도 건설 당시 중국과 러시아의 밀약에 의해 건설되었던 동청철도가 전신인데, 결과적으로 극동 러시아와 중국 동북3성, 내몽고를 아우르는 간선이 되었다. 경의선의 신의주에서 단둥을 거쳐 북상하여 심양~장춘~하얼빈으로 가면 TCMR과 만날 수 있다.

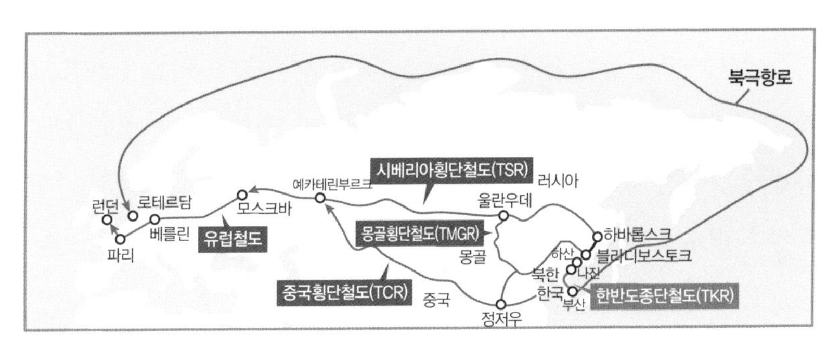

아시아 횡단 철도의 기본망

경원선으로는 원산~함흥~청진에서 함경선을 타고 회령~종성~남양에서 두만강을 건너고 도문을 거쳐 목단강역에서 쑤이펀허 쪽으로 오는 TCMR과 만날 수 있다. 동북3성의 간선으로 조선족이 많이 살고 있는 연길과 도문, 훈춘을 모두 연결하고 있으므로 향후 큰 역할이 기대되는 노선이다.

드러나는 한반도 국가철도망

한반도 철도망은 경부선~경의선 연결~평의선(북한)을 잇는 축과 호남선~경원선 연결~강원선(북한)~평라선(고원~나선 구간) 축이 교차하는 X자형을 고속철도로 연결하는 구상과, 신설되는 서해선, 동해선을 가로로 잇는 경춘선(춘천~속초 포함), 경전선(목포~순천 포함)을 이어 ㅁ자형을 완성하는 것이다. 이를 통해 국토의 균형 발전과 국가 물류 경쟁력을 확보하고자 한다. 그러나 이러한 구상은 번번이 후순위로 밀려 아직 남해안선과 춘천~속초 간 동서고속철도망을 갖추지 못한 상태이다. 자동차 도로 중심의 교통체계 정책이 가장 큰 원인이지만 분단 현실에서 바다를 통한 물류 정책이 좀 더 현실적이라는 이유가 가장 크다. 그러므로 이번 남북정상회담은 국가철도망 구축과 국가 물류 체계 개선에 중대한 영향을 미칠 것이다. 당장 경의선, 경원선, 동해선 단절 구간은 빠르게 이어질 전망이다. 2016년 수립되어 현재 시행되고 있는 제3차 국가철도망 사업도 한층 속도를 높일 수 있을 것이다.

3차 국가철도망 구축 계획의 주요 목표는 장기적으로 철도를 통해 국

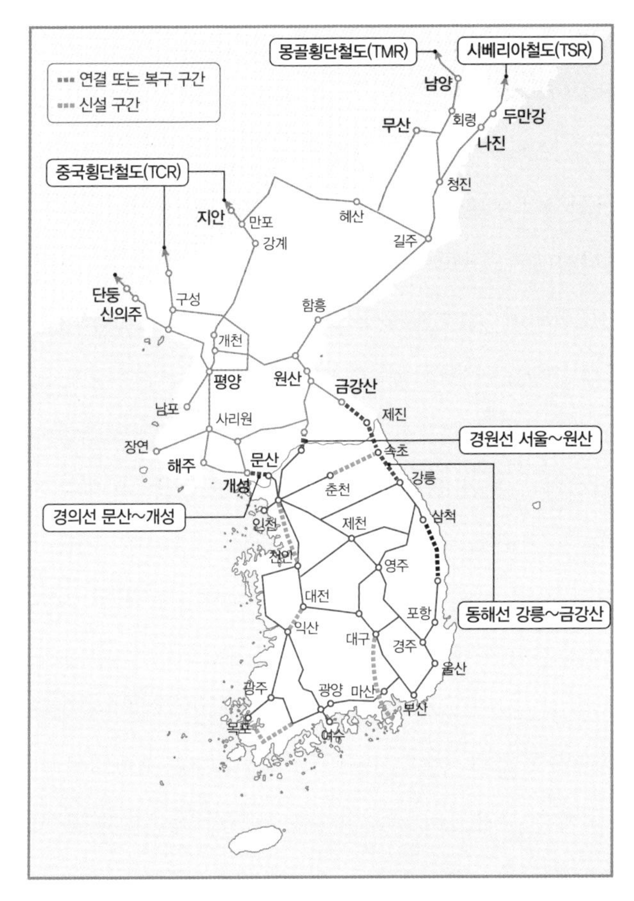

한반도 통합 철도망 계획도

토를 '통합 · 개방형 구조'로 재편하겠다는 것과 전국을 2시간 생활권으로 연결하여 주요 거점을 하나의 도시권으로 형성해 경쟁력을 강화하겠다는 것이다. 내심 현재 철도의 여객, 화물 수송 분담율이 30%대에 머물러 철도 선진국과 많은 차이를 보이고 있다는 현실감과 남북 철도가 연결되면 당장 글로벌 철도 경쟁력을 갖춰야 하는 과제를 안고 있다는 인식이 반영된 결과로 보인다.

'2시간 생활권'은 기존 고속철도 사업의 확장 및 일반철도의 고속화를 통한 거점도시 연결이라는 2개의 방향성을 가지고 진행된다. 이에 따라 이미 시행되고 있는 사업은 대구~부산, 대전 · 대구 도심구간 복선사업(경부고속철도), 오송~광주, 광주~목포 구간 복선사업(호남고속철도), 수서~평택 복선사업(수도권고속철도)이 있다. 여기에 '수색~서울~금천구청' 복선화사업(경부고속철도)과 '평택~오송' 복선화사업이 이번 3차 신규 사업에 포함되어 있다. 일반철도 고속화사업은 시설이 낡은 기존 철도를 개량해 230㎞ 이상의 고속화철도를 도입하겠다는 것이 골자다. 일반철도 고속화사업으로는 경전선 · 동해선 · 중앙선 · 서해선 · 장항선 등인데, 이로써 그동안 철도에 소외되어 있던 울산 · 마산 · 포항 · 원주 · 제천 등 지방 주요 도시들이 거미줄처럼 연결된다. 여기에 '포항~동해'를 잇는 동해선 전철화 사업, '문경~점촌~김천'을 연결하는 문경점촌 단선전철화 사업 등이 신규 사업에 포함되어 있다. 철도 물류 활성화를 위해선 '포승~평택'을 잇는 포승평택선과 '대야~새만금항'을 연결하는 새만금선 단선철도사업이 국가철도망에 포함되어 있다. 이 같은 철도망 확충 사업으로 철도 연장은 2026년 기준 5,517㎞에 달할 전망이다. 복선화율은 68%(3,727㎞), 전철화율은 84%(4,658㎞) 수준으로 주요 도시 간 2시간대, 대도시권은 30분 안에 이동할 수 있을 것으로 국토부는 기대하고 있다. 특히, 대도시권 내의 광역철도망이 구축됨에 따라 통근 시간이 30분대로 단축되어 삶의 질이 개선될 것이다.

부동산 가치를 올리는 요인으로 교통, 학군, 공원 등의 주거환경, 일자리, 인프라, 산이나 강과 같은 자연환경을 꼽는다. 그 가운데 단연 교통 여건이 가장 크게 좌우하는데 최근에는 친환경 교통수단으로 철도가 각광을 받는다. 이번 기회에 5년마다 발표되는 국가철도망 구축 계획을 살펴보는 계기로 삼기를 바란다. 철도망 계획만 세심하게 살펴도 부동산이 보인다.

수도권 철도 노선 계획

• 수원~인천 복선전철(총 52.8㎞)

오이도~송도(13.1㎞) 구간과 송도~인천(7.6㎞) 구간은 이미 개통되어 운행 중이며 수원~한대 앞(19.9㎞) 구간이 2019년 12월 개통 예정으로 공사 중이다.

• 신안산선 복선전철(BTO)

안산~광명~여의도(30.6㎞) 구간과 국제테마파크~시흥시청~광명역(13.0㎞) 구간으로 2023년 개통 예정이다.

• 용산~강남 복선전철(BTO)

신분당선 용산~강남(7.8㎞) 복선전철로 2024년 개통 예정이다.

• 운정~삼성 광역급행열차(GTX A 노선)

운정~삼성(46.4㎞) 구간이 복선전철로 신설되어 이곳을 30분 내에 주파한다. 2023년 개통 예정이다.

• 삼성~동탄 광역급행철도(GTX C노선)

삼성~동탄(39.5㎞) 구간을 복선전철로 건설한다. 2021년 개통 예정이다.

서해안권 철도 계획

• 서해선 복선전철

서해선 홍성~송산(90.0㎞) 복선전철 건설 사업으로 2020년 개통된다. 이 노선이 개통되면 서해안벨트의 중추적인 역할을 하게 될 것이다.

• 장항선 개량 2단계

선형이 불량한 장항선 신성~주포(18.2㎞), 남포~간치(14.2㎞) 간 직선화 개량 사업으로 2020년 완공 예정이다.

• 대곡~소사 복선전철(BTL)

대곡~소사 간 18.36㎞ 복선전철 사업으로 2021년 완공 예정이다. 이 노선이 개통되면 경의선과 연계하여 수도권 서북부지역의 철도 교통 편의가 제공된다.

• 월곶~판교 복선전철

월곶~판교 간 39.4㎞ 복선전철 사업으로 2022년 개통 예정이다. 인천 및 수도권 서남부지역, 성남 및 분당 지역 간 경부고속철도 광명역의 연계 철도망 구축으로 고속철도 접근성이 향상된다.

• 익산~대야 복선전철

군산선 익산~대야 간 12.5㎞의 단선 구간이 14.3㎞의 복선전철로 건설된다. 2020년 개통 예정이다.

• 포승~평택 철도 건설

포승~평택 간 30.3㎞ 단선철도 건설 사업으로 2020년 개통 예정이다.

• 인덕원~수원 복선전철

인덕원~수원 33.3㎞ 복선전철 사업으로 2021년 완공 예정이다. 수도권 서남부지역의 광역 교통 기능 확충으로 광교 · 영통 · 동탄2신도시 등 대규모 택지 개발에 따른 교통 체증 해소에 도움이 될 것이다.

동해안권의 철도 계획

• 포항~삼척 철도 건설

동해선 포항~삼척 간 166.3㎞ 단선철도 건설 사업으로 2020년 완공되면 동남권-동해안권과의 연계로 환동해권축 국가철도망 구축이 완성되어 군사분계선 구간만 연결되면 북으로 달려갈 수 있게 된다.

• 포항~울산 복선전철

동해남부선 울산~포항 간 단선구간 76.5㎞를 복선전철로 개량하는 사업이다. 2020년 완공을 목표로 건설 중이다. 경부고속철도 연계를 위한 전철망 구축으로 여객 교통 편의가 늘어나고, 동해축 간선철도 기능을 확보(부산~울산, 포항~삼척 사업과 연계)하게 되며, 울산, 경주, 포항 지역 개발을 촉진하게 될 것이다.

남해안선 철도 계획

• 보성~임성리 철도 건설

보성~임성리 간 82.5㎞ 단선철도 건설로 2020년 완성을 목표로 하고 있다. 제4차 국토종합계획에 따른 남해안축 국토개조사업으로 이 구간이 완성되면 순천에서 경전선과 만나 국가철도망 ㅁ자형을 완성하게 된다. 그동안 철도로부터 소외되어 있던 지역의 교통 편익이 증대되고 남해안 관광벨트 개발 계획의 기반 조성 및 지역 개발 촉진에도 도움이 될 전망이다.

• 부전~마산 복선철도(BTL)

부전~진례 간 32.7㎞ 복선전철 신설 사업으로 2020년 완공 예정이다. 이를 통해 부산 · 서부경남 지역 주민의 교통 편의 증대뿐만 아니라 경전선 · 부산신항 배후철도 · 동해남부선을 연결하는 철도망 확충으로 철도 수송 효율 증대 및 관광자원 개발에 박차를 가할 수 있을 것이다.

동서 간 철도 계획

• 원주~제천 복선전철

중앙선 원주~제천 간 56.3㎞ 단선 구간을 44.1㎞ 복선전철로 개량하는 사업으로 2019년 개통된다.

• 천안~청주 복선전철

천안~청주공항 간 59.0㎞ 복선전철 사업으로 2022년 개통되면 경부고속 오송역 연계 교통 체계로써 수도권과 세종시 간 연계 기능을 강화하여 지역 개발 촉진 및 청주공항 이용편의를 증진하게 된다.

• 여주~원주 단선전철

여주~원주 20.9㎞ 단선전철 건설 사업으로 2021년 개통 예정이다. 수도권과 강원권을 직결하여 전철 교통편의 제공 및 동서축 철도 네트워크 연결을 통한 일관수송체계를 구축한다.

• 춘천~속초 동서고속철도

춘천~속초 94.0㎞ 단선전철 사업으로 기존 경춘선을 연결하여 2024년 개통 예정이다. 이 사업이 완공되면 2018년 평창 동계올림픽대회를 계기로 개통된 서울~강릉 구간 고속철도에 이어 수도권(서울 중심)과 강원 · 동해권을 고속화철도로 연결하게 된다.

내륙 철도 계획

• 대구선(동대구~영천) 복선전철

동대구~영천 간 41.1㎞ 단선 구간을 38.6㎞ 복선전철로 개량하는 사업이다. 2020년 완공되면 경부고속철도, 경부 · 중앙선의 연계 전철망 구축으로 영남권 순환철도망 형성과 수송능력 제고 및 고속철도 수혜 지역 확대로 주민 교통 편의가 제공된다.

• 이천~문경 철도건설

이천~충주~문경 간 94.8㎞ 단선전철 건설 사업으로 2021년 완공 예정이다.

• 도담~영천 복선전철

중앙선 도담~영천 간 166.1㎞ 단선전철을 145.1㎞ 복선전철로 개량하는 사업이다. 2020년 완공되면 중앙선 일관수송체계 구축으로 열차 운용 효율화 및 낙후된 중부지역의 지역개발을 촉진할 수 있다.

• 영천~신경주 복선전철

대구선 영천~신경주 간 25.5㎞ 단선 구간을 20.4㎞ 복선전철로 개량하는 사업이다. 2020년 완공 예정이다.

현대화가 필요한 북한의 주요 철도 노선

한반도종단철도망(TKR)의 북한 쪽 주요 노선은 경의선(평의선, 평부선), 평라선, 경원선(강원선), 동해북부선(금강청년선), 만포선이 꼽힌다. 남북정상회담 후 한국철도시설공단에서는 2017년 박근혜 정부에서 마련한 '한반도 통합 철도망 마스터플랜'을 수정하여 발표했다. 이 계획의 핵심은 기존 경의선(서울~신의주) 노선과 별개로 최고 시속 350㎞의 고속철을 신설한다는 것이다. 우리 측 구간은 서울 은평구 수색역에서 출발하여 문산을 거쳐 개성으로 향하고 북측은 개성~해주~사리원을 거쳐 평양으로 향하는 노선과 해주를 거치지 않고 개성~사리원~평양 노선이 검토되고 있다. 현재 운행되고 있는 기존 경의선(서울~신의주)과 평라선(평양~나진), 강원선(평강~고원), 함북선(청진~나진) 노선은 최고 시속 100㎞ 운행이 가능하도록 개량할 계획이다.

국토교통부는 이 중 가장 먼저 추진될 사업으로 경의선 개량을 꼽는다. 신경제지도가 완성되려면 반드시 필요한 사업이다. 고속철도(KTX)는 남한보다 북한이 더욱 유용한 수단이 될 것이다. 면적이 크고 산악지역이 많은 북한의 특성상 고속도로보다 철도 건설이 더 경제적이기 때문이다. 그러나 전 구간에 당장 고속철도(KTX)가 건설되기는 어려울 것이다. 계획 수립과 타당성 검토를 거쳐 건설에 착수하더라도 최소 5년 이상 걸릴 것이다. 서울~부산이 직선거리로 400㎞임을 상기해 보면 서울~신의주가 500㎞, 함흥까지 거리가 300㎞, 청진까지는 600㎞, 나진까지 700㎞, 러시아 국경까지는 750㎞가 넘는 거리이다. 게다가 대부분이 산악지대를 관통해야 한다. 해안선을 따라간다 해도 북한의 동해안은 강원도 이남의 동해안처럼 해안선이 매끄럽지 않고 대부분이 산지이다. 따라서 엄청난 터널과 교량이 필요하다. 쉬운 공사가 아닌 것이다.

모든 부동산이 국유화되어 있는 북한의 이점을 살려 노선 및 역사를 건축할 부지 확보와 인건비를 제공한다고 해도 고속철도 1㎞ 신설에 대략 310억 원이 들어가는 것으로 추정한다. 경의선 고속철도가 개통되면 현재 경부선 못지않은 수요가 생겨 날 것이다. 서울－문산－개성－해주－사리원－평양으로 이어지는 통합수도권이 형성될 것이기 때문이다. 서울역에서 7시 기차를 타면 평양에서 아침을 먹고 오전 일을 마친 다음, 신의주에서 점심을 먹고 일을 본 후 다시 돌아와도 넉넉한 그런 날이 오면 좋겠다.

평의선(평양~신의주, 224.8㎞)

평의선은 평양 중구역에 있는 평양역과 평안북도 신의주에 있는 신의주청년역을 연결하는 북에서 가장 중요한 노선이다. 북쪽으로는 압록강에 놓인 중조우의교를 통해 중국 철도와 연결되며, 남쪽으로는 군사분계선을 넘어 우리의 경의선과 연결된다. 현재 본선에는 평양역과 베이징역, 평양역과 모스크바역을 연결하는 국제열차가 각각 운행되고 있다. 남북경협이 본격화되면 가장 먼저 신의주~평양~개성을 잇는 경의선 412㎞ 고속화 복선전철 건설이 추진될 것으로 예상된다. 이 노선은 두만강을 건너 중국횡단철도(TCR)와 연결된다.

• 평의선 주요 역(총 33개 역)

서평양~순안~숙천~신안주청년~정주청년~룡천~신의주청년~압록강, 중조우의교~단둥

평부선(평양~부산, 현재는 평양~개성 간 199.3㎞)

평양역~부산역을 연결하는 노선이라 하여 평부선이라고 한다. 한반도의 남한지역은 언젠가 수복할 영토이므로 서울역을 그냥 거쳐가는 중간 역으로 취급했다. 현재는 평양에서 개성까지 운행되고 있다. 이 노선 또한 경의선 구간으로 고속화 복선전철 건설이 계획된 노선이다.

• 평부선 주요 역(총 30개 역)

평양(신의주 · 남포 · 나선 방면)~대동강(덕천 방면)~황주~사리원청년~평산(이천 · 세포 방면)~개풍~개성~도라산

평라선(평양~나선, 800.5㎞)

평양직할시 평양역에서 함경북도 나선특별시 나진역까지 가는 한반도 전체를 통틀어 가장 긴 철도 노선이다. 일제강점기의 평원선(평양~고원)과 함경선(원산~청진)에 1965년 완공한 청라선(청진~나진)을 합쳐서 평라선이라 했다. 풍계리 핵 실험장 취재를 위한 특별 열차가 이 노선을 지났다. 추후 나진~원산~부산을 잇는 동해선이 되거나, 경원선과 합쳐 청량리~원산~나진 간 경라선이 될 수도 있다. 이 노선은 물류와 에너지 · 자원의 중추적 역할을 하게 될 것이다. 북한의 남양~중국의 도문과 연결되어 중국몽골횡단철도(TCMR)와 두만강역~러시아의 하산으로 연결되어 시베리아철도(TSR)와 연결되는 노선이 될 것이다.

• 평라선 주요 역(총 138개 역)

평양역~평성역~고원역~함흥역~단천역~김책역~길주역~나남역~청진역~후창역~나진역

강원선(고원~평강, 145.8㎞)

경원선(서울~원산) 구간 중 북한 쪽 구간과 함경선의 고원역~원산역 구간을 합쳐 강원선이라 개칭하였다. 현재는 경의선과 함께 남북 분단으로 끊겨 있는 노선이며, 남한 측 노선은 서울 용산역에서 강원도 철원군 백마고지역까지이다. 백마고지역부터 월정리역까지 연결 사업은 곧 추진될 예정이다. 경원선이 복원되면 고속화철도가 건설되어 서울에서 원산까지 224㎞로 약 1시간 30분이면 주파가 가능할 것이다.

• 강원선 주요 역(총 23개 역)

고원~룡담~원산~갈마~안변~고산~세포청년~평강

금강산청년선(안병~감호, 125.9㎞)

북한에서 동해북부선을 개칭한 노선이다. 통일이 된다면 남쪽의 동해선 본선과 삼척선, 동해북부선이 동해선으로 통합될 것으로 보인다. 제진역과 감호역에는 '동해선철도남북출입사무소'가 설치되어 있다. 금강산 관광 재개와 함께 가장 각광 받는 노선으로 역시 남북경협 1순위 사업이 될 것이다.

• 금강산청년선 주요 역(총 17개 역)

안변~통천~고성~금강산청년~감호

만포선(순천~만포, 303.3㎞)

순천역과 만포청년역(만포역)을 잇는 노선으로, 순천역에서는 평라선를 거쳐 평양역으로 이어지고, 개천역에서는 개천선을 거쳐 평의선과 연결되며, 구장청년역에서는 평덕선과 팔원선에 연결되고, 강계역에서는 낭림군으로 가는 강계선, 만포청년역에서는 중국과 혜산만포청년선(북부철길)으로 이어진다. 이 노선을 통해 개마고원으로 갈 수 있으며, 만포시가 압록강을 사이에 두고 중국 집안과 연결이 되어 있어 중국횡단철도(TCR)로 연결되는 중요한 노선이다.

• 만포선 주요 역(총 42개 역)

순천~개천~구장청년~향산~희천청년~개고청년~전천~중성강~강계~시중~만포청년

기타 노선

평남선(평양~남포, 46㎞)

평북선(정주청년~청수, 120.7㎞)

평덕선(대동강~구장청년, 192.3㎞)

혜산만포청년선(혜산청년~만포청년, 250.2㎞)

백두산청년선(길주청년~혜산청년, 141.6㎞)

황해청년선(사리원청년~해주항, 100.3㎞)

함북선(반죽~나진, 326.8㎞)

청년이천선(평산~세포청년, 146.9㎞)

백무선(백암청년~무산, 187.4㎞)

03
북으로 뻗는 고속도로

한반도를 통과하는 아시안 하이웨이

철도가 대륙철도로 연결되어 유라시아를 넘어 유럽까지 연결하는 구상이라면 도로는 아시안 하이웨이(Asian Highway Network, AH) 구상과 맞물려 있다. 아시아의 국제 육상 교통 개발을 촉진하기 위해 1959년 유엔에서 시작한 이 거대한 계획은 2007년 현재 28개국이 참가하고 있다. 아시아 32개국을 횡단하는 전체 길이 14만㎞에 이르는 간선로 AH1 노선과 AH6 노선이 한반도를 통과한다. AH1 노선은 도쿄를 출발해 한반도를 거쳐 중국, 동남아시아, 중앙아시아, 불가리아, 터키까지 연결된다. 이를 위해 대한민국과 일본을 잇는 구간은 한 · 일 해저터널 논의가 진행되었는데 현재는 불투명한 상태이다. AH6 노선은 부산을 기점으로 동해안을 따라 올라가 블라디보스토크에서 모스크바까지 연결되

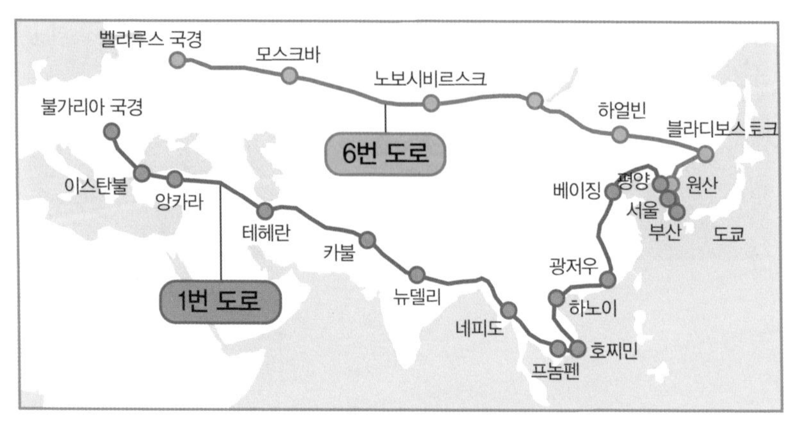

아시안 하이웨이(AH1, AH6)

는 노선으로 시베리아 횡단철도와 상당히 유사한 노선으로 계획되었다. 이 밖에 총 노선은 8개의 간선(AH1~AH8)과 그 외 다른 지선으로 구성되어 있다.

아시안 하이웨이 1호선(AH1) 노선 도쿄(일본 시점)~후쿠오카~부산(해저터널 혹은 연락선)~서울~평양~베이징~창사~광둥~하노이~호찌민~프놈펜~방콕~양곤~임팔~다카~콜카타~뉴델리~이슬라마바드~카불~테헤란~앙카라~이스탄불~카피쿨라(터키 종점)

아시안 하이웨이 6호선(AH6) 노선 부산(대한민국 기점)~함흥~블라디보스토크~하얼빈~이르쿠츠크~노보시비르스크~옴스크~첼랴빈스크~모스크바~크라스노예(러시아 종점)

기존 경부고속도로 건설을 통해 큰 경제 효과를 본 사례를 북한 지역에도 적용해 볼 수가 있겠다. 따라서 AH 프로젝트의 국제간선축이 될 서울~평양~신의주 및 부산~원산~나진은 최우선순위로 개발될 것으로 예상된다. 경의고속도로와 경라고속도로는 한반도와 대륙을 연결하는 특급 간선노선이 될 것이다.

남북 도로 연결과 기간 도로망

남북 국제 교통망을 구축하여 글로벌 물류 강국을 실현하려면 남북 7개축 중 5개축을 북한지역까지 연결해야 한다. 도로교통은 산업단지와 물류거점 간 네트워크 구축에 중요한 역할을 담당하게 될 것이다. 경의축선(판문점~통일대교~개성~평양의 1호 국도)과 동해축선(고성~송현리의 7호 국도), 그리고 경원축선(월정리~가곡~평강의 3호 국도, 김화~유곡리~평강의 5호 국도)가 그것이다. 그 밖에 복원해야 할 국도간선축으로 김화~회양~금강산을 잇는 43호 국도가 유력하게 꼽히고 있다.

먼저, 1호 국도는 현재 서울에서 자유로를 거쳐 개성까지 연결되어 있다. 북쪽도 이미 개설된 평양~개성 간 고속도로가 뚫려 북한의 동서축 간선 고속도로인 평양~남포, 평양~원산 고속도로와도 바로 연결되는 중요한 노선이다. 평양~의주까지 연결되는 북쪽 1호선 도로는 1급도로로 비교적 양호한 것으로 알려져 있다. 3호선 국도는 서울에서 의정부~동두천~연천~철원으로 연결되는데 연천에서 1호선 국도와 자유로를 연결하는 37번 국도와 만나게 된다. 북쪽은 평강~양덕~초산을 경유하는데 곡산에서 평야~원산고속도로를 만나게 되며, 평강에서는 원산과 함흥으로 향하는 8호선 국도와 만나게 되는 간선도로이다. 5호선 국도는 중앙고속도로를 통해 춘천~화천~철원으로 연결된다. 북쪽은 김화~평강~안변~원산~함흥~중강진으로 연결되는 1급 주요 도로이다. 원산~금강산고속도로와 원산~평양고속도로를 원산에서 만나게 된다. 43호선 국도는 서울 외곽순환도로를 거쳐 의정부~포천~철원으로 연결된다. 북쪽은 김화~회양~금강산~고성으로 연결되는 노선으로 금강산 육로 관광에 직접 활용이 가능한 도로이다. 현재 북한쪽은 험한 산악지대의 도로 상황이 좋지 않아 개보수가 필요한 상태라고 한다.

현재 계획 중이거나 건설되고 있는 우리 고속도로는 수원~문산고속도로(개성~평양 방향), 서울~연천고속도로(신계~동평양 방향), 세종~포천고속도로(철원~원산 방향), 중앙고속도로(철원~곡산 방향), 동해고속도로(함흥~원산 방향), 서해안고속도로(남포~해주 방향)가 북한으로 연장될 계획이거나 건설 중이다. 수원~문산고속도로가 완공되면 경부고속도로와 평양~개성고속도로와 연결되어 전 구간이 경의고속도로가 되어 AH1의 특급 간선이 될 것이다. 정부에서 구상하고 있는 포천~원산고속도로는 세종~포천고속도로가 철원을 거쳐서 원산까지 연장되어 경원고속도로에 편입될 가능성이 있고, 중부내륙고속도로와 연계하거나 중앙고속도로를 연장할 수도 있을 것이다.

현재 북쪽에서 사용되고 있는 원산~금강산 간 고속도로는 사실상 고속도로 기능에는 적합하지 않은 상태이므로 동해고속도로는 신설해야 될 것이다. 동해안벨트의 기착지인 부산으로부터 울산~포항~동해~강릉을 따라 올라오는 물동량을 처리하기에는 역부족인데, 향후 원산시를 거쳐 함흥~단천~청진~나선까지 경유하는 AH6 노선이 될 것이 확실하므로 특급 간선으로 개발이 필요하다. 이 노선이 완공되면 동해고속도로는 총연장 1,094㎞로 동해안의 절경을 감상할 수 있는 국내 최장거리 고속도로가 된다.

서해안고속도로는 안산~화성, 부안~고창 구간을 확장하고, 개성~해주로 연결하는 사업과 함께 서해안권 거점과 내륙권의 연계를 위해 대전~당진 고속도로를 대산항까지 연장하는 방안도 검토되고 있다. 또한 국도 77호선을 단계적으로 확충하여 파주에서 서해안과 남해안을 거쳐 부산까지 확장하기로 했으며, 당진~태안고속도로를 신설하며, 내륙권 · 동해안권과 연계를 위한 새만금~포항고속도로를 건설하되 우선 새만금~전주 구간을 추진하기로 하였다. 도로교통망 구축의 또 다른 핵심 사업 중의 하나는 국가 기간도로와 지방도로의 연계도로망을 정비하는 데 있다. 이를 위해서는 먼저 아직 미완인 동서축 고속도로를 개통하는 것인데 2017년 개통된 춘천~양양 간 고속도로에 상주~영덕고속도로가 우선 추진되고 있다.

북한의 도로망은 크게 서해안축의 개성~평양~신의주 구간, 동해안축의 고성~함흥~회령 구간, 남포~평양~원산을 잇는 동서연결축, 평양~초산, 신북청~혜산, 용잠리~무산을 잇는 북부내륙축, 그리고 신의주~고무산 구간인 동서 국경축으로 이루어져 있다. 도로는 규모와 역할별로 고속도로와 1~6급까지의 도로로 나누어져 있다. 대체로 1급도로는 중앙과 도를 연결시키는 주요 간선도로이며 2급도로는 도와 도, 3급도로는 도와 군, 군과 군, 4급도로는 군과 리를 각각 연결시키는 도로로 구분된다. 5급 · 6급도로는 리 이내의 단위를 연결하는 작은 도로를 가리킨다. 2개의 고속도로(평양~남포, 평양~개성)에 10개의 1급도로가 축을 이루고 있다.

통일이 되면 AH1(가칭 경의고속도로)과 AH6(가칭 동해고속도로)를 기축으로 하면서 남포~평양~원산을 잇는 고속도로를 개발하여 H자형 도로망을 구축하는 것이 우선순위에 꼽힌다. 그 외 두만강 개발로 물동량이 늘어날 가능성이 큰 나진~종성~회령~온성을 잇는 고속도로와 압록강을 따라 신의주~강계~만포~혜산에 이르는 노선, 백두산 육로 관광 수요를 위해 함흥~단천~혜산~삼지연을 잇는 노선도 주목해 볼 만하다.

개발 우선순위 교통망 사업

남북경협이 시작되면 예상보다 빠르게 전개될 것으로 예상된다. 과거에 비해 남북경협의 투자 위험은 감소했고, 기회 요인은 확실히 증가했다. 서로의 이해가 지금처럼 맞아떨어진 적이 없었다. 예전에는 김정일 정권이 핵개발을 위한 재원의 필요성에 의해 남북경협을 이용한 측면이 있어 정치적 상황에 따라 중단되는 사태를 맞았다면, 김정은은 핵개발 완성을 지렛대 삼아 경제 건설에 매진하겠다는 확실한 의지와 계획을 선포하였다. 이로써 경제 개발이 절실한 북한과 인구노령화와 저성장 경제 구조에서 신성장동력을 발굴해야 하는 남한은 서로에게 필요한 존재가 되었다. 여기에 아직 30대 중반에 불과한 김정은은 큰 변수가 없다면 20년 이상 장기집권이 가능하므로 그만큼 불확실성이 적은 셈이다. 김정은의 북한은 이러한 남북의 이해관계를 정확히 읽으면서 반도라는 지정학적 위치와 세계 경제 지형의 변화를 활용해 경제 개발에 박차를 가할 것으로 예상된다. 북한의 체제 보상을 전제한 남북경협이 정치적 · 물리적 통일을 고집하지 않음으로써 오히려 가까워진 것이다. 남과 북은 경제적 통일을 지향하면서 '저비용 고효율' 모델인 특구 개발에 초점을 맞출 것으로 예상된다.

그러나 초기 5~10년은 역시 열악한 '사회간접자본' 기반시설 정비가 가장 각광을 받을 것이다. 철도 경의선, 경원선, 동해선 연결과 철로의 현대화 및 복선화 추진, 개성~평양, 문산~개성, 속초~고성 고속도로 등의 도로 건설, 남포, 나진, 함흥, 청진, 원산항 등의 주요 거점 항만 건설, 발전 시설의 개선과 보수 확충, 금강산–설악산 관광특구 개발, 백두산 광관 개설, 개성산업단지 재개장 및 확대 등이 그것들이다. 국토연구원은 남북정상회담에 발맞추어 다음과 같은 프로젝트가 단기(1~10년)에 추진될 것으로 예상했다.

철도

경의선 복선 전철화 : 412㎞, 예산 1,047억 원
경원선 복선 전철화 : 103㎞, 예산 1,984억 원
동해선 복선 전철화 : 120㎞, 예산 1,963억 원
서울~문산 고속철도 : 46㎞, 예산 757억 원

고속도로

개성~평양 포장 보수 : 162㎞, 109억 원
신안주~신의주 신설 : 108㎞, 2,363억 원

개성~해주 신설 : 80㎞, 1,400억 원

남포~평양 포장 보수 : 45㎞, 30억 원

평양 순환 신설 : 46㎞, 805억 원

문산~개성 개보수 : 11㎞, 7억 원

속초~고성 신설 : 18㎞, 315억 원

개성~인천 신설 : 40㎞, 886억 원

나선~훈춘 신설 : 875억 원

국도

1번국도 개성~신의주 개보수 : 194㎞, 130억 원

3번국도 평강~초산 개보수 : 556㎞, 373억 원

5번국도 평강~김형직 개보수 : 542㎞, 363억 원

7번국도 고성~온성 개보수 : 765㎞, 513억 원

31번국도 창도~고산 개보수 : 141㎞, 94억 원

43번국도 금호~고성 개보수 : 119㎞, 80억 원

기타

거점 항만 우선 건설(남포, 나진, 청진, 함흥, 원산 등) : 1,389억 원

거점 공항 정비 : 608억 원

4개 특구(개성, 금강산, 신의주, 나선) : 4,946억 원

II

꿈틀대는 부동산 투자의 3축

가장 먼저 반응한 것은 역시 증권이었다. 김여정의 방남으로 시작된 훈풍에 서서히 예열을 시작하던 시장이 본격 반응을 보인 것은 2018년 3월 7일 서훈 국정원장의 남북정상회담 개최 발표였다. 우여곡절을 거쳐 6월 13일 싱가포르에서 북미정상회담이 열린다는 소식이 전해지자 시장은 더욱 요동을 쳤다. 대북제재와 개성공단 폐쇄로 숨을 죽이고 있던 개성공단 입주 기업들의 주가부터 금강산 관광 재개를 기대한 현대가의 주가까지 꿈틀대기 시작한 것이다. 4월 27일 남북 정상이 도로 · 철도 연결 사업에 합의했다는 판문점선언을 발표하자 시장은 즉각적인 반응으로 절정을 이루었다. 철도, 건설 기업들이 남북경협주의 고공 행진을 이끌었다. 그러나 1차 북미정상회담 후 급박하게 이어지던 협상이 숨고르기에 들어가고 뒤이어 터진 미 · 중 무역전쟁은 끓어올랐던 주식시장을 싸늘하게 식혀 버렸다.

주식시장에 비해 부동산시장은 냄비처럼 들끓지는 않았다. 정주영 회장이 소 한 마리를 몰고 판문점을 넘어가고, 곧 금강산 관광이 시작되어 통일이 금세 이루어질 것 같았던 당시에 15배나 폭등했던 부동산은 남북정상회담 호재로 다시 들썩이긴 했지만 호흡이 급하지는 않았다. 남북 화해 호재와 북미 간의 협상 상황을 관망하며 9 · 18 제3차 평양 정상회담까지 서서히 예열하는 분위기다. 2018년(상반기 기준) 들어 경기 파주 · 양주 · 동두천, 인천 강화, 강원 속초 · 철원 · 고성 · 양구군 등 접경지역 아파트를 중심으로 전국 아파트 평균 상승률 1.8%보다 3.6% 포인트 높은 5.4%를 보였다. 역시 철원 평화산업단지, 금강산~설악산 관광특구, DMZ생태평화벨트 조성 등 급물살을 탈 것으로 예상되는 강원도 아파트 가격이 비교적 강세를 보였다. 그 중에서도 고성이 13.10% 올라 가장 높은 상승률을 보였고, 뒤를 이어 철원이 8.51%, 속초가 7.41%의 상승률을 기록했다. 그 밖에도 경기도 파주가 7.3%, 강원 양구군 5.43% 순으로 상승률이 높았다. 당연히 땅도 들썩였다. 그런데 실제 거래되는 땅은 많지 않다고 한다. 더 오를 것으로 기대한 주인들은 매물을 거둬들였고, 매수자들은 어떤 변수가 튀어 나올지 경계하며 조심스러워하는 분위기다. 접경지역의 부동산은 자칫 호재가 사라지면 애물단지로 변하기 십상이기 때문이다. 오히려 GTX A노선이 파주 운정까지 연장한다는 호재가 터진 파주는 서울과 접근성이 높아져 관심이 커진 상황이다.

남북정상회담으로 시작된 관심은 국내만이 아니다. 세계적인 투자가인 짐 로저스가 "세 나라(북한, 중국, 러시아)가 삼각형의 꼭짓점을 하나씩 나눠 가진 이곳이 향후 20년 동안 세계에서 가장 흥미로운 곳이 될 것"이라고 장담한 북한의 나선, 중국의 훈춘, 러시아의 하산이 있는 두만강 삼각지대는 곧바로 동북아의 허브로 떠올랐다. 그동안 북핵 위기와 대북제재를 둘러싼 북 · 중 간 냉각기로 인해 차갑게 식어 있었던 훈춘으로부터 정상회담 이후 부쩍 기대감이 커졌다고 한다. 지난 8월말 방문했을 때 우리를 가이드해 준 오나건 회원인 현지 지인은 그동안 훈춘에 투자했다가 북한의 돌변으로 낭패를 본 사람이 많아서 실제 투자에는 조심스러운 분위기라고 전해 주었다. 그러나 이번에는 북한의 개방에 진정성이 있다고 판단한 초기 투자자들을 중심으로 문의가 늘어 전년 대비 부동산 가격이 전년에 비해 20% 가량 상승했다고 한다.

그러나 국가와 기업의 신용도를 평가하는 글로벌 신용평가사(무디스, 피치, 스탠더드앤드푸어스(S&P))들은 냉정했다. 그들은 남북정상회담이 한반도 긴장 완화에 기여했다고 평가하면서도 국가신용등급을 당장 올릴 계획이 없다고 밝혔다. 판문점 선언에도 불구하고 북미 정상회담, 북핵 폐기, 군축 등 핵심 사안은 여전히 불투명해 '코리아 디스카운트'가 단번에 해소되긴 무리라는 게 이들의 판단이다. 이를 증명이라도 하듯 6월 12일 예정되어 있던 북미정상회담 협상 과정에서 트럼프 대통령이 회담 취소를 전격 발표한 것이나, 북미정상회담 후속을 논의하기 위해 9월 폼페이오 장관의 방북 예정을 전격 취소하는 등 북핵을 둘러싼 정세는 여전히 불확실성이 상존하고 있다. 미국 내 주류층과 전문가 집단, 그리고 언론들도 아직은 비관론에 무게를 싣고 있는 상황이다. 설사 북미 정상이 비핵화를 위한 진전된 합의를 이끌어 낸다고 해도 다른 이해관계국인 러시아, 중국, 일본 등을 감안하면 한반도 긴장이 종식되는 경로는 아직도 복잡한 경우의 수가 도사리고 있는 것은 분명하다. 이러한 이유로 가시적인 신용등급 향상을 위해서는 종전 선언→대북제재 해제→평화협정 체결로 이어지는 한반도 평화 정착 프로세스가 차질 없이 진행되어야 한다. 이런 프로세스가 정착되어 돌발 상황이나 판단 착오로 인한 갈등의 위험이 해소되었을 때에 비로소 안정적인 투자가 가능할 것이다.

하지만 이러한 모든 변수에도 불구하고 남 · 북 · 미 정상들의 통 큰 합의에 의해 한반도가 평화의 길에 들어설 것으로 믿고, 문재인 정부의 '신경제지도' 구상이 부동산에 어떻게 영향을 미칠 것인지 예상하여, 나름의 '부동산 신경제지도'를 그려보고자 한다. 앞서 제5차 국토종합계획의 방향을 정리해 보았으나 부동산 투자를 위한 구체적인 사업 진행을 예상하기 위해서는 2016년 발표되어 실행되고 있는 '서해안 종합 개발 계획'과 '동해안 종합 개발 계획', '접경지역 중장기 발전 계획'을 참고할 필요가 있다. 두 차례의 남북정상회담으로 남북 화해 분위기가 급속하게 진행되어 한반도 신경제지도의 구상이 새로운 것처럼 보여도, 실제 국토 계획은 수정된 제4차 국토종합계획에서 전혀 새로운 사업으로 발전할 가능성은 크지 않다. 계획되어 있었으나 세계정세와 남북 관계 경색으로 추진할 수 없었던 사업들을 중심으로 먼저 사업이 진행될 것이다. 10년, 20년 후가 될 먼 미래를 예측하는 것은 보통사람의 능력으로 불가능하거니와 투자의 관점에서도 그렇게 바람직하지 않다. 그러므로 가능한 5년~10년 후를 준비하는 사업을 중심으로 예상해 보기로 한다.

4장

한반도의 중심, 수도권과 DMZ

01

DMZ환경과 관광벨트

한반도의 허리를 잇는 DMZ벨트의 지정학적 입지

남북 관계 악화로 인해 결실을 거두지 못했지만 박근혜 정부도 DMZ 평화생태공원 프로젝트를 야심차게 추진한 바 있다. 문재인 정부의 '신경제지도' 구상의 한축인 'DMZ생태환경 · 평화관광벨트'는 이 프로젝트를 기반으로 한발 더 나아가 낙후된 경기도 접경지역과 강원도 접경지역을 유기적으로 연결하여 한반도 경제의 허리를 단단히 고정해 줄 DMZ와 한강하구를 생태 · 평화안보의 세계적인 관광지구로 발전시키겠다는 계획이다. 이는 DMZ 주변의 군사적 긴장 완화와 상호 신뢰 구축이 남북한 모두의 생존과 번영이라는 공통된 인식이 작용한 결과이다. 이를 반영하여 9 · 18 평양 남북정상회담에서 양국 군사 최고위급(남의 국방부장관과 북의 인민무력부장) 간의 실질적인 군사적 긴장 완화 조치인 평화선언에 합의했다.

이로써 무력 충돌이 빈번했던 서해상뿐만 아니라 DMZ를 중심으로 20㎞ 이내에서는 일체의 군사적 행위를 중단하고 포신을 덮기로 하여 2018년 11월 1일부터 민통선 안의 국민들에게 평화를 안겨 주었다. 이후 양측은 비무장지대에서 서로를 향해 총부리를 겨누고 있던 초소 중 각각 10곳을 11월 30일까지 철수하였다. 남북 간은 실질적인 '종전 선언'을 한 셈이다. 이것이 대한민국의 새로운 활로를 열 수 있는 확실한 카드이고 북한에게는 국제적인 압박으로부터 벗어나 경제를 발전시킬 수 있는 유일하고도 확실한 통로라는 점을 서로 확인한 결과이다. 분단의 상징이자 지정학적 리스크의 대명사이기도 한 DMZ를 남북이 공동개발한다면 이곳은 세계 평화의 상징으로 우뚝 설 수 있다. DMZ 본연의 '평화적 기능'을 복원함과 동시에 '통일경제시범특구'로 한반도의 번영을 약속할 수 있는 것이다.

DMZ생태환경 · 평화관광벨트를 먼저 살펴보기로 한 이유는 이 벨트가 환서해안 · 환동해안벨트를 잇는 중심축인 데다가 지리적으로 서울 · 수도권과 뗄 수 없는 여건임을 감안한 것이다. 특히, DMZ 서부해안권역은 접경지이자 서해안벨트의 주요 거점이기도 하다. 또한 수도권 북부 지역 개발과 수도권 광역교통망 또한 DMZ 개발과 밀접한 연계 관계 속에 추진되고 있다. 그러므로 신경제지도에서 발표한 DMZ생태환경 · 평화관광벨트의 구상을 수도권 발전 전략과 연계하여 살펴보는 것이 부동산 관점에서는 효과적이라고 판단했다. 뿐만 아니라 한반도의 'H형 경제 사다리'를 완성시켜 줄 DMZ생태환경 · 평화관광벨트는 통일시대의 수도권으로써 역할을 감당해야 할 곳이기도 하다. 통일

DMZ생태환경 · 평화관광벨트(국정자문위원회)

이 멀다면 최소한 남북 경제 협력 교류의 중심지로써 기능을 담당해야 할 곳이다. 서울~인천~남포~평양~서울을 연결하면 사각의 한반도 중심 수도권이 그려진다.

이런 한반도 수도권을 포함하고 있는 DMZ생태 · 평화 · 안보 · 관광벨트의 주요 내용으로는 설악산~금강산~원산~백두산을 잇는 국제적 관광벨트 구축, 남북 접경지역(철원~금강산~설악산) 생태 · 환경 · 관광의 3각 협력, 북한의 '원산~금강산 국제 관광지대' 개발 참여 등이 있고, 여기에 이곳을 통일 경제특구로 개발하여 남북 주민들이 공동으로 활용하게 한다는 계획이다. 이런 계획은 9 · 18 평양 정상회담에서 서해와 동해 주변에 각각 공동특구를 조성하자는 경제 협력의 큰 그림으로 구체화되어 서쪽에는 실물경제를 중심으로 한 경제공동특구를, 동쪽에는 관광사업에 주력하는 관광공동특구를 만들기로 합의하였다.

"남과 북은 상호호혜와 공리공영의 바탕 위에서 교류와 협력을 더욱 증대시키고, 민족 경제를 균형적으로 발전시키기 위한 실질적인 대책들을 강구해 나가기로 하였다."고 발표한 '평양공동선언'의 실질적인 대책으로, 동·서해를 따라 남북을 오가는 철도·도로를 연결하는 물류 사업과 동·서해와 연안에 조성될 것으로 보이는 공동특구가 그것이다. 특구는 이미 조성되어 있는 물적 기반과 경험을 되살려 중단되었던 개성공단과 금강산관광을 재개하는 것부터 시작될 전망이다. 서쪽의 경제특구는 1단계 개발에서 멈춘 개성공단을 재가동하는 것을 시작으로 2단계 개발로 확대하고, 3단계로 한강 하구와 북한 연안의 항만·어로 사업 등으로 범위를 확장해갈 것이다. 동쪽의 관광특구 역시 금강산으로 향하는 육로·수로 관광을 재개하는 데 이어 설악산과 연결한 국제관광지구로 개발하고 주변 비무장지대(DMZ)와 연계한 생태·안보관광 사업으로 확장해갈 것이다. 실제로 이날 두 정상은 '조건이 마련되는 데 따라 개성공단과 금강산 관광사업을 우선 정상화한다'고 하여 대북제재가 풀리면 바로 사업을 재개하겠다는 의지를 표명했다. 개성과 금강산 사업 재개가 가시화됨에 따라 개성공단 배후 지역인 파주 문산과 금강산관광의 관문인 고성을 중심으로 부동산 열기가 뜨겁게 달아오르기 시작했다.

DMZ생태·평화·안보·관광벨트의 지리적 구분은 크게 서부권, 중부권, 서부권의 3개 권역으로 나뉘어 있다. 각 권역별 남북한 집경지 시군은 다음과 같다.

- **서부권** 남쪽–강화군, 김포시, 파주시/북쪽–배천군, 개풍군(개성시), 판문군
- **중부권** 남쪽–연천군, 철원군, 포천시/북쪽–철원군, 평강군, 김화군

• **동부권** 남쪽–양구군, 인제군, 고성군/북쪽–창도군, 금강군, 고성군

서부권은 한강과 임진강 하구를 비롯하여 서해5도와 NLL을 포괄한 지역으로 그동안 연평도 포격 사건, 천안함 폭침 등 무력 대결이 빈번한 긴장 관계 속에 수도권과 가까운 지리적 환경으로 개발이 쉽지 않았다. 그러나 남북정상회담에서 '서해평화협력특별지대 설치'에 합의함에 따라 공동어로 · 경제특구 건설과 같은 사업들이 빠르게 추진될 가능성이 커졌다. 개성공단 재개와 함께 경의선 연결도 큰 도움이 될 것이다.

중부권은 공동의 수자원 개발(한탄강댐)과 교통의 요지라는 점에서 철원을 중심으로 이미 DMZ생태관광지가 개발되어 있다. 이곳에 속한 철원군과 김화군이 남북으로 나뉘어 있지만 원래 하나라는 정서적인 공감대가 많다는 점은 향후 남북 공동시장 개발 등에 장점이 될 전망이고 서울과 수도권에서 금강산으로 가는 지름길이라는 점도 큰 장점이 된다.

동부권은 수도권과 상대적으로 멀고 지리적으로 험해 동해안의 거점도시인 속초와 접경지인 고성을 중심으로 개발될 가능성이 크다. 금강산이 지척인 고성은 도로만 연결된다면 환동해안벨트과 연계하여 관광사업의 거점이 될 가능성이 크다. 특히, 김정은이 역점을 두고 개발 중인 원산 · 갈마지구관광특구와 가장 가까운 위치에 있어 오히려 빠른 개발이 가능할 것으로 기대된다.

녹색 한반도를 꿈꾸는 DMZ환경 · 관광벨트

문재인 정부는 신경제지도 구상에서 설악산, 금강산, 원산, 백두산을 잇는 관광벨트 구축 및 DMZ를 생태 · 평화안보 관광지구로 개발하여 녹색 한반도를 실현하고자 하는 목표 아래 다음의 여섯 가지 전략을 발표했다.

첫째, 접경지역을 생태, 환경, 관광의 그린 3각 협력원으로 개발하는 DMZ 환경 관광권 전략이다. 이는 DMZ생태 · 평화안보관광지구 지정과 DMZ한반도생태평화연구원 설치, DMZ 인근의 청정한 환경을 바탕으로 의료관광 및 생태관광 중심의 신산업벨트 구축, 접경지역에 재생에너지 및 태양광 발전소 설립, 양묘장 조성 및 나무심기 활성화를 위한 종사와 기술, 장비 지원, UN 환경기구와 같은 국제기구 및 국제생태환경포럼과 세계 평화대회와 같은 국제회의를 유치한다는 계획이다.

둘째, 녹색 한반도 실현을 위한 북한 녹색화 전략으로, 북한의 산림복구 기반을 구축하기 위한 황폐지에 조림사업을 추진하기로 하였다.

셋째, 한강 하구의 생태 · 역사관광벨트 조성 및 남북 공동 시장 개발을 위한 한강 하구권 전략이다. 생물권 보존 지역 지정 및 세계적인 생태 · 역사공원 조성, 한강 하구 수로의 평화적 이용과 공동 활용, 한강 수로를 이용하여 임진강과 예성강 하구에 이르는 공동 관광 뱃길 개설, 강화~개풍, 교동~해남리를 잇는 연륙교 건설, 남북한 지방 특산물을 판매할 수 있는 공동시장 개발 등이다.

넷째, 남북 공동 수자원 관리와 초국경 방재사업 전략이다. 전염병 예방과 확산 방지를 위한 공동 방역사업, 남북이 공유하는 하천의 자연

재해 방재와 임진강 수해 방지사업, 북한 하천 관리 인력 양성 지원, 백두산 폭발 등 자연재해를 대비하는 민 · 관 · 산 · 학 · 연구 조사사업 추진 등이다.

다섯째 통일특구 조성 전략이다. 북한 인력을 이용한 남북 산업협력 지구를 남측 접경지역에 조성, DMZ 인근의 청정 환경을 바탕으로 국제 의료관광 중심 특구 조성과 배후 지원시설 인프라 건설, 의료관광과 관련한 제조업특구 조성이 그것이다.

여섯째, 지자체나 민간 차원에서 지속 발굴과 추진이 가능한 사업 지원 전략이다. 지자체별 맞춤형 접경 개발 협력 사업, '남북 접경지역 공동관리위원회' 구성 및 운영, DMZ 접경지역 이용에 대한 제반 관련 문제를 협의하고 관리할 상설기구 설치 등이다.

이와 같은 DMZ환경 · 관광벨트 구상이 실현되면 '남북 공동시장'을 개설하여 남북 주민들이 피부로 느낄 수 있는 사업을 구체화할 수 있을 것이다. 이를 통해 남북 간의 상품과 생산 요소(인력과 자본)의 자유로운 이동이 가능해져 점진적으로는 남북교류의 경제생태계를 만들어갈 수 있을 것이다. 통일 이전이라도 이미 장마당으로 시장경제를 경험한 북한의 시장을 촉진하여 경제 발전을 도모하는 기반을 구축하게 될 것이다.

인천시 구상

서해5도와 강화도 등 첨예한 접경지역을 두고 남북의 바닷길, 하늘길, 땅길을 연결하는 가장 중요한 위치에 있는 인천시는 남북 평화 협력 시대를 맞아 인천을 남북 평화사업의 거점으로 육성하기 위한 계획을 발 빠르게 발표했다. 우선 서해평화협력특별지대 구축과 관련된 사업으로 남북 공동어로수역 조성, 해상 파시, 백령공항 건설, 인천~남포, 인천~해주 항로 개설, 인천국제공항 대북 교류 관문 육성 등을 추진할 계획이다. 서해5도의 긴장 해소와 남북 공동어로 및 수산업 협력을 위해서는 해수부, 국방부 등 유관 부처와 실무 협의가 필요한데, 이번 남북 군사 최고위 합의는 이를 촉진하는 계기가 될 전망이다. 통일을 대비한 기반 조성 사업도 적극 추진한다.

주요 사업으로는 서해평화협력특별지대의 현안 사업인 영종도~신도~강화 · 교동도 건설 사업과 접경지역의 새로운 경제 협력 모델인 강화교동평화산업단지 조성 계획이 그것이다. 영종~신도~강화 간 도로 건설 사업은 장기적으로 인천~개성~해주를 잇는 네트워크를 구축하고 현재 추진 중인 동서녹색평화고속도로에 추가로 반영하여 인천공항까지 연계함으로써 통일 이후 환황해 시대를 대비한 전략 교통망을 구축하게 된다. 영종도~강화 · 교동도 구간 1단계 사업, 강화도~개성공단 구간 2단계 사업, 강화도~해주 구간 3단계 사업으로 나눠 추진되는데, 착공은 2021년 시작된다. 강화교동평화산업단지는 아직 논의 단계로 올 연말까지 강화 · 교동지역 자산을 활용한 통일 기반 조성 방안에 관한 연구 용역을 마무리할 계획이다.

경기도 구상

경기도는 경의축과 경원축을 중심으로 통일경제특구를 조성하되, 경의축 통일경제특구는 단기적으로 개성공단과 연계한 남북경제협력지대, 장기적으로 동북아의 경제벨트 거점으로 조성하여 통일 한반도 수도권 기능으로 확대할 것을 구상하였다. 경원축은 남한 자원을 활용한 관광 및 남북 교통로 연결 등 물리적 기반을 조성하여 국제 평화 생태 및 관광, 물류와 에너지 산업을 육성한다는 구상을 제시하였다. 이러한 구상은 통일경제특구가 값싼 북한 노동력과 남측의 자본을 결합한 노동 집약적 업종 결합에 그치지 않고, 미래지향적인 업종과 상업 · 무역 · 관광기능을 포함한 차세대 남북경협이 되어야 하는 과제를 해결해야 한다.

우선 개발될 경의축 통일경제특구는 개성공단과 연계되어 있는 산업단지를 남측 인접지역에 건설하고, 이를 바탕으로 단계적으로 남북경제협력지대를 조성한다는 계획이다. 즉, 단기적으로는 경기 서북부 및 인천 일부 지역에 개성공단과 연계된 통일경제특구를 건설하고 향후 개성공단과 남측의 산업단지를 연계 · 통합함으로써 남북한 국경을 자유롭게 넘나드는 실질적인 한반도 경제 공동체를 이룬다는 전략이다. 장기적으로는 개성공단과 통일경제특구 간의 통합을 추진, 서해안 일대의 북한경제특구와 산업벨트를 형성하며, 동시에 동북아경제벨트의 거점으로 발전시키게 된다.

강원도 구상

평양 남북정상회담 합의문에는 2018년 내 동해선 철도 및 도로 연결 착공식, 금강산 관광재개 사업 우선, 정상화 및 동해관광공동특구 조성, 남북 환경 및 산림 분야 협력, 금강산 이산가족 상설면회소 개설, 전염성 질병의 확산 및 방지 등을 위한 방역 및 보건, 의료분야 협력 등의 강원도 관련 사업이 명기되어 있다. 또한 부속합의서에는 비무장지대(철원)의 시범적 남북 공동 유해 발굴, 비무장지대 태봉국 철원성 발굴 추진, 비무장지대 감시초소 시범 철수(서부 5곳, 중부 3곳, 동부 3곳) 등도 포함되어 있다. 이에 따라 강원도는 남북 정상이 합의한 판문점 선언과 평양공동선언의 충실한 이행을 뒷받침하기 위한 현안사업을 전력 추진하기로 했다. 특히 동해선 철도, 도로 및 하늘과 바닷길 연결을 통한 남북 교류 활성화를 위해 동해선 및 경원선 등 철도 연결, 국도 31호선과 춘천~철원 간, 철원~원산 간 고속도로 건설 추진, 설악~원산~백두산 항공노선 개설, 속초~원산과 속초~나진 크루즈 관광 실시 등이다.

이 외 금강산 관광 재개 및 동해관광공동특구 조성에 따른 설악~금강 국제관광자유지대화 등 획기적 관광산업 활성화 도모를 위해 금강산 상설면회소 개소에 따른 고성 지역 상권 회복 및 출입국 관련 편의시설 확충 등 지원 방안을 병행 추진할 계획이다. 산림 분야 협력 및 자연생태계 보호, 복원 등 남북 환경 협력에 따른 청정 강원 이미지를 각인시키기 위해 북측 산림녹화용 육묘 50만 본 제공, 사방댐 및 산림녹화 기술 전수, 소나무재선충 방제 등 지원, 남북 강원도 8개 공유 하천 공동 이용, DMZ 내 생태평화벨트 조성 등 평화적 이용을 추진할 예정이다. 금강산 지구 남북공동 영농상사업, 안변 송어양식장 건립 사업 등 기존에 추진하던 남북교류협력사업은 지속적으로 확대 · 발전하기로 했다. 남북 비무장지대 군사적 적대 관계 해소 등 전쟁 위험 제거에 따른 평화 지역 경제 활성화를 도모하기 위해 판문점 선언 이행을 위한 군사 분야 부속합의서에 따른 비무장지대 남북 공동 유해 발굴(철원), 도로 개설 등 편의시설을 확충하고 DMZ 내 역사유적 '태봉국 철원성'에 대한 공동 조사 · 발굴 등 유네스코 등록을 통한 세계적 관광지화를 추진하기로 했다. 또 철원평화산업단지 조성, 남북강원도 공동어로구역 지정(평화의 바다) 등 협력을 통해 경제 활성화를 도모할 예정이다.

02

수도권과 부동산 신경제지도

언제나 수도권이 먼저다

부동산 투자에서 변하지 않은 진리는 '핵' 이론이다. 결국 사람이 많이 모이는 곳을 중심으로 발전하게 되어 있다는 것을 말한다. 대한민국 5,100만 인구 중에서 2,300만 명이 운집한 서울 · 수도권은 단연 투자 1순위일 수밖에 없다. 통일이 되어 인구가 7,600만 명으로 늘어난다고 해도 서울 · 수도권은 여전히 중심지로써 기능이 약화되지 않을 것이다. 이미 잘 정비된 사회간접자본에 대한민국 최고의 국제도시 기능을 담당하고 있는 서울과 동북아 허브 기능을 담당하고 있는 인천국제공항, 인천항이 있는 수도권으로 오히려 더 많은 사람과 자본이 몰려들 가능성이 크다. 이미 국가 간 경쟁에서 거대 도시 경제권 간의 경쟁이 본격화될 것으로 예상한 서울과 인천, 경기도는 '2020 수도권 종합

계획'에서 "국가 발전과 국민 경제를 선도하는 글로벌 비즈니스 허브로 도약"한다는 발전 계획을 수립하여 추진해오고 있다.

이를 위해 먼저, 서울은 세계 도시화 프로젝트를 추진하여 세계적인 경쟁력을 지닌 동북아 거점도시이자 국가 혁신 창출의 중심지로 육성한다는 구상이다. 인천은 경제 자유구역 활성화를 통해 동북아 국제 물류 중심 도시로 건설하고, 경기도는 첨단 · 지식기반산업의 메카로 육성하여 한국의 '실리콘밸리'를 구현하고자 한다. 이런 계획하에 서울 수도권은 글로벌 역량을 강화하기 위해 한 · 중 · 일 복합 수송체계를 구축하고, 동북아 및 유라시아 대륙을 연결하는 도로 · 철도 · 공항 · 항만 등 통합 교통 물류 인프라를 구축한다는 비전을 공유하고 있다. 인천공항을 중심으로 국제항공 노선망 확충 및 항공 자유화 추진 등을 통해 동북아 종합 물류 시스템을 구축하고, 인천–평택항을 잇는 인천 · 황해경제자유구역 연계를 통한 국제 물류산업 클러스터를 구축하는 사업은 이미 상당한 진척을 이룬 상태이다. 또한 아시아의 금융 거점이 될 수 있도록 글로벌 투자 환경 및 외국인 생활환경을 개선하고, 우수한 인적자원을 바탕으로 디지털콘텐츠산업, 지능형 로봇 서비스산업, 융합기술 등 지식 기반 서비스산업을 집중 육성하여 수도권의 경쟁력을 높이기로 하였다.

남북한 교류 협력 확대에 대비한 기반 구축 사업으로 접경지역의 생태환경 보전 및 평화지대 구축, 북한 수자원 모니터링 등 실질적인 협력 과제에 대비하는 계획도 추진되고 있다. 수도권 각 지역의 입지적 특성과 기존에 집적되어 있는 산업의 성격을 고려하여 5개의 특화된 산업벨트 형성을 유도하고, 산업벨트를 중심으로 다양한 형태의 혁신 클러스터를 구축하여 국제적 경쟁력을 제고하기로 했다. 5개 지역의 특화 산업벨트는 다음과 같다.

- **서울 및 주변 지역** 동북아 금융 · 업무 기능 중심으로 특화하고, 지식기반산업 및 도시형 제조업을 중심으로 '업무 및 도시형산업벨트'를 조성한다.
- **수원 · 인천 지역** 수원의 반도체산업 클러스터, 안산, 시흥의 부품소재 클러스터, 인천의 경제자유구역 및 인천공항 · 항만 등을 핵심거점으로 하는 '국제물류 및 첨단산업벨트'로 육성한다.
- **경기 북부 지역** 파주의 LCD단지를 중심으로 디스플레이산업 클러스터를 조성하고 개성공단과의 연계 체제를 구축하는 등 '남북교류 및 첨단산업벨트'를 형성한다.
- **경기 동부 지역** 자연환경을 활용한 전원 휴양관광을 활성화하고 이천, 여주, 광주의 도자산업을 문화관광 상품과 연계 육성하여 '전원휴양벨트'로 형성한다.
- **경기 남부 지역** 화성과 안성의 제약산업, 화성과 평택의 자동차부품산업, 평택과 아산만의 디스플레이산업, 평택항을 중심으로 한 물류산업 등이 다양하게 집적하고 있어서 '해상 물류 및 복합산업벨트'로 육성한다.

1시간대의 접근이 가능한 수도권 철도망

서울 · 수도권은 이미 국제 경쟁력을 확보하기 위해서 국제 교통 인프라 확충 계획이 수립되어 일부는 진행되고 있다. 인천공항 제2터미널이 개항했고, 인천 항만시설 개선 · 정비사업도 추진되고 있다. 이런 공항, 항만과 수도권 내 주요 거점도시를 연결하고 지방과 원활한 연결이 가능한 연계 교통 체계를 확립하기 위해 순환형 간선도로망을 구축하고 있다. 도시 간 광역급행버스 운행과 광대역 고속 전철망이 그것이다. 수도권 시민들이 승용차에 의존하지 않고도 거점도시 간 이동이 가능할 수 있도록 현재 수도권에는 도시 간 광역급행버스(BRT) 노선이 총 22개 노선(540㎞)으로 구축되어 운행 중이다. 2018년 4월에는 서울을 중심으로 인천, 경의선, 경원선 구간을 잇는 수도권광역급행열차(GTX) 3개 노선 구축 계획이 발표되었다.

광역급행철도망(GTX) 노선도

- **A노선** 파주 운정~서울역~삼성역~수서역~동탄(83㎞)
- **B노선** 송도~부천종합운동장~여의도~서울역~망우~마석(80㎞)
- **C노선** 의정부~청량리~삼성~과천~금정(48㎞, 양주~수원으로 연장안 검토 중)

수도권광역급행열차(GTX) A노선은 경의선 구간을 연결하는 것으로 파주(운정신도시)를 출발해 일산(킨텍스)~대곡~연신내~서울역~삼성

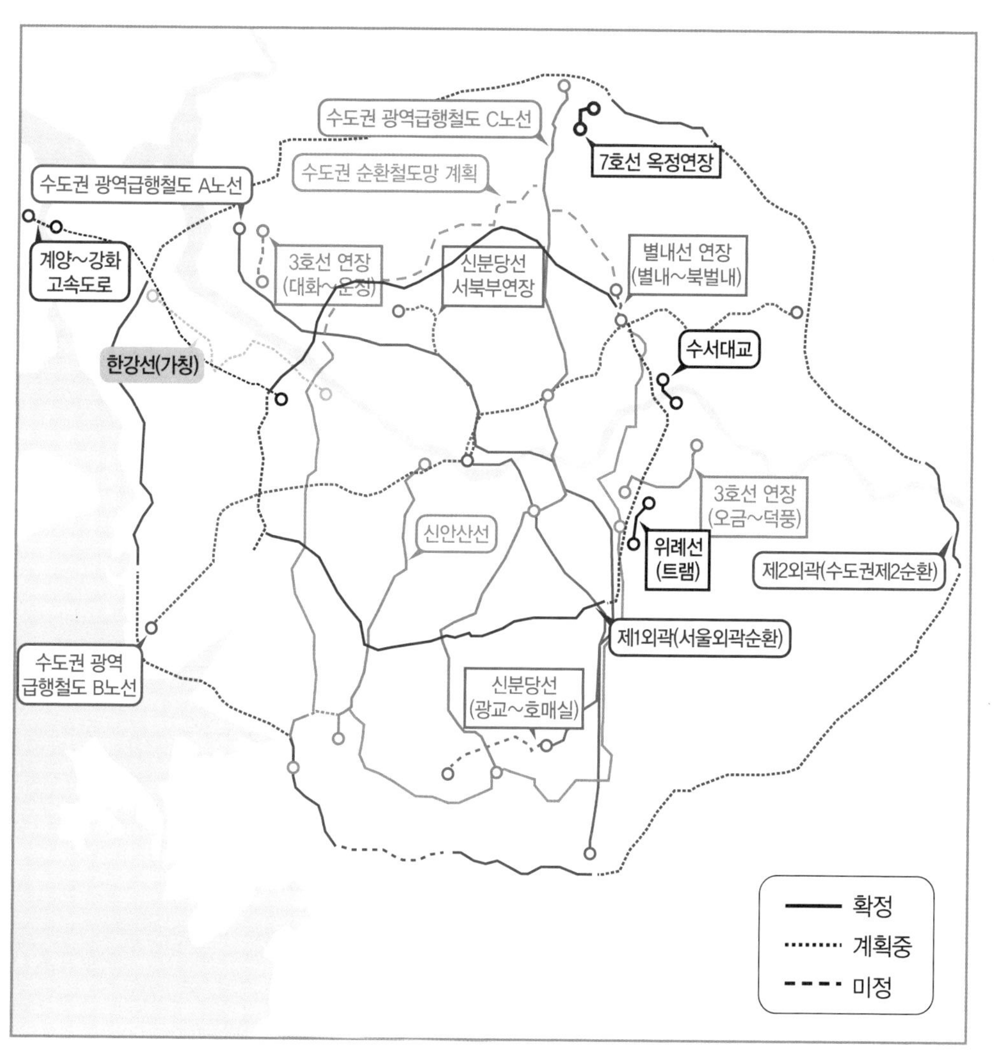

수도권 광역철도 · 도로망

~수서를 거쳐 성남~용인~동탄을 잇는 총 83.3㎞의 노선이다. A노선이 개통되면 일산~서울역(26㎞) 13분, 일산~삼성(37㎞) 17분, 동탄~삼성(38㎞) 19분이면 도착할 수 있게 된다. 그러면 대한민국 경제의 중

심인 강남과 서울의 중심에서 경의선을 통해 언제든 북으로 달려갈 수 있다. 현재 삼성~동탄 구간은 2017년 3월 착공하여 오는 2021년 12월 개통할 예정이고, 파주~일산 구간은 2017년 11월 예비타당성조사를 통과하여 빠르면 2023년 개통 예정인데, 남북 화해 분위기에 따라 개통 시기가 앞당겨질 가능성이 크다.

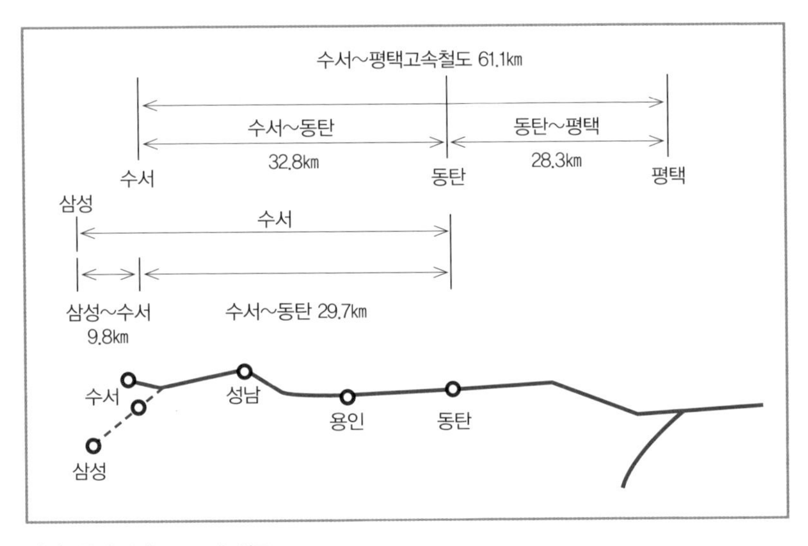

삼성~동탄 구간 GTX A 노선도

GTX B노선은 송도~인천시청~부평~당아래~신도림~여의도~용산~서울역~청량리~망우~별내~평내호평~마석을 연결하는 총 80.1㎞의 노선으로 청량리까지 계획되었던 기존 노선에 경춘선 망우~마석까지 추가 연장될 예정이며 청량리역에서는 GTX C노선과 환승되도록 계획되었다. 개통이 되면 송도에서 서울역까지 27분(현재 87분), 청량리까지 30분으로 소요 시간이 대폭 줄어든다. 올해 안에 예비타당성조사를 재추진하여 2020년 착공, 2025년 완공 예정이다. GTX C노선은 금정~과천~양재~삼성~청량리~광운대~창동~의정부를 연결하는 총 45.8㎞ 구간이다. 2018년 12월 예비타당성조사를 통과한 C노선은 2024년 개통을 목표로 2019년부터 착공에 들어갈 예정이다. 삼성역에서 10분대 또는 20분대에 도착할 수 있는 창동역과 광운대역, 청량리역, 과천역 역세권, 의정부 등이 수혜 지역으로 꼽힌다. 이 노선은 추후 경원선과 연결이 가능하게 설계되었다. 그 외 서울을 중심으로 동서남북으로 수도권을 연결할 주요 노선은 다음과 같다.

동쪽 : 동두천~연천 전철화

동두천역이 종착역인 지하철 1호선이 연천역까지 연장되어 동두천~연천 간 20.8㎞인 전철화 사업이 2019년 개통을 목표로 진행되고 있다. 경원선 구간으로 동두천~연천 전철 연장은 경기 북부 지역과 서울을 연결하는 철도망을 구축하는 것으로 시베리아횡단철도(TSR) 같은 대륙철도 연계까지 고려한 사업이다. 동두천~소요산~초성리~전곡~연천 등 5개 역을 지나게 되는데 이 중 초성리역은 이전되고 기존 한탄강역은 없어진다. 전철이 개통되면 1편성이 열차 10량으로 구성되어 평균 24분 간격으로 하루 왕복 90회 운행할 계획이다. 그동안 군사시설 지역으로 낙후되어 있던 연천군의 발전에 기여하게 될 것이다. 현재 서울과 연결된 교통망이 만성 정체로 유명한 3호선 국도와 최대 2시간마다 배차된 경원선 통근열차뿐이었기 때문에 동두천~연천 전철이 연장되면 교통의 원활한 소통에 큰 도움이 될 것이다.

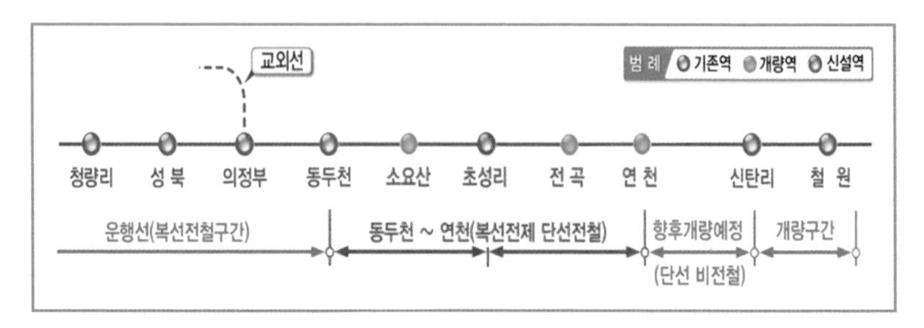

지하철 1호선 연장선 노선도

서쪽 : 대곡~소사선

2016년 3월 착공하여 2022년 개통을 목표로 건설 중인 대곡~소사선은 경기도 북부 고양시와 경기도 서부 부천시를 잇는 노선으로 지나는 역이 대곡, 능곡, 김포공항, 원종, 당아래(부천종합운동장) 등 총 5개 역에 불과하지만 대박 라인으로 관심이 높다. 종점인 대곡역은 서울지하철 3호선, 경의중앙선과 환승이 가능하고, 김포공항역에서는 서울지하철 5, 9호선으로 환승하면 마곡지구와 여의도로로 가는 접근성이 좋아진다. 또한 공항철도를 이용하여 인천공항과 서울 상암지구, 서울역까지도 접근이 가능하다. 당아래(부천종합운동장)에서 환승하면 광명과 가산디지털단지, 그리고 강남으로 진입 가능한 서울지하철 7호선을 이용할 수 있고, 소사역에서는 서울지하철 1호선을 이용하여 가산역과 구로디지털역으로 연결된다. 또한 소사역에서는 이미 개통된 소사~원시선을 이용하여 서해선 복선전철을 이용할 수 있다. 나머지 원종역도 원종~홍대입구선이 제3차 국가철도망 구축 계획에 포함되면서 환승역이 될 예정이다.

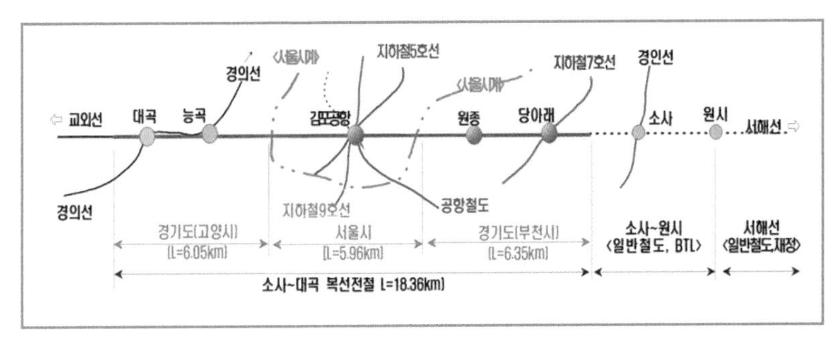

대곡~소사 복선전철 노선도

남쪽 : 인덕원~동탄 복선전철

인덕원~동탄 복선전철은 2018년 3월 기본 계획이 확정되면서 사업에 탄력이 붙었다. 경기 안양시 인덕원에서 화성시 동탄2신도시를 잇는 39.4㎞ 길이의 철도다. 총 2조 7,189억 원 규모의 사업으로 2년간 기본 · 실시 설계를 통해 노선과 역사 위치를 확정하게 된다. 이르면 2021년 착공하여 2027년 개통할 예정이다. 노선이 완성되면 광교에서 신분당선, 영통에서 분당선, 동탄에서 수서발 고속철(SRT) · GTX 노선과 연결된다.

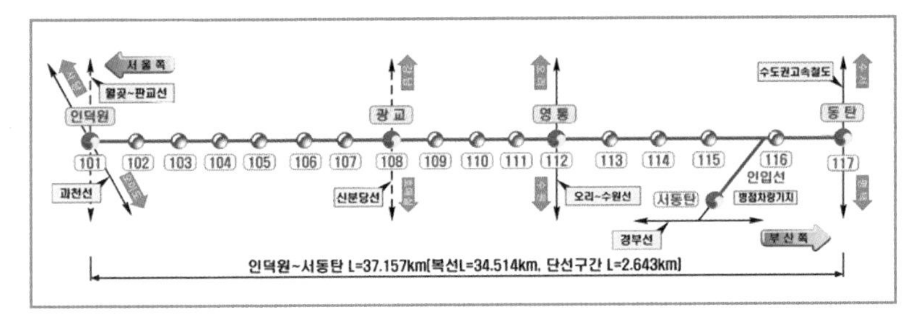

인덕원~서동탄 복선전철 노선도

북쪽 : 문산~임진각 전철화

경의선 문산~도라산 간 9.7㎞를 전철화하는 사업이다. 2016년에 시작하여 2019년 말 개통할 예정으로 공사가 진행 중이다. 전철화 사업이 완료되면 현재 주 5회(1일 1회) 디젤기관차로 운행되던 구간에 친환경 전기전동차가 투입된다. 이를 통해 임진각 평화누리공원, DMZ 세계생태평화공원, 도라산 지역 등 관광 수요가 증가하고, 경의선 및 관광버스 연계에 따른 관광객의 민통선 진 · 출입 파악과 통제로 군사시설 보안과 확보가 가능해진다. 무엇보다 향후 경의선의 연장선상으로 유라시아 진출의 새로운 물류 전진기지로써 역할을 담당하게 될 것이다.

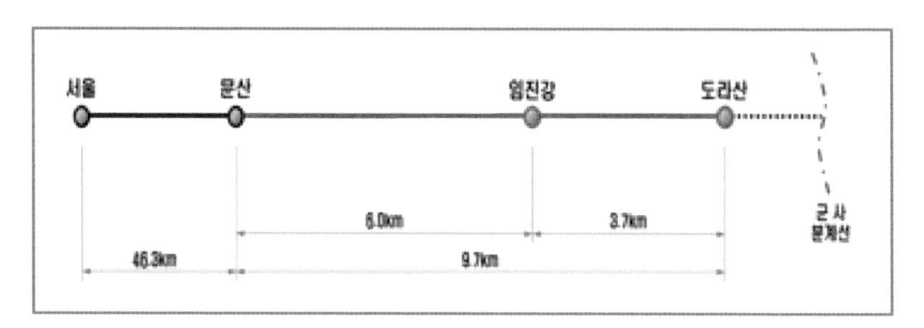

문산~도라산 전철 노선도

수도권을 2배로 넓혀 줄 도로망

수도권 제2순환고속도로

수도권 제2순환고속도로는 말 그대로 수도권을 크게 한 바퀴 도는 고속도로이다. 참고로 수도권 제1순환고속도로를 서울외곽순환고속도로라고 한다. 지도에 표기된 것처럼 경기도 화성시의 봉담읍을 기점으로 하여 봉담~송산~안산~인천~김포~파주~포천~화도~양평~남양평~이천~동탄을 거쳐 다시 봉담읍으로 순환하는 263.4㎞의 도로이다. 현재 봉담~동탄 간 17.8㎞ 구간이 2009년 10월에 개통되었다. 이 밖에 중부내륙고속도로와 공용하는 양평~남양평 구간이 2012년 12월에 개통되었고, 평택~시흥 간 고속도로(제2서해안고속도로)와 공용하는 안산~송산 구간도 2013년 3월에 개통하였다. 수도권 제2순환고속도로는 평택화성고속도로, 오산화성고속도로, 인천공항고속도로, 수원문산고속도로, 경부고속도로, 세종포천고속도로와 1번국도, 43번국도, 309번 지방도, 316번 지방도와도 연결되어 수도권의 교통 연계성을 현저하게 높여줄 것이다. 특히, 제2기 신도시로 불리는 파주, 청라, 동탄, 화성, 평택 등이 수혜 지역으로 꼽힌다. 남북 도로 개통 시 남부지방에서 북한으로 가는 데 유용할 것으로 보이는데, 그 이유는 이 도로를 이용하면 막히는 서울을 거치지 않고 바로 북쪽으로 갈 수 있기 때문이다.

동서녹색평화고속도로

남북경협의 서해안축을 담당할 고속도로 계획으로는 서울 · 수도권과 인천국제공항을 연결하여 개성과 해주를 빠르게 이어 줄 서해남북평화도로와 강화에서 DMZ를 따라 강원도 고성까지 연결하는 동서녹색평화고속도로, 그리고 문산~개성 간 고속도로가 계획되어 있거나 건설 중에 있다. 이런 고속도로 계획이 현실화되면 서울과 인천, 그리고 개성공단을 연결하는 삼각 벨트가 만들어져 경제권의 확대와 더불어 비무장지대를 관통하는 평화의 상징으로도 가치를 지닐 것으로 보인다.

지도 맨 위에 표시된 동서녹색평화고속도로는 2011년 제3차 도로정비 기본계획에 반영되었지만 추진되지 못하고 있다가 남북정상회담 이후 급격히 관심이 높아진 상태이다. 2017년 11월 처음 기초 조사 용역을 시작하여 인천국제공항~옹진군~강화~고성까지 한반도의 허리를 가로지르는 총연장 211㎞의 4차선 도로로 계획되고 있다. 길이 뚫려야 그 길로 사람과 물자가 이동하여 발전하게 되는데, 그동안 접경지역인 경기도 연천, 포천, 강원도 철원, 화천, 인제군이 낙후된 원인은 교통망이 부재한 상태였기 때문이다. 이를 해소하고 남북경협사업으로 추진 중인 통일경제특구가 제 기능과 역할을 다하기 위해서는 반드시 추진되어야 할 도로이다. 통일경제특구로 거론되고 있는 파주 LCD 클러스터 조성, 고성 풍력발전단지, 철원 평화산업단지 등이 주목할 만하다.

서해남북평화도로

인천시 구상에서 살펴본 바와 같이 서해남북평화도로는 서해안고속도로와 제2경인고속도로를 연결하여 인천대교를 넘어 인천국제공항이 있는 영종도에서 해상 교량을 건설, 강화도를 연결한 뒤 북한 황해도 개풍군을 거쳐 개성공단을 잇는 노선과 강화 교동도에서 해주를 연결하는 도로망을 구축하는 사업이다. 총 3단계로 진행되는 사업이며 1단계 사업으로 영종도~신도~강화도(18.04㎞) 구간을 먼저 추진하게 된다. 2단계는 강화도~개풍~개성공단(45.7㎞) 구간을 건설하며, 3단계

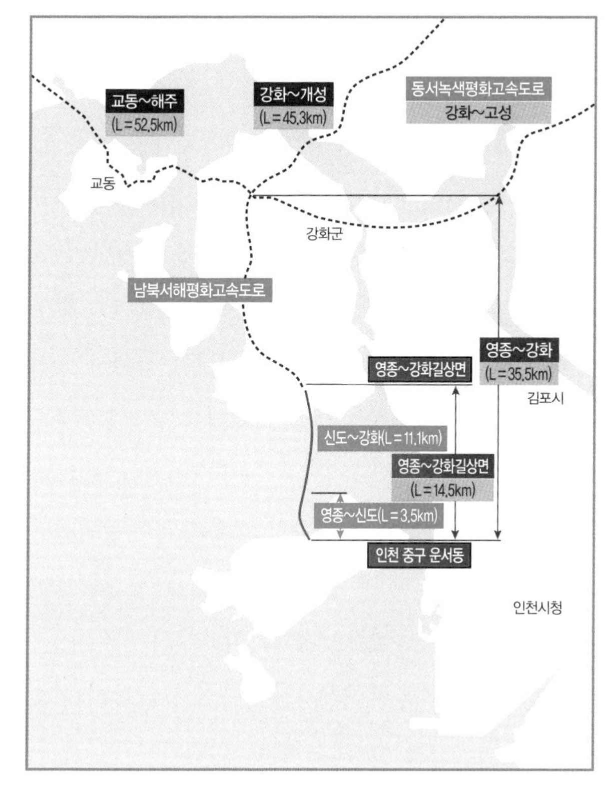

서해남북평화도로

로 강화도 교동도~해주(16.7㎞) 구간을 구축한다. 계획대로 도로가 건설되면, 개성공단과 해주 모두 인천공항에서 1시간대에 진입하게 된다. 남북정상회담의 추진 사업으로 서해남북평화도로를 국가 계획으로 추진하기로 결정했으며, 영종도~신도 구간이 건설되고 이후 남북경협 상황에 따라 나머지 구간 건설에도 속도를 낼 것으로 보인다.

서울문산고속도로

경기도 고양시 덕양구 강매동과 파주시 문산읍 내포리 35.2㎞를 연결하는 고속도로 사업으로, 2020년 개통을 목표로 현재 공사가 진행 중이다. 얼마 전 고양 저유소 화재 사건의 용의자인 파키스탄인이 이 고속도로 건설 노동자로 알려져 화제가 되기도 했다. 서울~문산 고속도로 건설은 남북경협과 통일을 대비한 노선을 구축한다는 점에서 상징적 의미가 있다. 향후 이 고속도로의 종점인 내포IC에서 평양개성고속도로와 연결을 염두에 둔 가칭 문산개성고속도로가 계획되어 있기도 하다. 이 고속도로는 특이하게도 원래는 별도로 계획하고 건설되었던 평택~화성 구간(평택화성고속도로), 화성~광명 구간(수원광명고속도로), 광명~서울 구간(광명서울고속도로), 서울~파주 구간(서울문산고속도로)을 단일 노선으로 연결한 것이다. 이로써 익산~평택~수원~광명~서울~문산을 잇는 260㎞의 국토 서부축 간선도로망이 완결된다.

03

수도권과 DMZ벨트의 주목할 부동산

서울 상암~경기 북부 경의선 전략

경의축 서부 관문 상암 · 수색 지구

서울 서북부 생활권의 중심지로 서울월드컵경기장과 KBS, MBS, SBS 등 지상파방송국을 포함하여 미디어그룹들이 속속 입주하면서 상암 DMC지구는 이미 핫한 지역 중의 하나가 되었다. 인접한 강변북로와 연결된 자유로는 대북 관문으로써 개성으로 직통하고, 상암 DMC 지역에서 일산 킨텍스를 관통하여 파주 운정지구와 연결되는 제2자유로와 더불어 인천공항고속도로와 100번 고속도로와 연결되어 있어 글로벌 서울의 관문 역할을 하고 있다. 또 성산대교와 서부간선도로를 통해서 서해안고속도로로 연결됨으로써 이미 사통팔달의 도로망을 갖추고 있다. 2020년 개통 예정인 월드컵대교가 완공되면 교통은 더욱 원활해진다. 상암 디지털미디어시티역에서는 경의중앙선과 공항철도, 서울 지하철 6호선이 연결되어 서울역, 합정역 같은 도심을 비롯 백석역, 파주 문산과도 접근이 편리하다. 여기에 KTX가 연결될 예정이어서 상암 수색지역은 남북 교류에 힘입어 더욱 각광받는 지역이 될 것이다.

그런데 상암 DMC지구와 마주한 수색지역(서울시 은평구 수색동 380-1 일대)은 상대적으로 낮은 평가를 받고 있었다. 수색에서 능곡 방향 오른쪽으로는 이미 수색재정비촉진지구(총 9지구)가 순차적으로 사업 인가를 받아 진행되고 있으나, 수색역에 있는 수색차고지(차량기지 용지(17만 2,000㎡), 철도 정비시설 용지(11만 6,000㎡)) 이전이 이뤄지지 않아 개발이 지연되어 있었다. 수색역세권 사업 용지는 수색차고지를 포함하여 전체 면적이 무려 30만㎡에 달한다. 수색역세권 개발은 서울시와 코레일이 2007년부터 개발을 추진해 2009년 최초 개발 계획안을 마련했지만 2008년 금융 위기 여파에 사업 진행이 멈춘 상태였다. 아직 차고지 이전 용지가 결정되지 않은 상태라 구체적인 시행 계획이 수립되지는 않았으나 기존 철도 라인에서 벗어나지 않은 서북쪽 외곽의 파주, 문산 등으로 이전할 가능성이 높은 것으로 알려져 있다.

이와 별도로 서울시와 코레일은 '수색역세권 종합개발 기본구상'을 공동으로 마련하였다. 종합개발 기본구상에는 차고지와 정비 시설을 이전하고 남은 용지에 백화점 · 호텔 등 상업 시설과 업무용 사무실, 문화 시설 등이 포함된 대규모 복합단지를 짓는 방안이 담길 것으로 보인다. 경의선 철로는 지상에 그대로 남기고, 상암 디지털미디어시티(DMC)와 수색뉴타운 사이를 고가교로 이어서 도로와 보행로를 조성

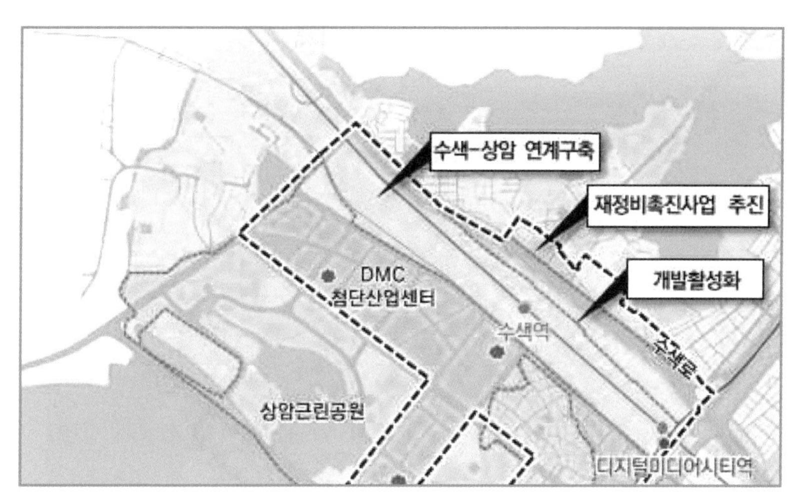

상암 · 수색지구 개발도

할 계획이다. 수색역 바로 옆 DMC역 개발 사업(용지 면적 3만 5,000m²)은 2017년 10월 롯데쇼핑이 30년간 용지 임대사업자로 선정되었다. 서울시와 코레일은 DMC역 개발과 수색역세권 개발을 연계해 시너지 효과를 내는 방안을 검토하고 있다. 여기에 서울시가 2013년 롯데쇼핑에 매각한 용지 2만 644m²에 상암복합쇼핑몰 건립이 예정된 것까지 포함하면 수색역 일대 전체 개발 규모는 더욱 커진다. 수색역세권이 개발되면 서울 서북권 업무 · 문화 · 쇼핑 등 핵심 거점으로 자리 잡으면서 대북 관문으로써 더욱 큰 관심을 보일 것으로 예상된다. 이미 자리 잡은 상암 미디어단지와 일산 킨텍스 미디어센터, 파주 출판문화정보산업단지와 연결되는 시너지도 이 지역의 가치를 높이게 될 것이다.

GTX A노선 요충지 일산신도시

일산 장항동과 대화동 일원에 걸쳐 있는 요충지로써 일산신도시는 인천공항(50㎞)과 김포공항(17㎞)이 가까이 있는 데다, 자유로의 킨텍스IC와 제2자유로의 한류월드IC로 파주 문산을 거쳐 개성으로 직접 연결되는 등 사통팔달의 교통 여건을 갖추고 있다. 도보로 3분 거리에 지하철 3호선 주엽역이 있고, 오는 2023년 GTX A노선이 개통되면 서울역 13분, 삼성역 17분대로 갈 수 있는 등 서울 도심과 강남 주요 지역까지 빠르게 이동할 수 있어 더욱 가치를 높이고 있다. 이러한 입지 조건을 등에 업고 개발에 박차를 가하고 있다. 먼저, 킨텍스는 기존 제1, 제2 전시장 옆 1만 2,000㎡ 대지에 전시홀 등을 갖춘 연면적 7만㎡ 규모의 제3 전시장을 오는 2022년까지 완공할 계획이다. 사업비 4,932억 원은 경기도와 고양시, 그리고 코트라 3개 기관이 1,644억 원씩 분담하기로 하였다. 킨텍스는 제3 전시장이 완공되면 연면적이 17만 8,000㎡로 늘어 규모 면에서 세계 20위권의 경쟁력을 갖추게 된다.

한류월드는 경기도시공사가 99만 4,756㎡ 규모로 개발 중인 한류문화 복합단지로 CJ문화콘텐츠단지, 방송영상문화 콘텐츠밸리, 호텔, 주거, 업무시설 등이 들어서게 된다. CJ그룹이 약 1조 7,000억 원을 투자해 조성하는 CJ문화콘텐츠단지는 23만 7,401㎡ 규모에 콘텐츠 파크, 융복합 공연장, 쇼핑몰, 어트랙션 등이 들어서는 테마파크로 기대를 모으고 있다. 일산신도시에 조성되는 킨텍스와 한류월드 사업이 완료되면 연 600만여 명의 국내외 관광객이 이곳을 찾을 것으로 전망된다.

한국토지주택공사에서 2021년 12,500세대 분양을 목표로 개발 중인

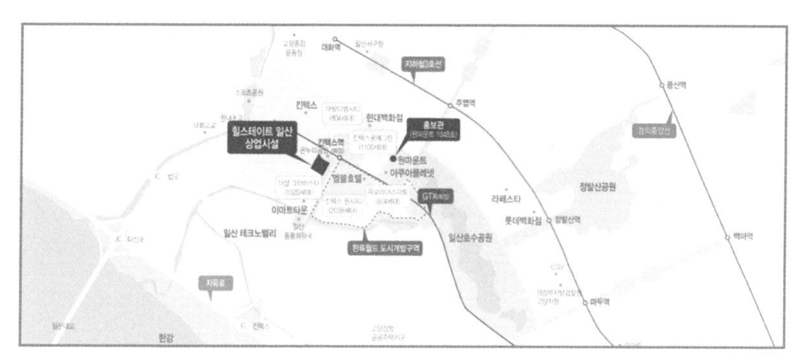

일산 킨텍스 GTX 역세권

장항공공택지개발은 벌써부터 과열 조짐을 보이고 있다. 워낙 뛰어난 입지 조건에 대규모 개발 계획과 GTX A노선, 남북 화해 분위기와 맞물려 뛰어난 투자 요건을 두루 갖춘 셈이다. 지하철 3호선 한 개 노선만 연결되어 접근성이 떨어졌던 고양시 일산신도시도 상승세가 가파르다. GTX 역사가 들어설 예정인 킨텍스 사거리 주변의 '킨텍스원시티' 분양권(전용 84m² B2)은 얼마 전 웃돈 2억 4,000만 원이 붙은 7억 3,900만 원에 거래되었다. 건너편 '킨텍스 꿈에그린' 분양권(전용 84m²)도 웃돈 1억 6,500만 원이 붙은 6억 7,600만 원에 실거래되었다.

5개 역이 교차(예정)하는 다중역세권 대곡역

서울 광화문~연세대~수색~능곡~일산을 잇는 도로를 따라가다 보면 화정지구를 지나 도로 양 옆으로 허허벌판에 뜬금없이 전철역이 하나 나타나는데 이곳이 바로 대곡역이다. 아직 타고 내리는 사람이 많지 않은 대곡역을 지하철 3호선과 경의중앙선이 교차한다는 것을 아

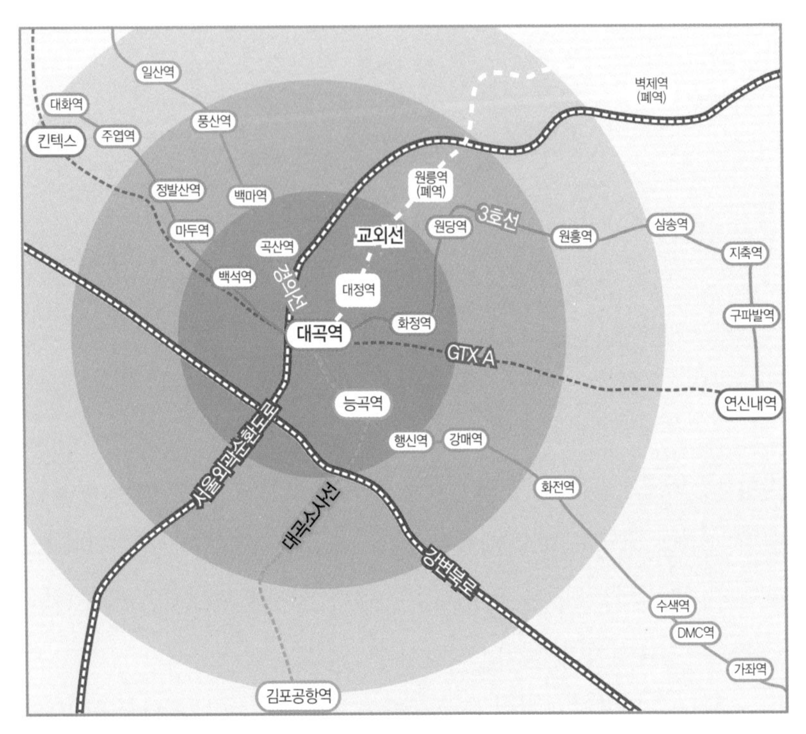

다중역세권 대곡역

는 사람은 많지 않다. 그만큼 덜 알려진 곳이다. 이뿐만이 아니다. 서울 연신내~서울역~삼성역까지 이어지는 GTX A노선도 이곳을 지나고 2021년 완공을 목표로 공사 중인 서해선(대곡~소사)의 종착역도 이곳이 된다. 여기에 서울 외곽을 한 바퀴 도는 교외순환선(의정부) 복선 개량 타당성 검토가 진행 중이어서 운행이 재기되면 대곡역은 그야말로 5개 노선이 교차하는 다중역세권으로 수도권 서북 지역 최대 역세권을 자랑하게 된다. 남북철도가 연결되면 KTX(대곡~광명 직결선)역도 들어설 가능성이 점쳐지고 있어 그 가치를 짐작하기 어렵다. 이미 자유로와 제2자유로와는 직접 연결되어 인천공항을 30분이면 주파하고, 개성까

지도 30분이면 주파가 가능한 입지이다. 향후 서울~문산 간 고속도로, 외곽순환도로 등이 연결되면 서해안벨트의 주요 경로가 될 전망이다.

현재 개발제한구역으로 묶여 있는 이곳 고양시는 2023년까지 179만 4,244㎡(약 54만 평 규모)에 사업비 1조 8,041억 원을 투입하여 대곡역 복합환승센터, 상업 · 업무시설 등이 들어서는 도시개발사업을 추진할 계획이다. 그렇게 되면 서울 북쪽 거점지역인 삼송 · 지축지구를 뛰어넘어 서울 남쪽 거점인 판교에 버금가는 요충지가 될 전망이다. 그동안 개발의 필요성에 비해 개발 동력 부족으로 사업이 지지부진했는데, 남북 화해 분위기와 일산신도시 개발에 따라 추진 동력이 새롭게 생겼다는 분석이 강하다.

파주 운정

GTX는 수도권의 교통 및 주거시장의 판도를 바꿀 키포인트로 떠올랐다. 수도권 광역급행열차라는 이름처럼 일반 지하철보다 빠른 속도로 이동이 가능하다. 최대 시속 200㎞까지 가능한 GTX A노선이 개통되면 파주 운정에서 1시간 넘게 걸리던 강남 삼성역이 30분 이내로 줄어들게 된다. 강남으로 출퇴근이 가능해진 만큼 당연히 주목의 대상이 되었다. 특히 수도권 집값 기준이 강남 접근성에 따라 희비가 엇갈리는 가운데, 강남권과 연결된다는 점에서 신규 수요 유입에 대한 기대감이 크다. 그동안 지하철을 통한 광역교통망의 혜택을 전혀 받지 못했던 곳인 만큼 그 효과는 극대화되는 분위기이다.

이를 반영하듯 KB부동산이 발표한 시세에 따르면, 파주 '운정신도시 센트럴 푸르지오(2018. 7. 입주)' 전용 84m²의 평균 매매가는 현재 4억 6,000만 원으로, 최초 분양가인 3억 5,500만 원에서 1년 사이에 약 1억 500만 원이나 올랐다. GTX A노선인 킨텍스역이 있는 고양시 한류월드의 '킨텍스 원시티 M3블록' 전용 84m²의 분양권도 2018년 7월 6억 8,441만 원에 거래되면서 최초 분양가인 5억 4,070만 원보다 약 27% 가량 뛰었다. 그 동안 다른 지역에 비해 상대적으로 외면당하던 수도권 북부 지역이 GTX A노선 개통으로 재평가 받고 있는 것이다. 이 지역은 앞으로도 상승 여력이 충분한 것으로 평가 받는다. 사업이 진척되면서 인근 집값은 빠르게 오르고 있다. 지하철이 없는 파주 운정신도시(동패동 · 목동동)의 상승폭이 크다. 2015년 11월 분양 당시 2,700여 가구의 미분양이 발생한 '파주 힐스테이트 운정' 분양권(전용 84m²)에는 웃돈

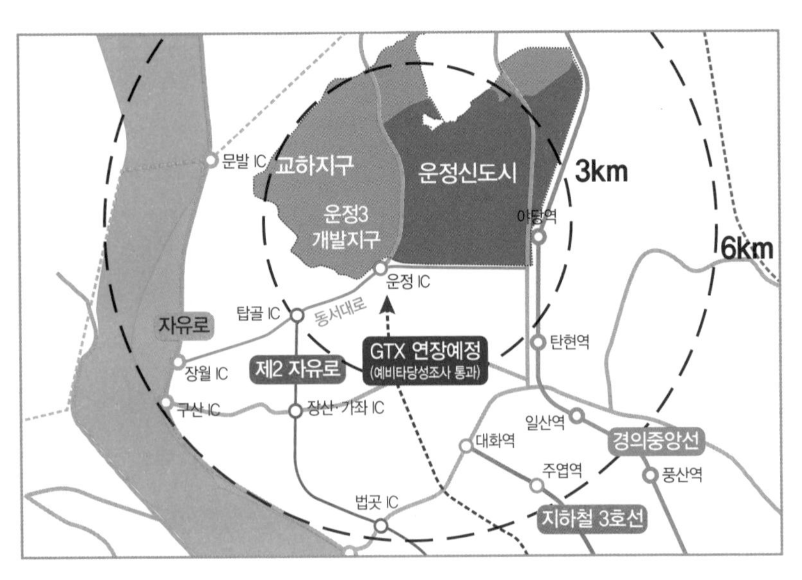

운정신도시

4,000만 원이 붙었다. '운정 센트럴 푸르지오' 분양권(전용 84㎡)은 2018년 5월 웃돈 7,000만 원이 붙은 4억 2,524만 원에 거래되었다.

서울 동북부 수도권~경원선 전략

GTX C노선의 요충지 창동역세권

창동역세권은 서울시 노원구와 도봉구에 위치한 환승역인 노원역과 창동역 사이의 부지를 개발하는 사업으로, 창동역세권을 경기 북부와 강남을 연결하는 광역 중심지로 만들고자 하는 대형 프로젝트이다. 지하철 1·4·7호선과 향후 GTX C노선이 교차하는 광역교통의 중심으로 잠재력이 크다는 평가다. 현재 창동역과 노원역 주변은 차량기지, 면허 시험장, 환승 주차장, 문화체육시설, 마트 등으로 사용되고 있다.

서울시는 '2030 서울플랜'에서 서북권의 상암·수색지역과 함께 이곳 창동·상계지역을 수도권 동북부의 중심지로 육성하겠다고 발표했다. 그동안 상대적으로 낙후되어 있던 창동·상계지역에 문화예술과 혁신성장산업의 전진기지를 조성하여 창업과 문화예술의 요람이자 수도권 동북부의 중심지로 키워 강남북 균형 발전을 이루겠다는 구상이다. 이런 구상이 남북정상회담을 기점으로 빠르게 구체화되고 있다. 지난 6월 1일 박원순 서울시장은 최고 45층 규모의 창업 및 문화산업단지인 '플랫폼창동61' 프로젝트를 2022년까지 조성하고, 2만 석 규모의 '서울아레나' 역시 2023년까지 건립하겠다고 밝혔다.

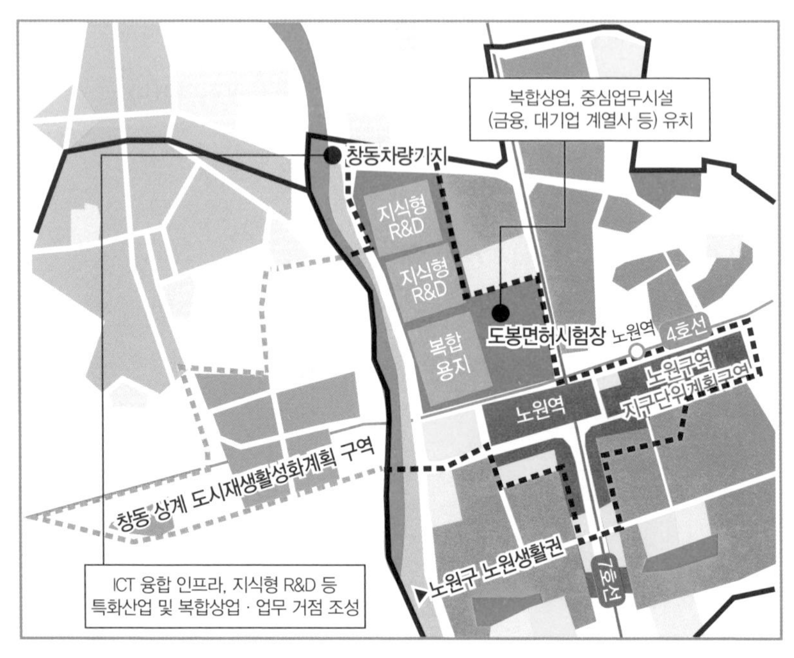

창동역세권

창동역세권 개발사업은 크게 3곳으로 추진된다. 먼저, 환승주차장 일대가 개발된다. '플랫폼창동61'을 통해 지역 이미지를 쇄신하고 동북권 창업센터, 동북권 50+캠퍼스, 창업 · 문화산업단지 등의 선도사업으로 중장기 도시재생사업의 기반을 마련하게 된다. 아울러 창동역 일대 문화예술 거점 조성 계획에 따라 선도사업과 공공문화시설(사진미술관 등) 건립이 동시에 진행될 예정이다. KTX 수서~의정부 연장사업과 연계하여 창동역 일대에 복합환승센터가 건립된다.

두 번째로 문화체육시설 부지와 하나로클럽 부지에 핵심 선도사업인 '서울아레나' 복합문화시설을 건립하여 이 지역 일대를 문화예술 거점으로 조성할 예정이다. 문화예술 거점과 연계하여 농협하나로유통 복합유통센터의 현대화 건립도 추진한다.

세 번째 창동차량기지 및 도봉면허시험장을 이전하고 그 부지를 대대적으로 개발한다. 창동 차량기지 이전사업(남양주 진접차량기지 건설사업)이 완료되기 전까지는 사업의 기반을 마련하고, 이전이 완료되는 2020년 이후 특화 산업집적지를 조성한다. 창동차량기지 이전사업과 함께 도봉면허시험장 이전 · 재배치를 통한 복합상업단지 개발도 추진된다.

네 번째 KTX(SRT) 연장, GTX C노선 창동역 경유 및 경원선(1호선) 지하화 병행 건설이 약 9조 6,000억 원의 예산으로 추진된다. 수서/금정～청량리～창동～의정부로 연결될 KTX(SRT) 노선은 GTX C노선을 경유하여 향후 경원선을 연결하는 주요 노선 기능을 담당하게 될 것이다.

의정부 미군기지 이전

의정부시는 미군기지가 평택으로 이전하여 생긴 의정부동 캠프 시어즈와 캠프 카일(25만 6,000㎡)에 조성 중인 '경기북부광역행정타운'에 현재 경기북부경찰청, 법무부 의정부준법지원센터 등 10개 기관이 입주했거나 입주가 확정되었다. 금오동 일원 캠프 에세이욘 부지 22만 1,000㎡에는 한창 을지대학교 캠퍼스와 병원 공사가 진행 중이다.

또한 경기북부지방경찰청 옆 반환 미군기지인 캠프 시어즈 유류 저장소 8만 315㎡의 부지에는 미래 직업 체험 시설의 핵심인 나리벡시티가 2022년 완공을 목표로 총 2,700억 원을 투입하여 개발된다. 미래직

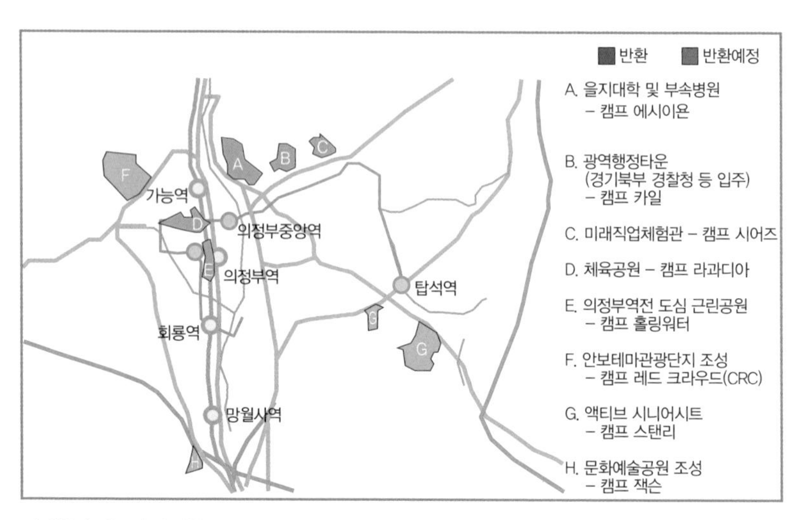

의정부시 미군기지 반환 공여지 개발 계획

업체험관(테마파크1)은 지하 2층, 지상 1층, 전체 면적 7만 4,525㎡ 규모로 신축된다. 소방관, 승무원 등의 직업을 체험할 수 있는 100여 개의 다양한 시설이 들어설 예정이다. 역시 금오동 일원의 캠프 라과디아는 도시 계획 도로를 신설하고 일부는 체육공원으로 개발한다. 의정부역 인근 시내 한복판에 자리한 캠프 홀링워터는 평화를 테마로 한 도심 근린공원으로 조성 중이다. 가능동 캠프 레드 클라우드는 미군 2사령부가 있던 시설을 그대로 보존하여 한국 근 · 현대사와 제2차 세계대전, 6 · 25 전쟁 관련 기록물을 전시한 안보테마관광단지로 조성할 계획이다. 캠프 스탠리와 캠프 잭슨은 액티브 시니어 시티(장년 휴양 · 주거 공간), 문화예술공원 등으로 각각 개발할 예정이다.

이로써 그동안 저평가 받아왔던 의정부의 아파트도 미군기지 이전 사업이 탄력을 받으면서 수천만 원의 웃돈이 붙은 단지가 등장했다. 더

불어 예비타당성조사 중인 GTX C노선(의정부~군포금정)과 SRT(수서~의정부)가 본격 개통되면 강남권으로 20분 이내 출퇴근이 가능해지는 등 교통망이 개선되어 경기 북부의 중심축으로 떠오를 것으로 보인다.

DMZ 접경지역 3곳(고성 · 철원 · 강화)

DMZ 동부지역, 강원도 고성

서울~양양 간 고속도로가 뚫린 고성은 생각보다 가깝다. 남북정상회담 이후 금강산에서 이산가족 상봉이 재개된다는 소식으로 그동안 멀어졌던 관심이 부쩍 늘어난 것도 한몫했을 것이다. 서울은 한낮 기온이 40도를 오르내리는 최악의 폭염이었지만 우리가 도착한 고성은 오후 3시에도 30도를 넘지 않았다. 구름이 잔뜩 끼어 간혹 빗방울이 떨어지고는 있었으나 천국이 따로 없었다. 신기해서 주민에게 물어보았더니 여름이니 무덥기는 하지만 고성은 견딜 만하다고 했다. 위도 38도선 위라는 지리적 특성 때문일까?

7번국도를 따라 탁 트인 동해안이 펼쳐진 고성의 분위기는 아직 조심스러웠다. 금강산 피격사건으로 함몰된 경제 회복을 바라는 마음에 남북미정상회담 결과에 따라 희비의 쌍곡선이 교차하는 상황이었다. 남북 평화 무드로 들뜬 고성의 부동산 가격이 그대로 매매에 반영되는 것은 아니다. 우리가 굳이 미디어를 통해 폭등했다는 부동산 뉴스를 확인하고 싶었던 이유는 현실적인 가능성을 현장에서 확인하고 싶었기 때문이다. 2,300만 이상의 인구를 가진 서울 · 수도권은 말할 것 없고, 적어도 동해안의 중심지인 속초 · 강릉(총 인구 30만 명) 정도만 해도 일정한 호재로 인한 가격 상승은 추후 거품이 꺼지더라도 어느 정도 회복 가능성은 있다. 그러나 인구가 고작 3만 명에 불과한 고성은 외부의 자본이 아니면 거래나 매매가 불가능하므로 우리는 신중할 수밖에 없었다.

고성군은 4 · 27 남북정상회담 이후 발 빠르게 남북교류협력사업 마스터플랜을 수립했다. 평화로운 교류 협력 시대를 대비해 북한 고성과 실질적인 협력사업을 발굴하고, 자체 추진 실행 계획을 수립하기로 했다. 그 결과 정부가 발표한 한반도 신경제지도 로드맵에 7개 분야 12개 사업을 선정하여 발표했다. 대상 사업으로는 1) DMZ 평화생물자원연구산업단지 조성 2) DMZ 생태평화공원 조성 3) 고성 통일관광형 특화발전지구 조성 4) 고성 세계평화박람회(EXPO) 개최 5) 한반도 DMZ 국제평화 스포츠대회 개최 6) 동해북부선 고성 구간 조기 추진 7) 고성군 북방교류단지 조성 8) 남북고성 풍력발전단지 조성 9) 북한 산림녹화용 묘목지원 및 양묘장 시설 확충 10) 남북 공동 연어특화양식장 조성 11) 남북 공동 어로구역 설정 12) 고성통일특별자치군 지정 등이 그것이다.

이런 고성군의 마스터플랜은 상당히 실현 가능성이 있어 보인다. 그러나 군이 추진하고 있는 모든 사업이 실현된다고 해서 단기적으로 부동산 투자를 견인할지는 미지수다. 역시 당장 연말부터 남북 철도 연결사업을 착공하더라도 대북제재가 해제되지 않으면 금강산 관광도 재개하지 못한다. 여기에 순조롭게 남북경협이 이루어지더라도 부동산 투자에 대한 여러 가지 제약조건, 즉 여전한 군사시설 제한구역, 청정지역 개발제한구역 등의 규제와 절대농지의 용도변경에 따른 부담이나 양도세 부담 등의 불확실성을 감안하면 환금성과 수익성을 담보하기에는 어려움이 따른다. 그러므로 우리는 중장기적인 투자에 초점을 맞추어야 한다는 점에 의견을 같이했다. 단기적인 차익 실현보다 적어도 10년 이상의 장기투자로 북한의 경제 발전과 함께 접경지인 고성군의 경제가 활성화되면 다른 지역보다 투자 수익이 클 것이라고 전망했다. 그 가운데에서 주목할 곳은 고성군 현내면에 위치한 화진포이다. 동해고속도로 속초~현내면 구간 연장 공사가 예정된 가운데 특유의 뛰어난 자연경관으로 향후 동해관광공동특구가 본격화되면 가장 유망한 투자처로 부각될 가능성이 크다. 그 외에는 해안을 중심으로 힐링과 휴양시설 투자를 고려해 볼 수 있을 것이다. 군사시설 제한구역이 해제된다면 통일전망대 검문소가 있는 제진리와 명파리가 유망해 보였다.

DMZ 중부권, 강원도 철원

3번국도를 따라 서울~의정부~양주~동두천~연천을 거쳐 철원에 도착한 시각은 점심 무렵이었다. 역시 남북정상회담 후 정부에서 발표한 신경제지도의 DMZ벨트 중부권 중심지로써 평화생태공원 최적지로 손꼽히는 철원을 직접 보기 위해 나선 길이었다. 내비게이션은 월정역을 가리키고 있었다. 투자 조건의 1순위로 꼽히는 철도와 도로 연결 사업에서 경원선이 끊어진 월정리역을 보고 싶었기 때문이다. 그런데 민간인 출입 통제구역 안쪽에 있는 월정역은 출입 허가를 받지 않고는 들어갈 수 없었다. 경계의 눈초리를 한 현역병들을 보니 아직 평화롭고

자유로운 왕래를 하기에는 시간이 필요함을 느꼈다. 하지만 우리가 부동산 지도를 다시 그리기에는 여기까지로도 충분하다. 서울에서 차량으로 오는 내내 경원선이 복원되더라도 사람들이 서울로 가지 않고 철원에 머물려 한다면 그 이유가 무엇일까 고민했다. 부동산의 가치는 사람들이 자주 왕래하거나 머물러야 높아진다. 길이 뚫리고 철도가 놓인다고 해도 사람들이 머물지 않고 그저 스쳐 지나가 버린다면 아무런 혜택이 생기지 않을 것이기 때문이다.

곧 시작될 경원선 복원사업이 국가적으로는 남북교류 확대와 철원군 입장에서는 지역경제 활성화가 절실한 숙원사업이지만 사람이 머물게 할 만큼의 부동산 가치를 주기에는 무리가 따른다. 서울에서 불과 1시간 남짓 걸리는 철원은 원산으로 향하는 관문 역할에서 크게 벗어나지 못할 것으로 보인다. 어쩌면 철원에서 금강산의 내금강역으로 이어지는 116.6㎞의 금강산선 개통에 더 기대를 걸어 볼 수 있을 것이다. 강원도 고성을 거쳐 금강산을 가는 것보다 철원을 통해 가는 것이 훨씬 가깝고 편리할 것이므로 철원 경제에 실제적인 도움이 될 것이다. 그러나 이 사업은 1조 8,000억 원의 막대한 사업비가 소요될 예정이어서 시일이 걸릴 것으로 보인다.

평양 남북정상회담에서 비정치적 분야의 역사 · 문화 · 환경사업에 남북이 공동 협력하기로 합의했다. 이로써 그동안 철원군이 역점 추진해온 DMZ 안의 태봉국 도성 공동 발굴과 복원사업에 탄력이 붙을 예정이다. 태봉국 도성은 외성(둘레 12.7㎞)과 내성(둘레 7.7㎞), 왕궁성(1.8㎞)을 갖춘 삼중성 구조로 발굴 대상 면적은 9,500만㎡에 달한다. 남북 양측의 협의에 따라 국가 차원의 사업으로 추진되면 남북협력기금 558

억 6,000만 원과 문화재보호기금 239억 400만 원 등 798억 원이 투입될 전망이어서 철원군에 큰 도움이 될 것이다. 다음으로 철원읍 대마리 · 중세리 일원 330만m²(100만 평) 규모의 부지에 조성할 철원평화산업단지는 남측의 자본과 기술, 북측의 노동력을 활용하여 청정 IT산업을 근간으로 섬유, 농식품 가공, 농기계, 화학(비료), 관광 · 물류유통 등을 유치하여 중부권의 새로운 경제공동모델을 만들어 볼 수 있을 것이다. 이 사업이 실현된다면 철원 부동산은 꽤나 유망한 투자처로 각광받을 수 있을 것이다.

DMZ 서부권, 강화 교동도

인천 · 개성 · 해주를 잇는 '황금의 평화 삼각축(Golden Peace Triangle)'은 향후 남북경협의 핵심 지역이 될 것이다. 지난 제3차 남북정상회담에서 채택한 평양선언의 주요 내용 가운데 개성공단 정상화와 서해경제공동특구 조성, 서해평화수역과 시범 공동어로구역 조성은 바로 이곳이 대상 지역이다. 서해경제공동특구 조성, 서해평화수역과 시범 공동어로구역 조성은 북미 협상이 제대로 진행되어 대북제재가 풀려도 상당한 시간이 걸리는 사업이다. 그러나 개성공단 재가동과 제2 개성공단 건설, 동해 쪽으로는 금강산 관광사업 재개가 언제고 실현 가능한 상황이다. 김정은 위원장이 2019년 신년사를 통해 사업의 무조건 재개 제안으로 더욱 관심이 높아진 상태이다. 이에 따라 인천–개성–해주를 잇는 서해 복합물류 핵심 지역으로 떠오른 강화도가 들썩이고 있다. 개성공단은 현재 1단계(100만 평)만 개발을 완료한 상태다. 애초에 합의한 800만 평이 모두 개발되어 가동되면 인천의 남동공단보다 큰 공단이 된다. 참고로 남동공단은 300만 평 규모이다. 개성공단은 1단계 가동에만 북한 노동자 5만 4,000명을 고용했으니, 2단계가 가동되면 최소한 10만 명 이상 필요하다. 따라서 공단 확장에 필요한 전기 · 상하수도 · 가스 · 도로 · 교통 등의 인프라 조달이 시급한 과제다.

한편, 개선공단에서 생산된 제품을 현재처럼 파주~일산을 거쳐 인천 · 평택항과 인천공항으로 운송하는 것은 쉽지 않은 과제이다. 즉, 개성공단에 필요한 원 · 부자재와 개성공단에서 생산한 제품을 운송할 물류 인프라가 뒷받침되어야 한다. 이러한 물류 인프라 구축에 강화도가 최적지로 꼽힌다. 개성~개풍~강화~영종도를 잇는 서해남북평화도로(가칭)를 이용하는 방안과 개성~파주~김포~강화~영종도를 잇는 동서녹색평화고속도로(가칭)를 거쳐 인천공항과 인천항에 연결하는 방안이 검토되고 있다. 두 번째는 강화에서 교동도를 거쳐 북한 해주를 경유하여 북측이 2014년에 지정한 강령경제특구를 연결하는 강화~해주 간 고속도로와 철도 건설사업이다. 이미 조성된 강화일반산업단지가 개성공단의 인프라 조달을 염두에 둔 단지라면, 교동평화산업단지는 해주와 강령경제특구 개발을 겨냥한 것이다.

인천시는 발 빠르게 강화도 교동면에 3.45㎢ 규모로 교동평화산단을 인천경제자유구역과 연계한 동북아 물류 · 금융 · 국제 비즈니스 중심 지역으로 개발하겠다는 계획을 발표했다. 이로써 개성공단은 노동집약형 · 중소기업 · 부품 제조 중심, 해주는 한반도 대외경제특구로 개발하여 해주–개성–인천을 묶는 한반도 최초의 산업클러스터를 구축하여 남북 평화와 번영의 거점으로 발전시킨다는 계획이 구체화되고 있다.

이런 계획의 선도사업인 서해남북평화도로는 1단계 영종도~강화 교동도 구간, 2단계 강화~개성공단 구간, 3단계 강화~해주 구간 등이다. 이 중 1단계 구간인 영종도~신도~강화도 14.6㎞를 2024년 개통을 목표로 추진한다는 계획이다.

이런 매력적인 인천시의 계획은 우리를 자연스럽게 교동도로 이끌었다. 우리는 먼저 서해남북평화도로 2단계 구간과 3단계 구간의 분기점을 이룰 강화군 양산면 철산리를 주목했다. 한강 · 임진강 · 예성강이 하나로 모이는 넓은 하구를 사이에 두고 북쪽 개풍군이 지척에 있었다. 아마도 이곳이 제2의 경제공동특구로 개발하는 사업으로 한강–임진강–예성강 3하구 경제특구로(가칭) 꼽히는 곳일 것이다. 강화도 서쪽에 있는 교동도는 맨눈으로도 북한 땅인 황해도 연백평야가 보이는 가까운 곳이다. 우리가 갔을 때 현지 중개인의 말에 의하면 교동도의 부동산은 작년보다 20% 넘게 오르고 거래량도 많이 늘었다고 했다. 교동도 중심지인 삼선리에서 지난 2월 평당 81만 원에 거래가 되었지만 현재는 100만 원에도 쓸 만한 매물을 찾을 수 없을 것이라고 했다.

강화도 전체로는 10여 년 전에 비해 부동산 가치가 오히려 하락한 상태다. 인천광역시에 속하며 서울이 지척인 강화도는 한 때 노후생활 1순위로 꼽히던 곳이다. 수많은 문화유적지, 유명사찰과 기독교 순교지에 마니산과 더불어 아름다운 해변을 갖춘 강화도는 천혜의 자원을 바탕으로 가치를 높여왔다. 그러나 근래에 들어 사람들의 발길이 뚝 끊겼다. 왜일까? 강화도로 가는 길은 어느 곳이나 복잡하다. 강화대교, 초지대교를 막론하고 다리를 건너기 전에 이미 짜증이 나기 시작한다. 교통체증만이 아니다. 김포시를 빠져 강화로 이어지는 도로 양 옆은 시골도

도시도 아닌 이상한 풍경이다. 조립식 공장과 창고, 크고 제멋대로인 음식점 간판, 고물상과 널브러진 쓰레기들로 눈을 둘 곳이 없다. 강화도 섬 안으로 들어가면 사정은 더 심하다. 모텔, 펜션, 식당, 요양원들이 최소한의 예의도 없이 눈을 어지럽히고 있다. 2시간 이내의 가까운 곳에서 호젓하게 휴식을 취하려던 서울 사람들은 차라리 KTX를 타고 강릉을 간다. 아기자기한 산을 즐기려던 등산객들도 굳이 짜증나게 마니산을 찾지 않게 되었다. 난개발의 전형을 보여준 강화도의 현재다.

그런데 이런 강화도 안에서도 그동안 접경지로 사람들의 발길이 뜸했던 양산면 일대와 교동면은 옛 모습을 가지고 있었다. 그곳으로 서해남북평화도로가 뚫린다는 소식은 투자의 가능성을 비쳤다. 적어도 남쪽 강화도처럼 난개발이 아니라면 투자 가치는 충분하다. 어떻든 개성–해주–인천을 잇는 황금의 평화 삼각축은 남북 경제의 핵심축이 될 것이 분명하기 때문이다. 인천공항과 인천항이 지척에 있고, 서울 수도권과 개성, 파주 경제특구와도 가까운 지리적 이점은 누구라도 이곳의 투자가치를 부인하기 어려울 것이다. 현재 강화–교동도는 교동대교로 연결되어 있어 야간통행 금지시간(오후 12시~오전 4시)을 제외하고는 출입이 가능하다. 우리도 교동대교 전에 있는 검문소에서 신분증을 맡기고 출입증을 받아 해주가 지척에 보이는 교동도 인사리까지 갔다. 북쪽의 연평평야와 함께 교동도의 들판에서는 누런 벼가 잘 익어가고 있었다. 우리는 인천국제공항이 있는 영종도로 발걸음을 옮겼다.

남북 화해의 상징 철책선 철거 계획

최근 남북 관계가 급속도로 호전되고 해안이나 강에 설치된 군의 경계철책선이 철거된 일은 부동산 시장에 핫 이슈로 떠오르고 있다. 그동안 철책선은 지역 주민과 배후 토지 소유주에게 불편과 불이익을 주어 철거 요구가 끊임없이 제기되어 왔었다. 그래서 일부는 철거되기도 했지만 군사시설 보호라는 명분과 지방자치단체의 비용으로 철거해야 하는 등의 문제로 불허되거나 미뤄져왔었다. 그런데 남북 화해 분위기와 국가가 철거 비용을 전액 부담하기로 함에 따라 철거 속도가 빨라질 전망이다. 철책선이 제거되면 그동안 억제되었던 해안 지역의 각종 개발사업이 밀려들 것은 충분히 예상 가능하다. 지금까지 사람들의 접근이 제한되면서 해안의 자연 생태와 환경이 잘 보존되어 있어 부동산 투자가치도 높은 지역이 많다. 그래서 난개발 등의 우려를 지적하는 목소리에도 주의할 필요가 있다. 난개발 방지를 위해서 일부 지방자치단체에서는 자연보호구역 지정 등의 제한 조치를 취할 가능성도 남아 있으니 부동산 취득에는 면밀한 주의가 필요하다.

구체적으로 국방부는 동·서해안에 설치된 경계철책(413㎞) 중 지난해까지 114㎞에 대해 철거를 승인했고(69.3㎞ 철거 완료) 이후 나머지 경계철책 298.7㎞ 가운데 169.6㎞를 철거할 예정이라고 발표했다. 군 작전 수행에 꼭 필요한 129.1㎞ 구간만 남기고 해변과 강기슭을 국민들에게 돌려주는 것이다. 참고로 시도별 경계철책은 강원도가 약 91㎞로 가장 많고, 경기도가 81㎞(김포·고양 강안 45㎞), 인천시 74㎞, 경북 24㎞, 충남 20㎞, 전북 6㎞ 순으로 나타났다. 이번에 철거될 주요 지역으로 충남 서천 춘장대해수욕장~장항항 구간(4.55㎞), 충남 안면도 만리포 해변(1.87㎞), 인천 만석부두~남항 입구(3.44㎞), 경기 화성 고온이항 출구~모래부두(6.5㎞)이고 강원도와 경북 동해안으로는 강원 고성 대진항~화진포해수욕장(1.57㎞)과 경북 영덕 죽변~봉산리 구간(7.1㎞) 등이 포함되었다. 특히 강릉시는 전체 해안선 길이 73.7㎞ 가운데 철책이 설치된 구간은 거의 절반에 이르는 35.2㎞이며, 이중 15.0㎞가 이미 철거되었고 2019년까지 10.6㎞가 추가로 철거될 예정이다.

철책이 철거될 경우 각 지자체에서는 이미 다양한 관광개발 사업을 추진하고 있거나 향후에도 적극 추진하게 될 계획이다. 최근 철거되고 있는 지자체의 현황은 다음과 같다.

- **속초시** 관광특구 활성화 지원사업인 '바다 향기 조성사업'
- **양양군** '해안생태 탐방로 조성 사업'과 '서핑 기반시설 조성'
- **화성시** 궁평리 해안가를 포함하여 해송 군락지 일대(14만 9,000㎡)에 해수욕장과 캠핑장, 야영장, 펜션단지 등을 갖춘 종합관광지 개발, 백미리 염전 · 머드체험장, 소금박물관, 지역 특산물 판매장 등 종합 어촌 체험 테마시설 조성, '미리 맞이하는 통일한반도 생태공원'과 해안 둘레길 등
- **인천시** 철책이 제거된 송도 바이오산업교~고잔톨게이트까지 2.4㎞에 친환경 보행로, 공원 쉼터, 철새 관찰대 등 설치

해제된 군사시설보호구역 3억 3,699만 ㎡가 부동산에 미칠 영향

군사시설보호구역 3억 3,699만㎡가 해제된다. 이는 여의도 면적의 116배에 달하는 엄청난 부지다. 1994년 17억 1,800만㎡를 해제한 이후 24년 만에 가장 큰 규모로, 해제구역은 주로 DMZ에 인접한 강원도가 63%, 경기도가 33%를 차지하고 있다. 역시 가장 큰 영향을 받을 것으로 보이는 지역은 경기도 파주다. 파주는 판문점 정상회담 이후 땅값이 전국에서 가장 많이 오른 지역이다. 이번 조치로 1,158만㎡의 군사시설보호구역이 해제되어 다시 한 번 가격이 들썩일 것으로 보인다. 연천군도 대표적 수혜지로 꼽힌다. 파주에 이어 경기도 내 지가 상승률 2위를 기록한 지역으로 이번 해제 지역은 2,107만㎡이다. 서해평화구역에 인접한 김포시도 수혜지역으로 꼽힌다. 김포시의 해제 지역은 경기도에서 가장 큰 2,400만㎡이다. 전국 지가상승률 2위를 기록한 강원도 고성군도 이번 해제 조치로 큰 주목을 받고 있다. 고성군의 해제 지역은 간성읍 일대를 중심으로 총 58만㎡이다. 유해 발굴 공동 작업을 위해 DMZ 내 군사도로를 연결한 철원도 근남면 일대를 중심으로 577㎡가 해제되었다.

군사시설보호구역의 해제는 그린벨트 해제와 비슷한 효과를 가진다고 생각하면 이해하기 쉬울 것이다. 그동안 엄격하게 제한되었던 개발이 가능해진 것이다. 그래서 이번 해제 조치는 남북 철도 공동조사 진행으로 높아진 기대감을 반영하여 땅값이 더 오를 것으로 보인다. 다만 실제로 개발이 진행되려면 용도변경 등 행정절차를 거쳐야 하는 땅들이 많으므로 세세한 검토가 선행되어야 하고, 접경지역은 늘 정세 리스크가 크다는 점을 염두에 두어야 한다. 한편, 이번의 대규모 해제 조치로 접경지역의 땅값이 조정될 것이라고 전망하는 전문가들도 있다. 공급될 땅의 물량이 늘어났기 때문이다. 우리도 신중한 투자에 무게를 두고 있다. 경의선과 동해선 철도 인근 땅이라고 해도 단순히 철도가 통과할 부지라면 의미가 없다. 개발 계획이 수립된 입지라면 최소 5~10년 정도 장기 개발을 기대하고 묻어 두는 투자 전략이어야 할 것이다. 이번에 해제된 군사시설보호구역은 다음과 같다.

강원도

화천군 간동면 구만리, 사내면 광덕리, 하남면 거레리, 화천읍 동촌리 일대 등 32곳(1억 9,698만㎡)

고성군 간성읍 신안리, 거진읍 거진리 일대 등 9곳(58만㎡)

철원군 근남면 잠곡리, 동송읍 오덕리 일대 등 5곳(577만㎡)

춘천시 사북면 일대(869만㎡)

경기도

연천군 전곡읍 긴파리 일대 등 3곳(2,107만㎡)

김포시 대곶면 거물대리, 양촌읍 누산리, 통진읍 가현리, 하성면 봉성리 일대 등 17곳(2,436만㎡)

파주군 문산읍 당동리, 파주읍 향양리, 조리읍 대원리, 광탄면 분수리 일대 등 22곳(1,158만㎡)

고양시 일산서구 가좌동, 일산동구 문봉동, 덕양구 공양동 일대 등 23

곳(1,762만㎡)

동두천시 상봉암동, 상패동 일대 등 4곳(1,406만㎡)

양주시 남면 상수리, 은현면 도하리 일대 등 11곳(1,086만㎡)

포천군 신북면 금동리, 가산면 금현리 일대 등 6곳(455만㎡)

양평군 용문면 화천리, 지평면 송현리 일대 등 4곳(251만㎡)

의정부시 장암동, 고산동 일대 등 4곳(447만㎡)

가평군 가평읍 경반리, 승안리 일대 등 2곳(13만㎡)

평택시 서정동, 고덕면 당현리 일대 등 2곳(143만㎡)

서울시

서초구 서초동 일대(18만㎡)

충청남도

천안시 성환읍 대홍리, 학정리 일대 등 2곳(46만㎡)

전라남도

진도군 군내면 나리, 진도읍 남동리 일대 등 2곳(16만㎡)

대구시

동구 도동 일대(17만㎡)

5장

대한민국의 뜨거운 심장, 서남해안

01
글로벌 초광역권의 허브, 서해안벨트

거대한 배후 시장과 지리적 장점

성공적인 국토 개발에 있어 지리적 위치, 배후의 시장 수요는 필요조건에 해당한다. 여기에 국제 정세와 정책 입안자의 의지와 실행력이 보태져야 비로소 개발의 실효성을 갖게 되는 게 일반적이다. 이런 관점에서 보면 한반도의 서해안 지역은 지리적으로나 역사적, 지정학적으로도 동해안 지역보다 장점이 많은 곳이다. 근대까지 세계를 호령했던 중국과 육로로 연결되어 있고 바닷길도 가깝다는 지리적 장점에 황해의 풍부한 해산물과 남쪽의 호남평야, 북쪽의 연평평야를 가진 서해안이 나라의 근간이 되지 않은 것이 오히려 이상할 정도이다. 예외적으로 일제강점기에는 수탈을 목적으로 개항한 동해의 원산항과 청진항, 남해안의 부산항과 목포항이 서해안의 제물포(인천항), 진남포항(남포함), 군산항과 대등한 위치에 있었을 정도이다. 그러나 해방 후 남북 분단과 이념 대결에 의해 대륙과 단절되면서 천혜의 지리적 이점은 남북 모두 수도권 시장의 수요에도 불구하고 거의 사라질 수밖에 없었다.

그러던 서해안 지역이 드디어 잠을 깨기 시작한 것은 1992년 중국과 맺은 수교부터였다. 거대한 중국 시장이 열리면서 눈부신 발전을 이루기 시작했다. 2001년 서해안고속도로의 완전 개통은 새로운 동맥으로 대한민국 경제에 또 하나의 심장이 되어 힘차게 뛰었다. 경부고속도로의 개통으로 산업화와 세계화를 이루었다면 서해안고속도로는 선진국으로 진입하는 대한민국의 새로운 게이트였다.

강화도를 빠져나와 초지대교~김포한강신도시를 거쳐 도착한 청라, 송도, 영종국제도시를 품은 인천경제자유구역은 인천항과 인천공항을 앞세워 글로벌 허브 도시로 발전했다. 그리고 평택항을 중심으로 세계 반도체 시장과 디스플레이 시장을 선도하는 첨단IT산업단지가 들어선 황해경제자유구역은 미군기지 이전까지 막바지에 접어들어 활력이 넘쳤다.

서해안고속도로를 내달려 새만금 · 군산경제자유구역에 들어서면 마치 서해 바다를 가르고 있는 듯한 모습으로 세계에서 가장 큰 새만금둑(36㎞)이 우리를 압도한다. 2015년 한중FTA 체결과 함께 대중국의 전진기지로 활성화될 것으로 기대했던 것과는 달리 예상치 못한 현대중공업 군산조선소 폐쇄와 한국GM 군산공장 폐쇄 사태로 군산 경제는 애를 먹는 분위기다. 하지만 목포의 대불산단에 비하면 새만금은 나은 편인지도 모르겠다. 한때 전라남도 도청 이전과 대불산업단지의 대규모 투자로 들썩였던 목포권은 한라중공업을 비롯한 조선산업의 쇠퇴로 경기 하락의 직격탄을 맞았다. 수천억 원을 투자한 F1경기장은 애물단지로 전락했고, 무안국제공항은 만성적자에 시달리고 있다. 바다와 섬이 어우러진 천혜의 자연경관과 서남해안이 교차하여 나오는 풍부한 어족자원으로 맛을 낸 다양한 음식 등 남도의 장점이 큰데, 그것을 제대로 살리지 못하여 전략이 실패했다는 사실을 곱씹고 있는 분위기다.

다행히 한반도 신경제지도 서해안벨트는 목포 · 여수권역을 향후 중국 주강경제권과 동남아 경제권을 남방트라이앵글의 거점으로 발전시킬 것이다. 이로써 수도권과 황해경제자유구역에 집중되었던 서해안 개발축이 '인천－평택－군산－목포 · 여수' 라인으로 연결된다. 여기에 발맞춰 착공된 서해안철도와 제2서해안고속도로는 '제2의 서해안시대'를 견인하게 될 것이다. 한반도의 수도권과 중국 베이징－도쿄를 연결하는 글로벌 초광역 경제권 허브로 날아오를 것이다.

서해안벨트의 주요 전략과 개요

세계 12위의 경제 대국으로 성장한 대한민국은 2018년 현재, 성장잠재력은 2%대로 곤두박질쳤고, 출산율은 세계에서 가장 낮은 1.25%, 2018년 현재 15%를 넘어서며 세계에서 가장 빠른 고령화율을 보이고 있다. 여기에 4차 산업혁명으로 비롯된 급격한 산업구조 변화와 미국 트럼프발 무역전쟁 등 우리 경제는 내외의 심각한 도전에 직면해 있다. 그러나 다행히 우리에게는 이 모든 문제를 해결할 수 있는 강력한 동력이 있다. 바로 '통일'이 그것이다. 그러나 통일을 이루는 일은 만만치 않을 것이다. 한반도를 둘러싼 강국들의 첨예한 이해관계를 조정하는 일도 만만치 않거니와 70년이 넘도록 서로 다른 체제로 살아온 남북이 하나가 된다는 것도 쉽지 않은 것이 현실이다. 그래서 현실적 대안으로 나온 '경제 통일'의 주장은 설득력이 있다. 이는 앞서 말한 바와 같이 북방경제권과 연결하여 정체된 성장잠재력을 끌어올리려는 대한민국의 요구와 경제 성장을 통해 인민의 삶을 향상시켜 자신의 권력 기반을 공고히 하려는 북한 김정은 정권의 이해관계가 맞아 떨어진다.

이처럼 한반도 신경제지도는 끊어진 남북한 경제의 맥을 이어 서로에게 이익이 되는 강력한 쌍발 엔진을 달자는 것이다. 이 쌍발 엔진 중에서도 서해안 벨트의 엔진은 더 강력한 위력을 발휘할 것이다. 왜냐하면 개성공단을 중심으로 남쪽으로는 서울 · 수도권–평택–목포 · 여수를 통해 남방경제권(중국주강경제권, 동남아경제권)을 연결하고, 북쪽으로는 평양 · 남포–신의주를 거쳐 북방경제권(중국 수도권과 동북3성 경제권, 러시아 극동경제권)과 연결하여 막강한 동북아 경제권의 허브로써 자리매김하게 될 것이기 때문이다. 이에 따라 정부는 한반도 신경제지도 구상에서 '남북한의 서해안과 중국의 동해권을 중심으로 첨단 제조업과 물류 중심 경제 벨트 구축'과 '고속철도망을 구축하여 서울~평양~베이징을 1일 생활권'으로 구축한다는 야심찬 목표를 제시했다. 서해안벨트의 핵심은 역시 고속교통망 건설이다. 1일 생활권의 구축은 서울–평양–베이징으로 이어지는 3대 수도권의 물적 · 인적 이동을 활성화하여 첨단 · 지식산업, 금융 · 상거래, 고차 서비스 산업에 직접적인 영향을 미치게 될 것이다. 이러한 목표를 달성하기 위한 6개의 전략을 다음과 같이 제시했다.

첫째, '개성공단과 수도권 접경지역 개발 전략'이다. 북미정상회담을 통해 핵 문제가 해결되어 대북제재가 풀리면 남북경협은 가장 먼저 개성공단을 재개할 것으로 보인다. 이미 인프라가 확충되어 있는 개성공단은 재가동 자체만으로도 경협의 상징성과 함께 실질적인 협력의 결과를 이끌어 낼 수 있다는 장점이 있다. 개성공단이 재개되면 후속으로 남북한 수도권 경제협력벨트 구축 사업이 자연스럽게 연결되어 철도 · 도로, 통신, 전력 등의 인프라 구축을 위한 세부 계획에 착수할 수 있을 것이다.

둘째, '서해평화경제지대(가칭) 조성 전략'이다. 인천-해주-개성권, 신의주권을 개발하는 것이다. 해주-개성권은 남북정상회담에서 합의된 서해평화협력특별지대로 인천-연평도-해주-개성에 경제특구와 관광지구로 개발하고, 물류 기능을 확충하게 된다. 신의주권에는 단둥과 연계한 부품산업벨트를 구축하고 국제자유무역지대로 개발하여 한반도의 복합 물류기지로 활용한다는 계획이다. 앞서 살펴본 바와 같이 서해공동경제특구 조성이 가시화되고 있다.

세 번째, '한반도와 동북아를 연결하는 고속 교통 물류망 건설 전략'이다. 경의선→경원선→평라선을 차례로 건설하여 동북아철도(TCR/TSR)와 한반도철도망(TKR)을 연결하는 사업이다. 서울~평양~신의주~베이징~동북3성을 연결하는 통일 KTX를 건설하여 동북아 1일 생활권을 구축하고, 부산~신의주~베이징~터키로 연결되는 아시안 하이웨이 AH1 노선 구축을 위한 신경의선 고속도로 신설 사업도 추진될 전망이다.

네 번째, '서해안벨트 내 에너지 공급 체계 구축 전략'이다. 이는 남 · 북 · 중 · 일 · 몽을 연결하는 동북아 친환경 에너지 송전망을 구축하는 사업이다.

다섯 번째, '환황해 항만도시 얼라이언스 및 복합물류 네트워크 구축 전략'이다. 구역 내에 있는 인천항, 남포항, 웨이하이항, 청도항 간의 항만도시 협력을 시범적으로 추진하게 된다.

여섯 번째, '남쪽 서해안권의 권역별 특화산업 육성 전략'이다. 충청-호남권에는 지식정보산업, 차세대 자동차, 신재생에너지 등 신성장동력산업 육성을 추진하고, 호남-영남권의 남해안에는 문화 · 해양관광산업을 집중 육성한다는 전략이다. 제4차 국토종합계획의 환남해안권역 개발 전략의 연장선상에서 진행될 것이다.

서해안벨트의 강점과 지방 정부의 구상

이런 구상은 이미 제4차 국토종합계획과 2016년 수립된 서해안권 발전종합계획에서도 일부는 계획되어 추진되고 있다. 제5차 국토종합계획은 앞에서 제시한 한반도 신경제지도를 바탕으로 공청회와 타당성 검토 후 구체적인 전략을 수립하여 2020년부터 본격 추진하게 될 것이다. 제4차 국토종합계획에서는 서해안벨트의 비전을 '세계 경제의 동력 축으로써 다양한 교류 · 협력을 통해 세계를 향한 관문 역할'로 제시한 바 있다. 이를 위해 '국제 비즈니스 거점화와 첨단산업벨트 구축 등을 통해 환황해경제권을 주도하는 지식 · 첨단산업의 융복합벨트'를 조성하겠다는 목표를 세웠다. 그런데 이는 '남북한의 서해안과 중국의 환발해권을 중심으로 첨단 제조업과 물류 중심 경제 벨트 구축'을 하고자 하는 신경제지도의 목표와 크게 다르지 않다. 다만 '고속철도망을 구축하여 서울~베이징을 1일 생활권'으로 만들겠다는 목표는 이번 정부 들어 적극적인 남북경협을 성사시키겠다는 의지를 드러낸 것으로 보인다. 아무튼 제4차 국토종합계획의 다섯 가지 전략은 다음과 같다.

첫째, 동북아의 초국경적 경제협력 강화 전략으로 환태평양권, 환동해권과 경제 교류협력을 촉진하여 세계 20대 거대도시권 중 동북아의 3대 도시권인 베이징-서울-도쿄(BESETO) 간 거대도시 회랑의 협력을 활성화한다. 이를 위해 EU의 초국경 협력 재정 지원 프로그램을 벤치마킹한 동북아 초국경 협력 프로그램 창안을 검토하기로 한다.

두 번째, 초국경 및 초광역 인프라 구축 전략으로 동북아 중심 관문 역할을 충실히 수행하도록 대륙과 해양을 연결하는 통합 교통 · 물류 인프라를 구축하고, 개방 벨트 및 광역경제권 간 기능적 연계와 상생 발전을 견인할 동서남북 간선 교통 물류망을 구축한다.

세 번째, 국가 신성장동력 육성 및 거점 연계 강화 전략으로 권역별 기반 산업을 고부가 가치화하고 신성장 산업 육성을 통해 세계 수준의 산업벨트를 구축하고, 청정 해양 · 경관자원과 생태자원을 연계한 글로벌 녹색 휴양 · 관광 지대 조성 및 권역별로 지역 성장거점들을 특화 · 연계하는 상생 · 보완의 초광역 성장 지대를 육성한다.

네 번째, 초광역 공유자원 및 문화권을 활용한 지역 공동 발전 전략으로 국토의 종맥인 백두대간 같은 초광역적 공유자원을 생태탐방, 체험관광, 자연휴양 및 교육자원으로 활용한다는 계획과 함께 지역 고유의 문화예술, 역사 자원, 자연환경 등을 창의적으로 활용한 창조산업을 육성하고 권역간 연계를 통한 창조지대를 형성한다.

다섯 번째, 한반도 통일시대에 대비하는 국토 기반 조성 전략으로써 남북한 화해와 협력을 위한 남북 교류 · 협력 거점을 조성하여 남북 간 교통 · 관광 인프라를 구축, 미래 통일시대를 대비한다는 계획이다.

이러한 전략을 실행하기 위해 서해안벨트에 인접한 광역단체인 인천광역시, 경기도, 충청남도, 전라북도는 서해안 종합 개발 계획을 공동으로 수립하여 크게 3개 권역별 특화 전략을 수립했다. 여기에 제주 · 남해안권을 포함한 4개 권역별 해당 시군은 다음과 같다.

- **슈퍼 경기만권** 국제 비즈니스 · 물류 · 첨단산업이 복합된 동북아 경제 거점으로 특화.

  인천광역시(중구, 동구, 남구, 연수구, 남동구, 서구, 강화군, 옹진군)

  경기도(안산시, 평택시, 시흥시, 화성시, 파주시, 김포시)
- **충남서해안권** 국제 관광 · 휴양산업과 기간산업이 어우러진 융복합 산업 거점으로 특화.

  충청남도(보령시, 아산시, 서산시, 당진시, 서천군, 홍성군, 태안군)
- **새만금권** 신재생에너지 등 저탄소 녹색산업이 발달된 글로벌 녹색 성장 거점으로 특화.

  전라북도(군산시, 김제시, 고창군, 부안군)
- **제주 · 남해안권** 풍부한 생태자연 자원을 바탕으로 해양레저 · 문화 관광산업 거점으로 특화.

  전라남도(목포시, 순천시, 여수시, 광양시, 무안, 신안, 해남, 강진, 보성, 고흥군)

  제주도

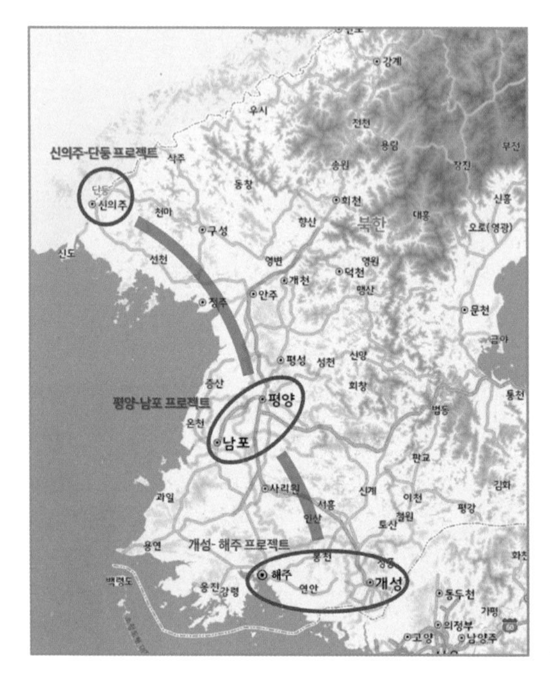

서해안벨트(국정자문위원회)

충청남도의 구상

충청남도는 '한반도 신경제지도 구상'에 대한 선제적 대응을 통해 지역경제 재도약의 발판을 마련하고자 한반도신경제팀을 중심으로 충남연구원, 중앙부처, 대외 연구기관 등과 협업체계를 구축하며 발 빠르게 나서고 있다. 이에 대한 4대 추진 전략으로 민간 교류 · 협력 활성화를 통한 전략적 파트너십 구축, 남북경협 선점을 위한 지역산업 고도화, 신북방 · 신남방 경제 거점 조성을 위한 물류 인프라 구축, 체계적 대응을 위한 물적 · 인적 추진 시스템 구축 등을 제시했다. 이것은 북방—남방 경제권을 잇는 거점 조성과 남북경협을 통한 지역 경제 활성화로

'동북아 경제 공동체의 허브 충남'을 구현하겠다는 복안이다. 세부 추진 과제로는 삼국 문화유산 교류전, 평화통일 기지시줄다리기와 같은 문화 · 체육 교류 사업, 북한 식량 자급률 제고를 위한 합동 지원단 구성 · 운영, 산림 황폐화 복구 사업 등 농 · 축 · 수산 · 임업 개발 지원 사업, 한중 해저터널, 한반도 · 동북아 고속 교통 물류망 건설, 북한의 향후 산업 수요에 대응한 지역 산업 고도화 등 22개를 선정했다.

충청남도는 대북제재가 유지되고 있는 상황에서 이들 세부 추진 과제 중 경제 협력 사업은 한계가 있는 만큼, 민간 교류 협력이나 인도적 차원의 지원 사업 등을 우선 추진하고, 대북제재 완화 진행 상황에 따라 경제 협력 사업으로 확대하는 등 단계별로 추진해 나갈 계획이다. 이와 함께 정부의 세부 계획 발표에 맞춰 추진 과제를 추가 발굴하고, 통일부나 대외경제정책연구원 등 관련 기관의 자문을 통해 실행력을 높여 나갈 방침이다.

전라북도의 구상

전라북도는 4권 4축의 미래 전략산업 구상으로 남북경협시대를 주도할 한반도 H벨트의 중심축이 되겠다는 야심찬 계획을 수립했다. 전라북도 2023 미래 비전을 담고 있는 4권 4축 전략은 새만금 혁신도시의 동부권축, 서남부 지리산권축, 내륙 혁신도시 중심축, 동부권 덕유산권축을 중심으로 농생명 수도 육성, 문화 ICT 여행산업 육성, 전북형 맞춤 복지 보장 등 101건에 달하는 사업이 추진될 예정이다. 남북경협 사업에서 전라북도의 핵심은 역시 문재인 정부의 핵심 공약사업이기도

한 새만금권이다. 지난 10월 30일 '동북아 수퍼그리드' 사업의 일환으로 대규모 '재생에너지 클러스터' 사업이 공식 발족한 가운데, 새만금권은 남북경협의 핵심 거점 단지로 육성될 것으로 보인다. 남북 간 농생명 분야의 생산과 기술 및 연구개발 협력을 바탕으로 아시아 스마트 농생명 밸리와 연계한 농생명 분야 남북 교류 활성화로 고부가가치 산업을 육성할 계획이다. 이는 예상만큼 성과를 내지 못하고 있는 전북혁신도시2 전략과도 맞물려 정부의 지원에 탄력이 붙을 전망이다. 이를 위한 서해안철도 건설과 새만금 동서남북 연결도로 완공, 동서축 연결을 위한 고속도로 건설, 새만금항을 중심으로 한 연안항로 확대 및 농생명 특화항만 조성, 새만금 국제공항 건설 등의 SOC사업에 예산을 집중 투자할 예정이다.

전라남도의 구상

전라남도는 'H'축으로 이뤄진 '한반도 신경제지도 구상'에서 목포·여수를 잇는 남서해안축이 서해안벨트의 기축으로 남방경제권을 북방경제권과 연결하는 가교 역할을 강화함과 동시에 동해안벨트의 남동해안축인 부산·경남과 연계를 통해 남해안 해양관광벨트를 완성하는데 주력할 예정이다. 남해안 해양관광벨트는 아름다운 해안선과 섬, 이순신 승전 루트와 진도 아리랑 등 천혜의 관광자원이 있는 남해안을 하나로 묶는 것이다. 이는 북한 주민과 함께 유라시아 철도를 통해 중국, 러시아, 유럽 여행객까지 바라볼 수 있는 관광산업의 '블루칩'이 되어 남해안 국제관광시대를 일으킬 것으로 보고 있다. 목포에서 여행을 시작해 순천-여수-통영-부산 코스는 세계적인 경쟁력을 가지고 있다는 평가이다. 이를 위해서는 무안국제공항 활성화와 함께 목포~부산 경전선 전철화, 영광-목포-완도-고흥-여수-남해-거제-부산의 해안선을 잇는 관광도로인 7번국도 연결이 시급한 사업으로 꼽힌다. 아울러 남해안 주요 항과 섬을 잇는 셔틀 크루즈도 가능성 높은 사업으로 꼽힌다.

소득 증대와 함께 이미 섬 여행은 특별한 힐링 여행으로 각광을 받고 있다. 이러한 수요에 매년 섬을 지정하여 고유 콘텐츠 발굴 등을 지원하는 '가고 싶은 섬' 사업을 추진 중인데, 2024년까지 섬 24곳에 2,633억 원을 투자할 계획이다. 섬 관광 1,000만 시대를 맞아 KTX와 연계한 섬 자전거 투어와 섬 숙박 여행자 지원사업 등 다채로운 관광 상품을 개발하고, 장기적으로는 면세점과 카지노가 있는 '중국 섬'을 개발하여 국제 관광 시대를 선도할 예정이다.

제주도의 구상

국제관광지로 천혜의 자원과 인프라를 갖추고 있는 제주도의 숙원사업은 제2공항 건설이다. 제주도민에게 제2공항 건설은 단순히 포화 상태에 빠진 제주공항의 대체 수요만이 아니다. 관광이 주소득원인 제주도민에게 관광객의 안전은 경제와 직결된다. 이와 함께 항공은 제주도민의 '대중교통' 수단이기도 하다. 한편 항공 · 선박 위주의 교통망 한계를 극복하기 위해 목포~제주 간 해저터널(167㎞) 철도사업도 검토되고 있어 관심을 끈다. 해저터널로 연결될 목포~진도~하조도~추자도~

제주도는 새로운 관광 루트가 될 것이다.

최근 북한산 송이 선물의 답례로 제주산 감귤을 보내면서 남북경협에서 제주도의 역할이 새삼 주목을 받았다. 지난 9월 문재인 대통령이 백두산에 오른 것을 계기로 김정은 위원장이 답방하면 한라산에 오를 가능성이 커졌기 때문이다. 이는 자연스럽게 한라에서 백두까지 남북한 교차 관광 사업에 활력이 될 것이다. 남쪽 사람들에게 백두산 등정이 소원이듯 북쪽 사람들에게 한라산 등정도 소원으로 알려져 있다. 섬이 많지 않은 북한에서 제주는 더욱 특별한 관광지로 가장 가고 싶은 곳으로 꼽힌다고 한다. 이러한 교차 관광에는 항공 수요보다 남해안 섬을 함께 볼 수 있는 크루즈 관광이 더 각광 받을 가능성도 있다. 남포~목포~제주를 잇는 평화크루즈 라인이 개설될 날도 머지않아 올 것이다.

02
서해안벨트의 부동산 신경제지도

신성장 경제 추진체의 서해안 철도망 구축

부산역을 출발하여 나선까지 연결되는 동해선이 TKR 동해선이라면, 목포역을 출발하여 서산과 평택, 인천공항을 거쳐 개성, 평양, 신의주까지 연결되는 건 TKR 서해선이다. 이 같은 TKR 서해선이 TCR(중국 횡단철도) · TSR(시베리아 횡단철도) · TMGR(몽골 종단철도) · TMR(만주 횡단철도)과 연결되는 날이 올 것이다. 그동안 한반도 철도망은 서울을 중심으로 부산~대전~서울~평양~신의주를 연결하는 경부 · 경의선축과 목포~대전~서울~원산~나진으로 연결되는 호남 · 경원 · 평라선(북)축이 이루는 X자축을 형성하고 있었다. 그러다 보니 인천~서산~군산~목포로 이어지는 서해안축은 철도로부터 상대적으로 소외되어 있었다. (부산~울산~동해~강릉~속초로 이어지는 동해안축도 마찬가지이다.)

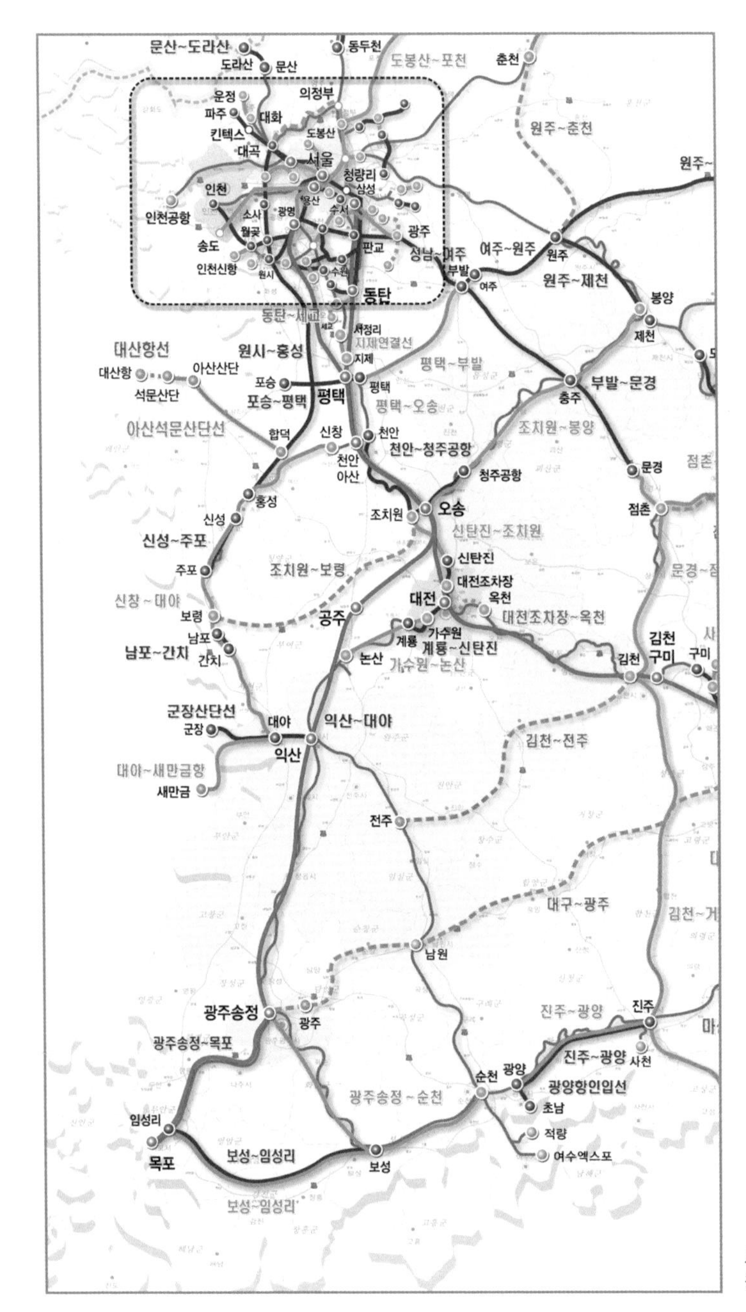

문산~도라산
도라산
문산
동두천
도봉산~포천
춘천
운정
의정부
파주
대화
킨텍스
도봉산
대곡
서울
청량리
인천
삼성
용산
인천공항
소사
광명
수서
월곶
광주
송도
판교
성남~여주
여주~원주
원주
인천신항
원시
수원
부발
여주
원주~제천
원주~춘천
원주~
동탄
봉양
동탄~세교
세교
서정리
제천
대산항선
원시~홍성
지제연결선
지제
평택~부발
대산항
아산산단
석문산단
포승
평택
평택
부발~문경
포승~평택
충주
평택~오송
아산석문산단선
조치원~봉양
합덕
신창
천안
천안~청주공항
천안
아산
청주공항
문경
점촌
홍성
조치원
오송
점촌
신성
신탄진~조치원
신성~주포
신탄진
주포
조치원~보령
대전조차장
문경~점
신창~대야
대전
옥천
보령
공주
대전조차장~옥천
남포
가수원
계룡
계룡~신탄진
김천
남포~간치
간치
논산
가수원~논산
김천
구미
구미
군장산단선
대야
익산~대야
군장
익산
김천~전주
대야~새만금항
새만금
전주
대구~광주
김천~거
남원
광주송정
광주
진주~광양
진주
광주송정~목포
진주~광양
사천
순천
광양
광양항인입선
광주송정~순천
초남
임성리
적량
여수엑스포
보성
목포
보성~임성리
보성~임성리

서해안 철도망

제3차 철도망구축계획(2016~ 2025년)에서 전국 철도망의 U자형 구축 전략은 국토의 균형 발전과 한반도 미래 전략에서 중요한 변화를 시사한다. 그 핵심사업으로 서해선 복선전철 사업과 장항선 복선전철 사업이 추진되면서 서해안 고속철도 시대가 열리게 되었다. 서해안 복선전철 개통으로 충남 홍성에서 수도권까지 1시간대 이동이 가능해진다. 이로써 경부축에 집중된 교통량, 물동량 분산은 물론 대규모 산업단지와 연계한 서해안지역 발전이 가속화할 것이다. 여기에 아산 신창~익산~대야까지 연결하는 장항선이 복선전철로 완성되면, 수도권 서부와 충남~호남을 잇는 국토 서해안축을 남북으로 종단하는 서해안 철도망이 구축된다. 이는 서해안 지역 개발은 물론 향후 북한을 넘어 중국 등 동북아를 연결하는 환황해 초광역 철도 기능도 가능해진다.

본격적인 남북 철도 연결 사업은 간선축인 서울~개성 · 평양~신의주를 잇는 경의선과 부산~울산~강릉~속초~원산~나진을 연결하는 동해선 사업이 먼저 추진될 것으로 예상한다. 그러나 신의주~평양~인천~새만금~목포로 연결되는 서해선 철도망 구축사업도 한반도 신경제지도 구상에서 서해안벨트가 차지하는 비중을 생각하면 지체되지 않을 것이다.

서해선 복선전철

서해선 복선전철사업은 서해안지역 철도축의 핵심으로 충남 홍성역과 경기도 화성 송산역을 연결하는 90.01㎞ 노선인데, 3조 8,280억 원이 투입되어 2020년 개통 예정이다. 이 노선이 개통되면 홍성에서 익산

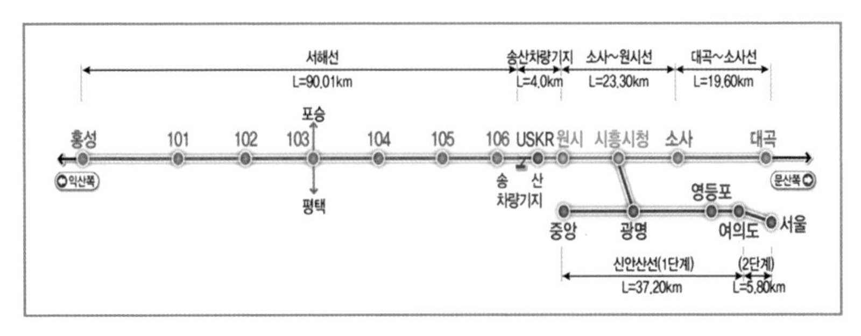

서해선 복선전철 노선도

으로 향하는 장항선으로 연결되고, 송산에서는 서울로 이어지는 신안산선과 연결되어 국가의 새로운 발전 동력인 서해축이 구축된다는 데 의미가 있다. 그동안 서해안지역은 1931년 장항선 개통 이후 80여 년간 제대로 된 철도 서비스를 제공받지 못하고 있었다. 그러나 이를 통해 수도권 접근 시간이 단축되어 수도권 서부와 서해안 지역 신산업지대의 물류비 절감 효과는 물론, 환황해 시대 대한민국 성장의 동력이 될 것이다.

예정 노선은 홍성, 예산, 당진, 아산, 평택, 화성 등 8개 역이며, 이중 당진 합덕역과 평택 안중역, 화성 송산역은 화물을 주로 처리하는 물류 기능을 하게 된다. 이들 배후 산업단지를 지원하게 되어 새로운 투자처로 관심이 집중되고 있다. 서해선에 투입되는 열차는 새마을호보다 속도가 1.6배가량 빠른 시속 250㎞급 고속전철이다. 현재 장항선을 이용할 경우 홍성역에서 영등포역까지 1시간 49분 소요되던 시간이 53분으로 줄어들어 천혜의 자연 경관이 산재한 서해 연안 관광객 증가를 견인해 지역경제 활성화에 큰 도움이 될 전망이다. 생산 유발 8조 7,336억 원, 고용 창출 6만 6,091명, 임금 유발 1조 3,044억 원 등의 엄청난 경제적 효과를 예상하고 있다.

장항선 복선전철

장항선 복선전철은 아산 신창부터 전북 익산 대야까지 복선전철 노선을 건설하는 사업으로 2020년 착공에 들어가 개통은 2023년이 목표이다. 사업비는 5,289억 원으로 전액 국비로 책정되어 있다. 천안, 아산, 예산, 홍성, 보령, 서천 등 도내 주요 도시를 지나는 충청권 교통의 대동맥이다. 총 118.6㎞로 신창~웅천 구간은 복선전철로 운영하고, 웅천~대야 구간은 단선전철로 운영한다. 특히, 시속 50㎞대로 운행하던 기존의 디젤기차에 비해 100㎞를 상회하는 속도로 운행하는 복선전철이 개통되면 천안에서 익산까지 2시간 16분에서 1시간 8분으로 단축된다. 이로써 서해선 복선전철과 함께 수도권 서부와 충남~호남을 잇는 서해축의 간선으로 교통난 완화와 물류비용을 절감하여 서해안벨트 발전에 기반이 될 것이다. 홍성에서 서해안복선전철(홍선~송산)과 연결되고 서울과는 신안산선과 연결된다.

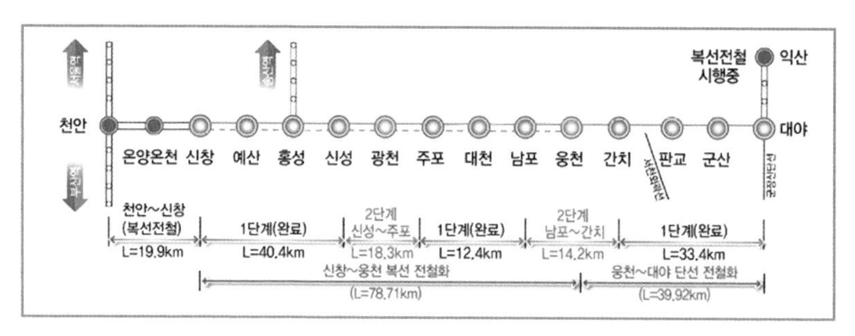

장항성 복선전철 노선도

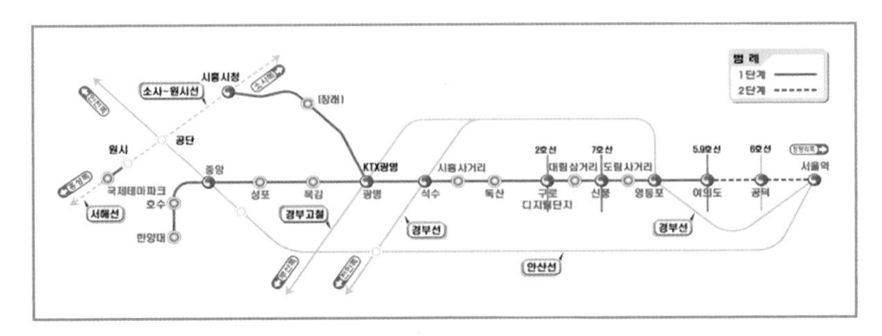

신안산선 노선도

신안산선

신안산선은 경기 안산시에서 서울 여의도까지 43.6㎞를 연결하는 노선으로 경기테크노파크에서 시작하여 안산 중앙~성포~목감~광명KTX~석수~시흥사거리~독산~구로디지털~대림삼거리~신풍~도림삼거리~영등포~여의도로 이어진다. 예정대로 2023년 개통하면 안산·시흥에서 여의도까지 이동 시간이 1시간 30분에서 30분대로 단축된다. 향후 안산선, 수인선, 소사~원시선, 소사~대곡선, 인천발 KTX 등과도 연계되어 서남부 광역교통망의 한 축이 될 전망이다. 이 같은 '신안산선'은 현재 건설 중인 서해선 복선전철(90㎞)과 이미 개통된 소사~원시 복선전철과 모두 연결된다. 따라서 그동안 철도 교통의 소외지역이었던 평택·화성에서 서울은 물론, 경기도 일산과 충남 서해안까지 한 번에 갈 수 있게 된다.

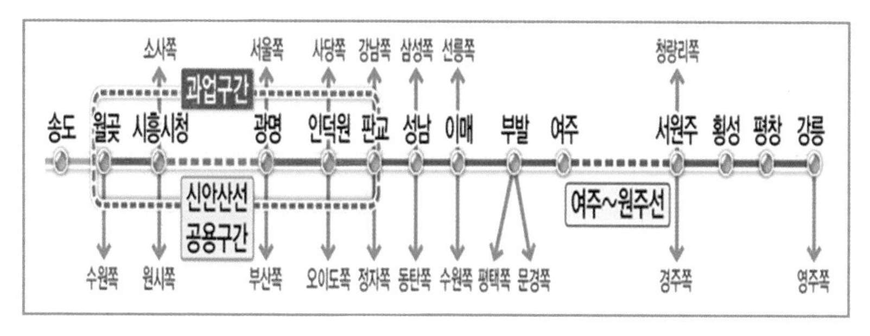

월곶~판교선 노선도

월곶~판교선

2020년 착공하여 2024년 12월 개통 예정인 월곶~판교선은 경기도 월곶과 판교를 연결하는 수도권 광역전철 노선으로, 이 노선 중 시흥시청~광명역 구간은 신안산선과 노선을 공유할 예정이다. 먼저 월곶~판교선은 무척 빠르다는 장점이 있다. 일반열차 평균 속도가 시속 71㎞로, 서울지하철 9호선의 급행열차 46.8㎞보다 빠른데 월곶~판교선 급행열차는 107.7㎞h로 달릴 예정이다. 이로써 급행열차를 타면 월곶에서 판교까지 30분 이내에 도착할 수 있게 된다. 두 번째로 도심을 지나면서 환승역을 많이 만난다는 장점이 있다. 월곶역은 수인선, 시흥시청역은 신안산선과 대곡~소사~원시선, 광명역에서는 KTX와 신안산선, 인덕원역에서는 서울지하철 4호선과 인덕원~수원선, 판교역에서는 신분당선과 성남~여주 복선전철이 연결된다. 그래서인지 착공도 하기 전에 노선을 두고 자치단체 간 갈등이 많은 상황이라 아직 정확한 노선이 결정되지 않았다.

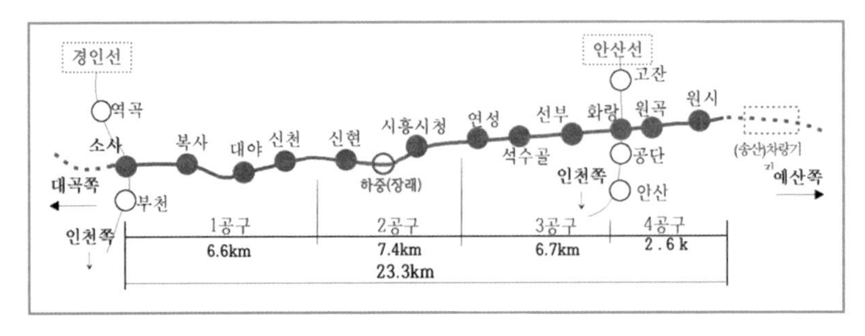

소사~원시선 노선도

소사~원시선

참고로 부천시 소사동과 안산시 원시동 사이 23.3㎞를 잇는 소사~원시 구간은 이미 개통되었다. 소사~원시선 개통 뒤 소사동에서 원시동까지 이동 시간은 1시간 30분에서 24분으로 단축되었고, 1호선 소사역과 4호선 안산역에서 환승이 가능하다. 이로써 수도권 서남부 지역의 통근길이 획기적으로 빨라진다. 향후 신안산선과 월곶~판교선이 개통하면 시흥시청역에서 직결 및 환승을 통해 여의도, 인천, 안양, 성남 등 수도권 남부 주요 지역으로 촘촘히 연결된다. 통근용 전동차뿐만 아니라, 일반 고속 장거리 여객열차 및 화물열차 등도 사용하는 여객·물류 간선철도 역할도 하게 된다. 국토 서측을 남북으로 종단하는 서해선축을 형성하는 간선으로써 중요한 역할을 하게 될 노선이다.

포승~평택선

이 노선은 총 길이 30.3㎞로 평택역과 포승(평택항)을 연결하는 동서

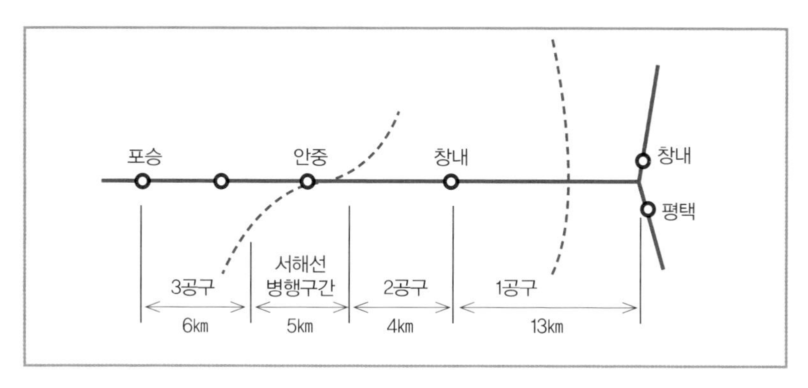

포승~평택선

축 철도이다. 향후 서해선의 안중역, 경부선의 평택역과 직결되는 중요한 노선이다. 비교적 짧은 거리를 연결하는 이 노선에 관심이 집중되는 이유는 황해경제구역 중심지로써 평택항(자동차 수출항 1위)과 삼성반도체, LG전자 등의 대규모 산업단지와 평택 미군기지가 배후에 있기 때문이다. 대중국 진출을 위한 서해안벨트의 물류 중심 거점항인 평택항이 서해선, 경부선 철도와 연결되면 시너지가 매우 클 것이다. 수도권과 이동거리가 빨라질 뿐만 아니라 서해선, 경부선을 통해 대륙철도를 이용하여 북방경제와도 연결될 수 있다.

1단계 평택~숙성리 구간 13.9㎞는 미군기지 이전을 위하여 2015년에 완공되어, 현재 기지 이전에 따른 물자 수송에 활용되고 있다. 2단계 숙성~안중역 구간은 8.3㎞로 2018년 말 완공 예정인데 서해선 복선전철과 연결된다. 마지막 3단계는 안중역과 포승을 연결하는 구간으로 길이 8.1㎞로 2019년 완공 예정이다.

목포(임성)~보성 간 복선전철 건설

영암~해남~강진~장흥~보성 구간으로, 총 길이 126.1㎞의 목포(임성)~보성 간 복선전철이 건설되면서 그동안 철도로부터 소외되어 있었던 이 지역의 부동산 시세를 끌어올리고 있다. 이 철도가 완성되면 순천~광양~진주~마산~삼랑진~부산으로 연결되는 남해안 복선전철망과 연결되어 남해안 관광 활성화에 큰 도움이 될 것이다.

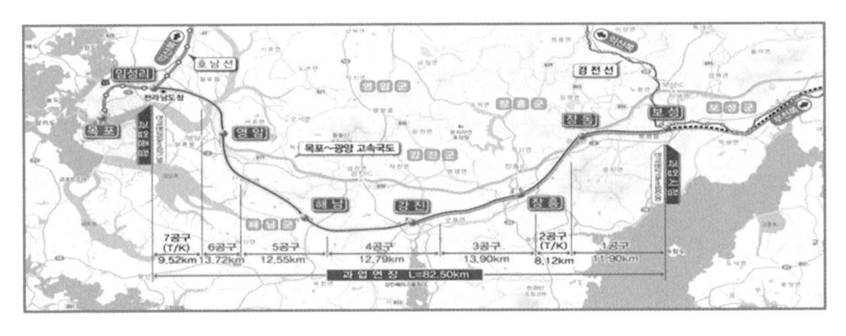

목포(임성)~보성 간 복선전철 노선도

서해 경제 대동맥 도로망 구축

서해안고속도로 개통으로 경제 대국 대한민국을 견인해온 서해안축은 현재의 도로망으로는 더 큰 세상으로 이끌기에 역부족이다. 한·중·일의 수도권을 포함한 환황해 경제권과 무섭게 성장하고 있는 동남아 경제권을 연결할 새로운 동맥이 필요하다. 남북경협의 상징이 될 서해공동경제특구를 포함하고 있는 슈퍼경기만권과 첨단IT산업을 기반으로 한 충청서해안권, 그리고 동북아경제권의 중심으로 발돋움하

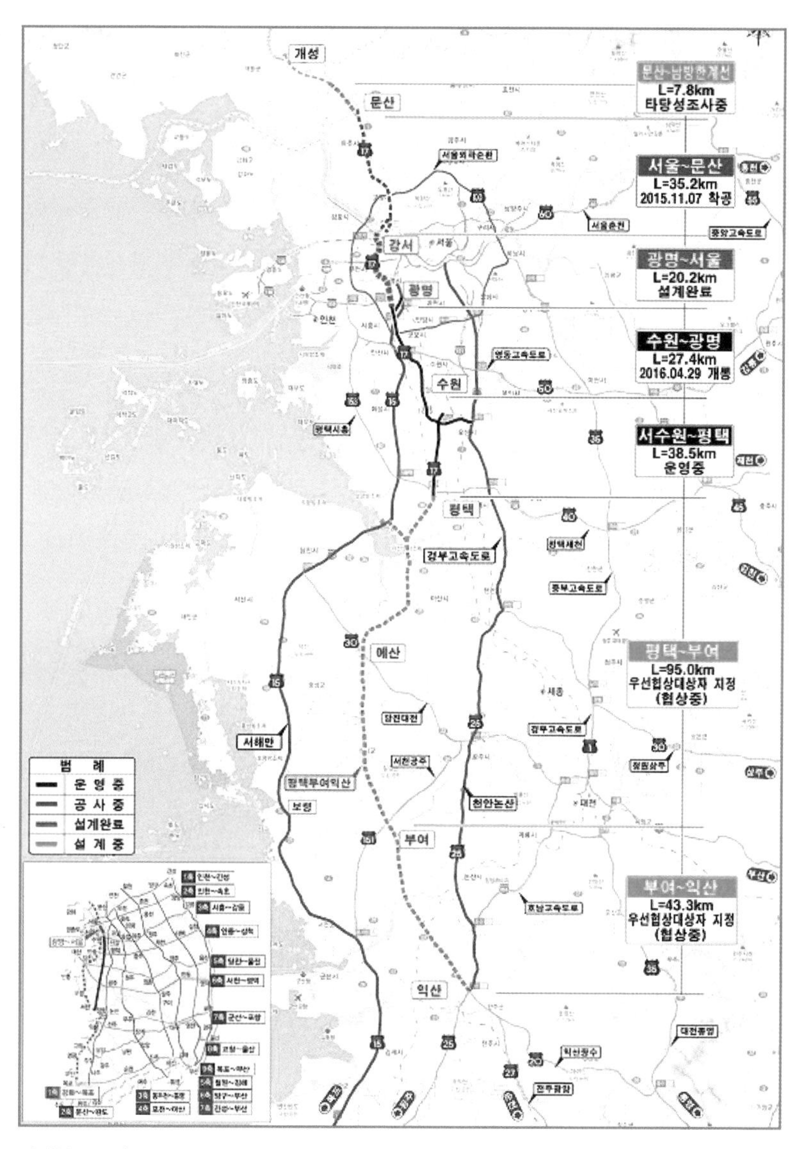

개성
문산
문산~남방한계선
L=7.8km
타당성조사중
서울외곽순환
서울~문산
L=35.2km
2015.11.07 착공
서울춘천
중앙고속도로
강서
광명~서울
L=20.2km
설계완료
광명
인천
영동고속도로
수원~광명
L=27.4km
2016.04.29 개통
수원
평택시흥
서수원~평택
L=38.5km
운영중
평택
경부고속도로
평택제천
중부고속도로
예산
평택~부여
L=95.0km
우선협상대상자 지정
(협상중)
세종
당진대전
서해안
서천공주
평택부여익산
보령
천안논산
대전
부여
부여~익산
L=43.3km
우선협상대상자 지정
(협상중)
호남고속도로
익산
대전통영
익산장수
범 례
운 영 중
공 사 중
설계완료
설 계 중

서해안 도로망

려는 새만금권을 하나로 묶기 위해서는 서해 경제 대동맥 도로망 벨트가 필요하다. 서해안권 경제 네트워크 구축의 방향은 북으로 개성 · 해주와 남으로는 전북의 새만금 경제자유구역을 잇는 남북 종단 도로망과 수도권의 주요 거점을 빠르게 연결할 복합 수송 시스템 구축에 있다. 이와 함께 목포권역 서남해안의 우수한 자연환경과 관광레저형 기업도시 등을 바탕으로 특화된 국제 관광 거점 육성을 위한 도로망 구축이 목표이다. 북의 개성 · 해주로 연결될 도로(서해평화고속도로, 서울~문산 고속도로)는 수도권 교통망에서 이미 살펴본 바 있다. 5장에서는 서해안축을 남북으로 이어 줄 제2서해안고속도로와 수도권 제2순환고속도로, 그리고 대한민국에서 가장 아름다운 77번국도를 살펴보기로 한다.

제2서해안고속도로

제2서해안고속도로는 서해안고속도로와 경부고속도로에 집중되는 교통량을 분산시키고, 충청과 호남 내륙지역과 수도권 서남부를 연계하는 교통 허브 구축을 위해 2008년 3단계로 계획되었다. 현재 1단계인 경기도 시흥시와 평택시 서평택 분기점을 잇는 총 42㎞ 구간은 개통되어 운행 중이다. 1단계 구간 개통으로 만성 정체 구간이던 평택부터 수도권 구간의 교통량 분산과 함께 송도, 영종신도시, 송산그린시티, 시화멀티테크노밸리 등 개발로 늘어난 교통 수요를 감당하고 있다. 2단계 사업은 평택~부여 95㎞ 구간을 2018년 올해 착공하여 2023년 개통 예정이고, 3단계 구간은 부여~익산 43.3㎞ 구간으로 2028년 착공하여 2033년 개통 예정이다. 제2서해안고속도로가 완공되면 서해안 도로망의 간선축이 완성되는 셈이다. 이로써 기존 서해안고속도로와 경부고속도로의 교통량을 분산하고 중부서해안 내륙 지역과 수도권 연결이 한층 가까워질 것이다.

국도 77호선

국도 77호선은 서해안권의 남북 종단 도로망의 보완 기능 역할과 함께 해안 · 도서 지역을 연결하여 교통 낙후 지역의 접근성을 향상시키고, 바닷가 절경을 만끽할 수 있는 드라이브 코스로 각광을 받으며 관광객 수요를 증가시킬 것으로 기대된다. 이 도로는 운전자들에게 대한민국 최고의 절경을 감상할 수 있는 도로로 이미 잘 알려져 있다. 부산광역시를 출발하여 거제도~남해~여수~고흥~완도~목포~신안~영광~부안~태안~서산~당진~안산 등 대한민국 남해안과 서해안을 따라 해안과 섬들을 연결하며 올라가 경기도 파주시(문산)까지 가는 총길이 897㎞로 우리나라에서 가장 긴 국도이다. 통일이 된 후에는 부산에서 신의주까지 이어질 것이다.

2008년에는 서울시와 경기도 파주시를 잇는 자유로가 국도 77호선에 편입됨에 따라 구간이 연장되었다. 워낙 길고 해안선이 복잡한 탓에 아직 미개통구간이 꽤 많은 도로다. 현재 영광 염산면~무안 해제면(10㎞)을 연결하는 칠산대교 연륙교사업이 2019년 하반기에 완공될 예정이다. 칠산대교가 준공되면 50분 소요되던 시간이 10분 이내로 단축된다. 또한 태안~보령(14㎞)을 1시간 40분에서 10분 거리로 단축시키는 공사도 현재 진행 중이며 2021년 완공이 목표이다. 국내 최장 길이의 해저

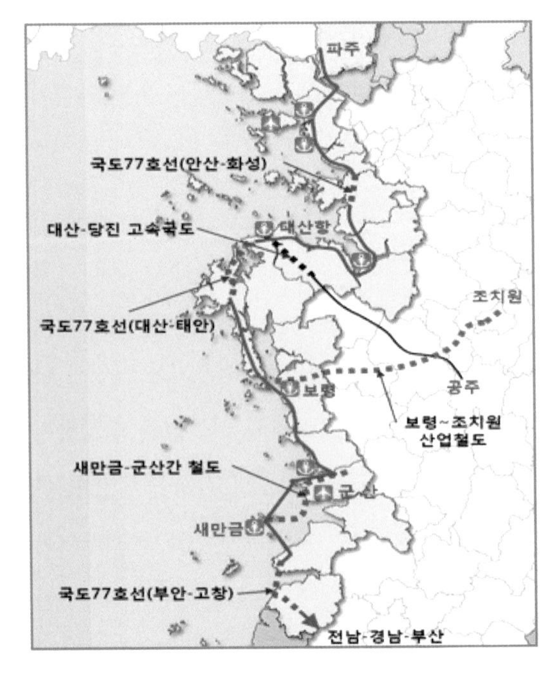

국도 77호선 서해 구간

터널이 포함된 도로 공사는 보령에서 원산도까지는 해저터널로, 원산도에서 태안 영목까지는 연륙교로 건설된다. 이 두 구간이 연결되면 공사 중인 부안~고창(10.5㎞) 구간과 여수~고흥 구간, 여수~남해 구간이 단절된 상태로 남게 된다.

세계로 나아가는 관문, 공항과 항만

경쟁력 있는 글로벌 관문 인천국제공항

글로벌 대한민국의 관문 역할을 해온 인천국제공항이 남북 협력 시대에는 어떤 모습이 될까? 남북이 분단 55년만인 2000년 6월 13일, 고 김대중 대통령의 1차 남북정상회담으로 열린 인천~평양 간 서해 직항로는 북한 인사들이 내린 공항이기도 하다. 2005년 7월 26일 동아시아연맹 축구선수권대회에 참석하기 위해 고려항공을 타고 온 북한 대표팀과 2014년 9월 11일 인천 아시안게임 북한 선수단도 인천공항으로 입국했다. 가장 최근인 2018년 2월 9일에는 이른바 백두혈통인 김정은 위원장의 동생 김여정 조선노동당 중앙위원회 제1부부장 등 북한 고위급 대표단이 평창 동계올림픽에 참석하기 위해 전용기를 타고 인천공항에 내렸다. 이처럼 인천공항은 남북 평화 협력 분위기 속에 대북 거점 공항으로 위상을 높여갈 것으로 보인다.

북미정상회담으로 주목받는 분야는 관광산업이다. 평양선언에서 남북은 '백두산 관광을 실시'하기로 했다. 그런데 기존에 진행했던 금강산관광과 개성관광에 이어 평양관광과 백두산관광을 대비한 인천공항과 북한의 원산 갈마공항, 평양 순안공항, 혜산(백두산) 삼지연공항 간의 노선을 개설하는 수순이 남았다. 대북 신규 항로는 향후 북방정책과 연계하여 시너지를 낼 것으로 보인다. 무엇보다 베이징공항과 경쟁에서 인천공항을 북한의 환승 거점으로 만드는 전략이 시급하다. 지금까지 북한을 돕는 국제기구와 구호단체, 해외 관광객은 대부분 베이징공항에서 환승한 뒤 북한으로 입국하고 있다. 향후 북한의 공항 개발과 운영에도 교류 협력 방안을 마련하여야 한다.

인천시도 인천공항 대북 교류 거점의 육성 방안 용역에 빠르게 착수하여 인천공항의 대북 관문화를 지원할 방침이다. 인천공항을 활용한 북한 교류 지원사업의 종합적이고 체계적인 계획을 마련하고, 인천공

인천국제공항과 서해 항만

항이 가진 경쟁력과 전문성을 대북 교류 지원사업으로 연계하는 거버넌스(governance) 체계를 구축할 계획이다. 국내외 이용객 증가와 저비용 항공 시장 성장 등에 따른 항공 수요 변화와 주변국 간 경쟁에서 동북아 허브공항의 지위를 공고히 하기 위해서라도 인천공항의 지속 투자는 필요한 시점이다.

이에 인천국제공항공사는 인천공항 제2여객터미널 추가 확장과 제4활주로 신설 등을 골자로 하는 4단계 건설사업 추진 계획을 밝혔다. 4단계 건설 과정에서 인공지능(AI), 정보통신기술(ICT) 등 4차 산업혁명 기술을 적극 활용하여 생체인식 탑승 서비스, 인공지능 기반 보안검색, AI 안내로봇 등 최첨단 스마트 서비스를 확대할 계획이다. 또한 태양광 발전, 지열발전 등 신재생에너지를 3배 이상 확대하여 전체 에너지의

27% 이상을 신재생에너지로 충당하는 저탄소 · 친환경 공항을 구현한다는 방침이다.

인천공항은 개항 이후 여객이 연평균 7.5% 증가하였고, 최근 7년간(2011~2017년) 증가율은 10.6%에 달하여 2018년 현재는 연간 여객 처리 용량이 7,200만 명에 달하지만 과부하 상태에 도달했다. 2023년에 4단계 사업이 완료되면 인천공항의 연간 여객 처리 용량은 1억 명으로 증가하게 되는데, 여객 1억 명 수용이 가능한 공항은 아시아에서 인천공항이 유일하게 된다. 여객 1억 명 시대를 열기 위해서는 현재 44개 노선(환발해 7개, 장강삼각주 7개, 주강삼각주 7개, 동북3성 7개, 중부 8개, 서부 8개)이 개설된 중국 노선을 중서부지역 및 동북3성으로 더욱 확대하여 유라시아경제권과 협력 기반을 다져야 한다. 또한 7개(중부 1개, 북서부 1개, 시베리아 2개, 극동 3개)의 노선이 개설된 러시아의 확대를 추진하고 아울러 동구권의 우크라이나, 벨라루스, 몰도바, 조지아, 아르바이잔, 아르메니아, 중앙아시아의 키르기스스탄, 타지키스탄, 투르크메니스탄과도 항공 노선을 개설해야 한다.

인천항, 수도권의 관문에서 통일 수도권의 관문으로

남북경협 활성화를 위한 물류 인프라는 바닷길과 하늘길까지 확대되어야 한다. 우리나라의 수도인 서울특별시로 진입하는 관문이자 서해안 제일의 무역항인 인천항은 이미 남북 교류 활성화를 위한 남북 경제협력 태스크포스(task force)를 구성하여 대응 체제를 갖추고 있다. 기실 2010년 5 · 24조치로 해상 분야 남북 교역이 전면 중단되기 전까지 '인천~남포' 노선은 정기화물선이 운항되었다. 교역이 절정일 때 인천항에서 처리한 북한 해상 물동량은 2,700만 톤에 달할 정도였다. 그러므로 '인천~남포' 정기노선 복원이 우선이다.

더불어 개성공단이 800만 평으로 확대될 경우를 대비해 '인천~개성' 노선 개설도 필요해질 것이다. 철도와 도로 건설에는 시간이 걸리므로 공단 건설에 필요한 자재와 조성 후 공단 가동에 필요한 원 · 부자재와 식자재 등을 수송할 물류 기능이 필요하기 때문이다. 또한 '인천~해주' 노선 신설도 검토될 것이다. 해주지역 강녕경제특구 개발 시에도 물자와 인력 수송을 지원해야 한다. 남북경협을 통한 물동량 창출이 기대되는 만큼 북한 항만 개발에도 적극 참여해야 한다. 대동강 하류 남포항은 북한의 서해 관문인데, 하구가 막혀 있어 외항이 없다. 그러므로 남북한 배나 외국 선박이 자유롭게 입항할 수 있는 남포 외항 개발에 인천항만공사가 국제 자본과 합작하여 투자하는 방안을 검토할 수 있다. 인천항도 남항이 개장하면서 외항시대를 열었고 성장하기 시작했다. 남항을 대표하는 부두인 ICT(인천컨테이너터미널) 부두는 싱가포르와 삼성의 합작으로 탄생한 것을 차용해 볼 수 있다.

인천항은 이와 같은 요구에 대응하기 위해 이미 2016년부터 '인천항 종합 발전 계획 2030'을 수립하여 세계적인 해양관광벨트 구축과 도시의 상생 발전을 구현하는 항만배후단지 건설 등을 통해 글로벌 30위권 항만 도약에 나섰다. 우선 인천항을 신항, 내항, 남항, 북항 등 4개의 공간으로 나눠 각각의 특성에 맞는 항만 기능을 재정립하고 물류 경쟁력을 강화할 계획이다. 컨테이너 중심의 수도권 물류허브로 조성되는 인천 신항은 2017년 11월 I-1단계 컨테이너부두 6개 선석을 완전 개장했고 I-2단계 컨테이너부두 개발 전략을 수립 중이다.

인천 내항은 단계별로 부두 기능을 전환하고, 남항은 자동차 허브 등 새로운 성장동력 거점으로 만들 계획이다. 또 북항은 항만 기능의 고도화를 꾀하고 항만 배후 기능을 보강한다. 인천에 세계적인 해양관광벨트를 구축하는 사업도 벌인다. 인천공항~영종도~경인항~내항~남항~송도국제도시 등 인천 해안선을 잇는 관광벨트 구축에도 대규모 투자를 했다. 이와 관련하여 송도국제도시에 22만 톤급 · 15만 톤급 대형 크루즈부두 2개 선석과 전용 터미널을 2018년 12월에 준공하고 2019년 4월 개항할 예정이다. 국제여객터미널 외 지원용지에는 복합쇼핑몰, 워터파크, 컨퍼런스 호텔, 한류공연장 등도 조성된다. 기존 정기 여객항로는 인천~제주를 포함하여 5개 항로, 낙도 보조항로는 인천~대난지 구간의 1개 항로가 운영되고 있다. 국제여객선은 중국의 단둥 · 옌타이 · 칭다오 등 10개 항로가 운행되고 있는데 향후 북한의 해주, 남포, 신의주로도 운항이 가능할 것이다.

한중 무역의 첨병, 평택 · 당진항

평택 · 당진항(포승항)은 수도권과 중부권을 아우르는 동북아 물류의 중심 국제항만으로써 오는 2020년까지 연간 1억 2,822만 5,000톤의 화물 처리가 가능한 항만으로 개발되고 있다. 현재 평택 · 당진항은 전국 31개 무역항 중 5위 규모의 글로벌 무역항으로 자동차 처리량은 매년 100만 대 이상을 처리하여 전국 1위, 세계 3위 규모를 자랑한다. 아산만 깊숙이 위치해 서해 특유의 조수간만의 차에서 비교적 자유로우며

태풍이나 해일, 안개 등의 영향이 거의 없는 천혜의 입지조건을 가지고 있다. 서울, 인천, 수원, 성남, 천안, 청주, 대전 등 주요 도시가 반경 80㎞ 이내에 있으며 서해안고속도로, 경부고속도로, 평택~시흥고속도로, 평택~제천고속도로, 평택~화성고속도, 당진~영덕고속도로 등 6개 고속도로와 8개 노선의 국도가(1, 34, 38, 39, 43, 45, 77, 82호) 지나는 요충지에 자리하고 있다. 중부내륙 철도 연결이 아쉬운 부분인데 포승~평택선이 개통되면 서해선 복선전철과 경부선 KTX와도 연결되어 수도권 진입과 향후 대륙철도와 연계도 가능하게 될 것이다.

중국의 연안 산업벨트와 최단거리에 위치(위해항 444㎞, 청도항 593㎞, 대련항 452㎞, 천진항 778㎞)하여 한 · 중 무역의 주역을 감당하고 있다. 평택 · 당진항 배후의 인접지역으로 평택BIX 및 현덕지구 439만㎡를 황해경제자유지역으로 지정해 항만배후단지 1단계 자유무역지역 142만 9,000㎡가 조성되어 운영 중이며, 이어 2020년까지 2단계 항만배후단지 416만 5,000㎡를 조성할 예정이다. 이와 함께 효율적 물류 활동을 위해 배후에는 경기 포승지구, 고대지구, 부곡지구 등으로 하는 아산국가산업단지, 반월특수지역(반월지구) 등 13개의 국가산업단지와 신평일반산단, 진위일반산단, 오성일반산단 등 183개의 지방산업단지가 인접해 앞으로도 발전 가능성이 무궁무진하다. 최근에는 주한미군기지 이전, 삼성전자, LG전자 등 미래를 책임지는 글로벌 기업들이 들어섰다. 다만 베트남 등 동남아 신규 항로 개설을 통한 항로 다변화 구축이 과제로 꼽힌다.

대중국 수출의 전진기지, 새만금 신항

새만금 신항은 중국 수출입 거점항만으로써 전라북도가 대중국 수출의 전진 첨단산업기지로 동북아 경제 중심 도시로 발전하는 관문 역할을 수행하게 될 것으로 기대되고 있다. 새만금 2호 방조제(군산 신시도~비안도 구간) 전면 해상에 신항이 건설되면 중국의 일대일로 전략의 중심지로 떠오르는 연운항과는 580㎞로 경쟁 항구인 부산항의 906㎞와는 326㎞, 광양항의 767㎞와는 187㎞나 짧다. 또한 신항의 선박 정박지 수심이 17m로 인천항 15m, 부산항 16m, 광양항 10m, 목포항 12.5m 등에 비해 깊어 10만 톤급 이상의 대형 선박 입출항이 가능하게 되는 장점을 지니게 된다. 현재 추진되고 있는 1단계 사업은 오는 2023년까지 부두 시설 4선석(총 18선석), 방파제 3.1㎞(총 3.5㎞), 호안 7.3㎞(총 15.3㎞), 부지 조성 118만㎡(총 308만㎡) 등으로 이뤄진다. 신항만은 새만금 내 국내 · 외 기업 투자 유치와 입주 기업의 경쟁력 확보를 위해 오는 2023년까지 1단계 사업이 완공되어야 한다.

환황해권시대 신항만 등 새만금 내륙 물류 수송 체계 구축을 위해 신항만과 새만금~전주 고속도로, 동서 · 남북도로와 연계한 철도망이 조기 구축될 것으로 보인다. 새만금항 인입철도 건설은 한중 자유무역협정 산업단지를 중심으로 철도 화물 수송 체계를 구축하기 위한 제3차 국가철도망 구축 사업으로 새만금항과 군산~대야 간 43.1㎞를 연결하게 된다. 이 철도가 건설되면 물류 수송 체계가 마련되어 그동안 부진한 새만금산단 투자 유치는 물론, 국제협력용지 · 관광레저용지 등에 관광객이 증가할 것으로 기대된다.

03 떠오르는 서남해안의 주목할 부동산

서해남북평화도로를 따라 날아오르는 송도, 청라, 영종

2003년, 블랙홀처럼 세계의 자본 · 기술을 끌어들이며 추격해오는 중국과 기술력 격차를 벌이며 달아나고 있는 일본 사이에서 대한민국 경제를 견인할 신성장동력을 발굴하고자 '선택과 집중' 전략으로 인천경제자유구역(IFEZ, Incheon Free Economic Zone)을 지정했다. 이는 송도(53.36㎢), 청라(17.81㎢), 영종(51.25㎢)에 총 47조 원을 투자한 어마어마한 국가 프로젝트로 우리나라 제1호 경제자유구역이다. 이후 16년, 초기 부진한 투자를 딛고 현재는 약 90%의 개발 진척을 이루고 있다. 향후 상하이, 홍콩, 싱가포르와 경쟁할 세계 최고의 글로벌 도시를 목표로 성장 중이다. 서울 · 수도권의 관문인 인천국제공항과 인천항을 안고 있는 인천경제자유구역은 청라~영종을 연결할 제3연륙교 건설사

송도, 청라, 영종 개발 계획 안내도

업, 인천공항~신도~강화도를 연결할 서해남북평화도로, GTX B노선(송도~마석) 등 굵직한 현안 사업들의 추진과 남북경협 훈풍에 따른 대북 창구로 더욱 가치를 높일 것으로 기대된다.

최첨단 IT · BT 비즈니스 국제도시 '송도국제도시'

인천지하철 1호선을 타고 인천대입구역에서 내리면 지상 68층에 305m 높이를 자랑하는 송도의 랜드마크 동북아무역타워가 우뚝 서서 국제도시의 위상을 보여준다. 555m의 롯데월드타워에 이어 우리나라 두 번째 최고층 빌딩이다. 2020년까지 인구 20만 6,000명의 최첨단 IT · BT 비즈니스 국제도시를 목표로 한 송도는 그동안 눈부신 발전을 거듭해왔다. 송도 바이오산업에 씨앗을 뿌린 셀트리온 외 얀센백신, 아이센스, 케이디코퍼레이션, 이원생명과학연구원, 다이후쿠코리아, 엔바이로테크놀로지 등의 기업이 입주하여 세계 최대 바이오 의약품 생산 도시가 되었고, 명문 대학 공동캠퍼스 '인천글로벌캠퍼스'는 동북아 최고의 글로벌 교육 허브로 성장하고 있다. 이곳에는 연세대학교 국제캠퍼스, 인천대학교, 겐트대학교 글로벌캠퍼스, 한국뉴욕주립대학교, 한국조지메이슨대학교, 유타대학교 아시아캠퍼스, 세계 최고의 패션스쿨 FIT(Fashion Institute of Technology) 등 명문대가 들어서 있으며, 인천 8학군 중 하나인 명문학군이 형성되어 있다. 4차 산업혁명에 대응해 로봇 선두 기업인 (주)유진로봇과 함께 지능형 로봇 제조 및 연구시설을 건립했고, 미국 앰코테크놀로지코리아(주)의 차세대 반도체 패키징과 테스팅 제조 및 R&D센터가 2020년까지 들어올 예정이다. 스타필드, 롯데몰, 송도국제병원 등의 인프라를 갖추고 있는 송도는 향후에도 많은 개발 호재가 기다리고 있다. 가장 먼저 수원과 인천을 연결하는 제2수도권 외곽순환도로가 개통하였고, 송도~청량리~마석을 잇는 GTX B노선이 추진 예정이다. 생활 편의시설로는 송도신세계복합몰과 이랜드몰 등 대형 쇼핑몰이 2020년에 들어설 예정이다. 송도 내 호수와 수로를 연결하는 '워터프런트'가 곧 착공될 것인데 개발이 마무리되면 송도국제도시의 가치는 더욱 높아질 것이다.

인천공항 제3연륙교 건설로 도약을 꿈꾸는 '청라'

청라국제도시 개발 콘셉트는 유통 · 금융이다. 청라국제경제도시에 랜드마크로 자리 잡을 씨티타워는 세계에서 여섯 번째인 453m 높이로 건설될 예정이다. 2022년 완공되면 청라호수공원 중심부에 위치하여 남산서울타워, 개성, 서해의 조망이 가능한 타워로 연간 국내외 관광객 400만 명이 몰릴 것으로 예상된다. 국내 최대의 신세계그룹 복합쇼핑몰 스타필드청라가 서구 경서동 2블록 16만 5,000㎡ 부지에 건립된다. 당초 쇼핑몰 개념이었던 스타필드청라는 테마파크와 호텔 등을 갖추고 레저 및 엔터테인먼트를 추구하는 신개념 쇼핑몰로 개발 방향이 변경되었다. 인천공항에서 공항고속도로를 타고 나가다 인천공항대교를 건너면 바로 초입 부분에 들어설 예정인데 2021년 하반기에 준공되면 많은 관광객이 몰릴 것으로 기대하고 있다. 스타필드청라는 청라 시티타워와 함께 청라의 대표적인 랜드마크로 청라의 브랜드 가치를 극대화하고 4,000여 개의 일자리를 창출하는 등 지역경제 활성화에 크게 기여할 것이다.

하나금융타운 조성사업도 착착 진행 중이다. 2017년 6월 1단계 통합데이터센터가 준공했고, 2018년 10월 2단계 글로벌인재개발원 건립사업도 완료되었다. 2019년에는 3단계 사업으로 본사 · 금융지원센터 착공 등이 추진된다. 또 하나의 명물은 제4차 산업혁명에 맞춰 개장한 로봇랜드이다. 로봇산업 진흥과 드론 안전기술 전문인력 양성과 연구개발을 목적으로 설립된 청라 로봇랜드는 이미 많은 사람들의 관심을 끌고 있다. 거의 국제도시의 위용을 갖추고 있는 청라는 2017년 서울지하철 7호선 청라 연장선 시티타워역 건립과 인천공항 제3연륙교 건설 확정이라는 호재를 맞고 있다. 청라 시티타워와 연결되는 서울지하철 7호선으로 서울과 접근성이 더 높아졌고, 연륙교 건설로 인청공항과 접근성도 좋아진다.

대한민국 복합리조트의 메카 영종국제도시

인천국제공항과 아름다운 해양 환경을 중심으로 한 관광레저 복합도시 건설을 목표로 한 영종국제도시는 영종하늘도시, 미단시티, 용유·무의 문화관광레저 복합도시, 영종복합리조트로 개발되고 있다. 2018년 제2인천국제공항 개장으로 연간 6,000만 명 이상을 처리할 수 있는 명품 공항을 품게 되었다. 지하철 9호선 연장과 제3연륙교, 환서해안고속도로가 개통되면 이미 운행되고 있는 인천공항고속도로, 제2서해안고속도로, KTX 인천공항과 더불어 땅, 하늘, 바다를 모두 관통하는 사통팔달의 교통망을 가진 대한민국 복합리조트 산업의 메카가 될 전망이다. 파라다이스시티, 시저스 코리아, 인스파이어 등 3개의 복합리조트가 운영 또는 조성 중이기 때문이다. 우리나라 최초의 복합리조트 파라다이스시티는 2017년 4월 1단계 1차 시설에 이어 2018년 9월 1단계 2차 시설을 개장했다. 2단계 시설은 2022년 완공되어 본격 운영될 예정이다. 미단시티에 조성하는 복합리조트 시저스 코리아는 2017년 9월 착공했다. 인천국제공항 제3국제업무지구(IBC-III)에 들어서는 인스파이어 복합리조트는 실시 계획 변경을 거쳐 2019년 착공할 예정이다. 무의도의 자연환경과 어우러져 세계 최상위 수준의 레저·휴양 지향형 복합리조트로 개발하는 무의쏠레어 조성사업도 추진되고 있다.

인천국제공항 배후에 주거 · 산업 · 업무 · 관광기능의 복합도시로써 13만 명(53,533세대)이 거주하게 될 영종하늘도시는 여전히 투자 관심 지역으로 꼽힌다. e편한세상 33평형 아파트의 시세가 3억 3,000만 원을 유지하고 있는데, 가치가 올라갈 충분한 여력이 있는 것으로 평가받고 있다. 개발 초기부터 외국투자사 홍콩 화상(華商) 리포 리미티드(Lippo Limited)와 미국 코암(Koam)사 및 국내 기관, 건설, 금융사들이 사업에 참여하여 화제를 모았던 미단시티는 리포&시저스 카지노를 호텔, 쇼핑몰, 컨벤션센타, 엔터테인먼트, 국제헬스케어를 갖춘 세계적인 복합리조트를 목표로 건설하고 있다. 영종국제도시 북동쪽 예단포 일원 약 82만 평의 부지에 한국경제자유구역 최초로 국제공모를 통하여 추진되고 있으며 2020년 완공 목표이다.

수도권 광역급행철도(GTX) 남부 역세권

GTX는 지금껏 우리가 경험해 보지 못한 교통수단이다. 지금까지는 서울 도심으로 출퇴근 시 거대한 주차장으로 변하는 도로, 그 위를 더디게 달리는 만원버스와 승용차, 짧은 길도 돌아가는 만원 지하철 등 최소 1시간에서 1시간 30분이 걸렸다. 그러나 이제 서울 도심이 경기도권 어디에서도 30분 이내에 진입이 가능하게 된다. A노선의 파주 운정↔서울역 16분, 삼성↔동탄 18분, 파주 운정↔동탄 39분으로, B노선의 망우↔용산 10분, 송도↔용산이 24분으로, C노선의 의정부↔삼성 15분,

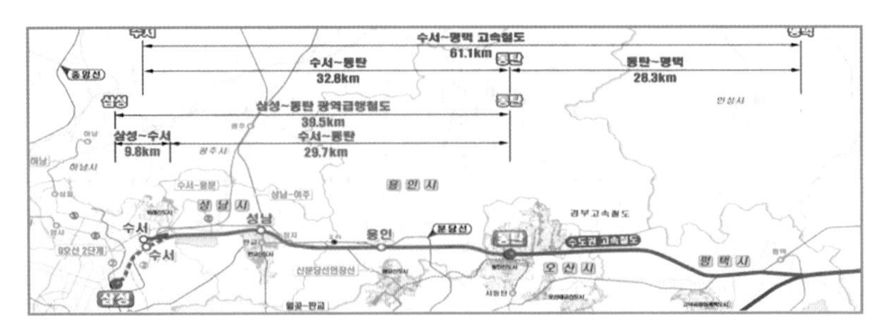

수도권 광역급행철도(GTX) 남부 역세권 노선도

삼성↔금정 15분으로 단축된다. GTX는 서울 도심 3개 거점역(서울, 청량리, 삼성)을 방사형으로 교차하는 3개 노선(211.3㎞)으로 건설된다. 표정 시속 100㎞, 최대 시속 200㎞로 지하 40~50m에 건설되어 시간, 비용, 편의성 이 세 가지 요소를 모두 충족시키는 새로운 수도권 교통수단이다. 한편 GTX 3개 노선은 경기도와 서울 · 수도권을 통과하여 북쪽 경의선, 경원선을 연결하도록 설계되어 있어 향후 남북경협의 효과도 극대화될 전망이다. 2017년 3월 A노선 삼성~동탄을 시작으로 B노선은 2020년, C노선은 2019년 각각 착공된다.

경기도 남부 최고의 교통 요지 동탄

2021년 가장 먼저 개통이 예정된 삼성~동탄 구간의 영향으로 동탄의 부동산은 벌써부터 요동치고 있다. 우리나라를 대표하는 글로벌 기업인 삼성전자, LG전자, 현대자동차가 주변에 있는 동탄은 이미 제2의 분당으로 불릴 만큼 뜨거운 곳이다. SRT, GTX, 인덕원선 트리플 역세권 확정과 트램 분당선 추가 연장 등 너무나 많은 대형 개발 호재들이

2021년부터 가시화되어 2023년쯤 거의 완료될 예정이다. 이미 개통된 SRT로 수서역까지는 14분이면 주파가 가능한데, 향후 삼성역을 18분에 진입하는 GTX(동탄~삼성역)가 2021년 12월 개통 예정이고, 경기 북부 파주 운정까지 40분이면 주파가 가능한 GTX A노선(동탄~파주)이 2023년 12월 완공 예정이다. 인덕원에서 연장 연결되는 4호선 복선전철은 2026년에 개통 예정이다. 뿐만 아니라 경부선상에서 서울 직통 고속도로 3개(경부고속도로, 용서고속도로, 제2경부고속도로)와 제2외곽순환고속도로가 예정되어 경기도 최대 교통 요지로 떠올랐다. 또한 롯데백화점, 롯데프리미엄 아울렛, 현대몰, 이케아 등의 편의시설과 화성 삼성전자 반도체는 향후 대규모 투자를 예고한 상태이고, 판교테크노밸리를 능가하는 동탄테크노밸리가 입주 기업을 모집 중이다. 서울과 세종시의 중간에 위치한 동탄은 이러한 호재로 경기 남부 안산, 오산, 수원, 평택, 용인 등의 인구를 빨아들이며 급성장하고 있는 상태이다.

GTX 역세권 용인플랫폼시티

GTX A노선 역세권 중 경기 북부에 덩그라니 놓인 대곡역과 비교되는 것이 용인역이다. 용인역은 분당선 구성역 옆 경부고속도로 지하에 설치될 예정으로 신갈IC 바로 앞 분당선 구성역 주변을 제외하고는 경부고속도로 서측 기흥구 보정동 · 마북동 · 신갈동 일원은 현재 농지나 유휴지로 비어 있는 상태이다. 그 규모가 자그마치 약 390만㎡로 판교의 5배에 달하는 넓은 지역이다. 판교-수지-죽전-신갈로 이어진 경부선 라인 개발을 기억하는 사람들이라면 단숨에 요지라는 것을 알아차릴 수 있다. 최근 용인시는 이곳에 대규모 첨단산업단지를 포함하여 상업, 문화, 복지, 행정, 주거 등의 복합 기능을 갖춘 'GTX 역세권 용인 플랫폼시티' 조성 계획을 발표했다. 2030년까지 GTX 역세권-마북 현대자동차 연구단지-죽전디지털밸리와 연계하고 첨단 의료관광 시설을 갖춘 인구 150만 명의 명품 용인시를 건설하겠다는 야심찬 계획이다. 경부고속도로와 인접한 지리적 이점을 활용하여 전국에서 서울로 상경하는 고속버스가 GTX · 분당선으로 환승할 수 있는 복합환승센터 조성이 핵심 사업이다. 향후 첨단IT · BT 사업단지가 조성되면 동탄, 기흥, 신갈, 죽전과 함께 수도권 남부 지역 경제에 새로운 활력을 불어넣을 것으로 기대된다.

유라시아 이니셔티브, 서해선 복선전철 역세권

2020년까지 100조 원을 투자하는 삼성전자 반도체, 60조 원을 투자하여 'LG디지털파크'를 짓고 있는 LG전자가 있는 평택을 중심으로 위로는 광명 · 시흥 지역의 첨단산업 연구단지, 화성 송산그린시티 안에 국제테마파크가 추진 중이고, 아래로는 현대제철 · 동국제강 등이 입주한 당진철강산업단지, 서산테크노밸리, 군산 새만금산업단지가 줄줄이 들어서고 있다. 이쯤 되면 그동안 경부(京釜) 라인을 중심으로 이뤄졌던 국토 개발축이 서해안축으로 이동했다고 해도 과언이 아니다. '대(對)중국 전초기지'로써 서해안 시대를 열게 한 초기 동력이 서해안고속도로였다면 향후 북한을 넘어 중국과 러시아로 뻗어가는 유라시아 경제권이니셔티브의 한 축을 꿈꾸게 하는 동력은 단연 서해안선 복선전철이 될 것이다. 경기 송산~충남 홍성 간 90㎞를 잇는 남북 종단 간선 철도망이 구축되면서 남쪽으로는 천안~온양온천 복선전철 및 장항선, 북쪽으로는 원시~소사선, 소사~대곡선을 거쳐 경의선까지 연결되어 북한을 지나 동북아를 잇는 환황해 초광역 철도로써 기능도 갖게 된다.

서해안 복선전철에는 새마을호보다는 빠르고 KTX보다는 조금 느린 시속 250㎞급 준고속철이 투입되어 여의도에서 홍성까지 장항선 · 경부선 노선으로 109분이 걸리던 시간이 서해선 · 신안산선을 이용하면 53분으로 단축된다. 충청권이 이른바 수도권화되면서 유동인구가 크게 늘어날 것이다. 고속화 전철로 설계되어 전체 노선 길이(약 90㎞)에 비해 역(송산~화성시청~향남~안중~인주~합덕~예산~홍성)은 8개만 만들어진다. 따라서 각 역마다 역세권의 역할이 커질 수밖에 없다. 2020년 서해안 복선전철 개통, 2019년 개통되는 수서~평택 간 SRT를 비롯해 부천 소사~안산 원시 복선전철, 신안산선 등이 2018년부터 차례로 개통되면 대규모 산업단지를 배후에 두고 있는 이들 지역의 부동산 시장은 자연히 들썩일 수밖에 없다. 어느 곳을 투자해도 크게 낭패 보지 않을 것이지만 상대적으로 호재가 많은 송산역, 안중역을 주목한다.

서해안 평화관광벨트 중심지를 꿈꾸는 송탄그린시티의 관문 송산역

송산역은 남쪽으로는 장항선과 연결되어 익산에서 전라 · 호남선과 직결되고 북쪽으로는 신안산선과 원시~소사~대곡 신설 노선을 통해 경의선에 직결되는 트리플역세권으로 화성시 송산면과 남양읍 일원의 시화호 남측에 조성되는 신도시 화성 송산그린시티의 유일한 전철역이다. 송산그린시티는 광명시, 오산시, 과천시 등 경기도에 조성된 일반 신도시보다 큰 1,689만 평의 면적에 2030년까지 계획 인구 15만 명(6만 세대)을 수용할 복합도시로 건설된다. 총 9조 원이 넘게 투입되는 초대형 프로젝트로 주거 기능 도심뿐 아니라 마린리조트(해양수족관, 숙박 휴양 단지, 보트 계류시설), 자동차 및 문화 테마파크(경기장, 레이싱 스쿨, 자동차 야영장, 숙박 휴양 단지), 골프장, 생태마을, 생태공원(습지생태공원, 조류 관찰지, 가족캠핑장), 생태체험파크(자연사박물관, 공룡전시장)가 들어설 예정이다. 특히, 송산그린시티 내 동쪽 화성시 남양읍 신외리 418만 9,000㎡ 부지에 유니버설 스튜디오 같은 테마파크와 워터파크, 상업시설, 골프장 등을 조성하는 화성 국제테마파크가 핵심 사업이다. 총 사업비 약 3조 원을 투입하여 일본 · 중국 · 싱가포르 등 아시아 주요 테마파크와 경쟁할 한국의 대표 리조트형 테마파크로 조성한다는 계획이다. 2021년 착공할 예정인 국제테마파크가 조성되면 1만여 명의 직접 고용 효과에 연간 1,500만 명의 관광객이 유치될 것으로 보인다. 이는 서해안 평화관광벨트 사업의 중심지로 지역경제에 상당한 시너지 효과가 있을 것이다.

1단계 동측지구(새솔동)는 2012년부터 본격적으로 개발을 시작하여 2019년 준공할 예정으로 공사가 진행 중이다. 시범단지, 공동주택용지(아파트, 연립, 임대 등), 중심상업용지/일반상업용지 등이 이미 분양을 마친 상태이다. 2단계 남측지구는 산업단지, 연구시설, 자동차 테마파크, 복합 아울렛, 송산역 환승센터가 계획되어 있다. 2017년 현재, 부지 조성 공사 중이며 7년 뒤에 완공할 예정이다. 3단계 서측지구는 계획 인구 12만 명으로 2024년 입주를 시작하여 2030년까지 완공할 예정이다. 마린리조트, 실버타운, 스포츠 콤플렉스, 에듀타운이 계획되어 있다. 송산역세권은 많은 호재로 아파트와 상업시설 투자에 관심을 가질 만하다. 다만, 토지 투자에는 신중할 필요가 있다. 송산역 인근 대다수가 그린벨트이기 때문이다.

서해안벨트의 중심 도시 평택 안중역

평택의 변화 속도는 전국에서 단연 눈에 띈다. 2000년 35만 9,000여 명의 인구는 2017년 47만 9,000여 명으로 증가했고, 2020년대에는 인구 100만 이상의 도시로 성장할 것으로 보인다. 이미 아시아 최대 규모의 삼성전자 생산단지가 가동을 시작했고, 향후 10년간 100조 원을 더 투자할 것이라는 발표는 평택을 설레게 했다. 또한 LG전자는 60조 원을 투자하여 진위면 가곡리 일원 101만 평에 LG디지털파크를 2018년까지 완공할 예정이고, 2019년 개항을 목표로 평택항 1, 2, 3 단계 확장 개발이 진행 중이다. 이미 잘 알려진 대로 미군기지가 이전하고, 평택호 관광단지 개발, 서해안 경제자유구역(포승국가산업단지) 건설로 부족한 주거시설을 공급하기 위해 6개 택지지구가 개발(송담, 포승, 인광, 한중, 현덕, 화양지구)되는 등 서해안벨트의 중심으로 위용을 갖춰가고 있다.

이런 호재 속에 평택 지역은 토지거래허가구역이 대대적으로 해제되면서 토지 거래도 활발하게 이뤄지고 있다. 국토교통부가 발표한 2017년 3분기 전국 지가변동률에 따르면, 평택시는 상승률 5.81%로 부산 해운대구(6.86%)에 이어 전국 2위를 나타냈다. 평택시 내에서도 팽성읍(10.76%), 고덕면(10.73%), 신대동과 지제동(7.23%)의 지가상승률이 높았다. 고덕면과 지제동은 고덕국제신도시가 조성되는 곳이고, 팽성읍과 신대동은 평택 미군기지 이전 지역과 가까운 곳이어서 급등한 것으로 분석된다. 고덕국제신도시와 평택항을 잇는 이화~삼계 도로 확장 · 포장 공사가 2021년 개통을 목표로 건설 중이며, 서해안벨트의 중심 도로 역할을 하게 될 제2서해안고속도로가 2019년 말 착공 예정이다. 여기에 시속 250㎞의 서해선 고속전철이 2020년 개통되어 사람과 돈이 모두 몰리는 평택에 초대형 복합 쇼핑몰인 스타필드안성 입점이 추진되면서 평택의 열기는 점점 뜨거워지고 있다.

원산도 해양관광 웰니스 단지

충남 태안과 보령, 서천을 잇는 서해안관광벨트의 중심에 자리 잡은 원산도 해양관광단지(보령 원산도 해양관광 웰니스 단지)가 투자선도지구로 선정되어 충남 최대 규모의 관광지로 개발될 예정이다. 이 사업은 2023년까지 충남 보령시 오천면 원산도리 일원에 96만 6,748㎡ 규모로 조성하는 관광단지이다. 휴양콘도미니엄, 물놀이공원(워터파크), 해안유원지(마리나), 자동차 야영장(오토캠핑장) 등을 포함한 복합 해양관광 리조트를 건설하게 된다.

보령시 원산도는 그동안 서해안관광벨트의 거점 유망지로 예상되었지만 국도 77호선 대천해수욕장~안면도 구간이 단절되어 있어 번번이 무산되었다. 워낙 대규모 투자가 요구되는 사업으로 다른 사업에 우선순위에서 밀렸기 때문이다. 그러나 원산도와 태안군 안면도를 잇는 연륙교(1.75㎞)가 2019년 말, 원산도와 보령시 대천항을 잇는 해저터널(6.9㎞)이 2021년 준공 예정으로 공사가 진행 중이다. 바다를 가로질러 대천해수욕장~원산도~안면도를 잇는 거대한 도로가 건설된다. 이번 투자선도지구 선정으로 국도 77호선 주변으로 투자 문의가 많아졌다. 그러나 도로 인프라 구축에도 불구하고 7,400억 원으로 추산하고 있는 민자유치 여부에 따라 개발사업의 성패가 달려 있다는 변수가 있다. 늘 대형 프로젝트에는 그만한 위험 요소가 도사리고 있음을 주지할 필요가 있다.

꿈의 도시 탄생을 준비하는 전라북도권

세계 최장 방조제(39㎞)에 건설되는 명품 도시

역설적이게도 지엠(GM) 군산공장과 현대중공업 군산조선소 폐쇄로 새만금 개발 속도는 빨라질 것이다. 문재인 정부의 최대 국책사업 중 하나인 새만금은 당진－군산－무안－대불을 잇는 서해안벨트의 중심이고, 태안－안면도－변산반도－신안 · 목포를 잇는 서남해안관광벨트의 중심으로써도 가치가 크기 때문이다. 또한 오는 2023년이면 세계 169개국에서 5만 명의 청소년이 모이는 '세계잼버리대회'가 새만금에서 개최된다. 이는 정치적인 면에서나 경제적인 면에서 모두 개발을 서둘러야 하는 필요성이 크다는 말이다. 그래서 도로와 철도, 항만과 공항 등 새만금 SOC 구축 사업이 속속 구체화되고 있다. 이를 방증하듯

2018년 10월 31일 문재인 대통령은 직접 새만금 '재생에너지 클러스터' 사업 선포식에 참석하여 힘을 실어 주었다. '재생에너지 클러스터' 조성 사업은 약 10조 원의 민간자본을 유치하여 2022년까지 세계 최대 규모인 3GW급 태양광 발전 단지와 2026년까지 1GW급 해상풍력 단지를 건설하는 사업으로 원자력 발전소 4기에 해당하는 대규모 친환경 재생에너지 사업이다. 이와 같은 대규모 재생에너지 단지 건설과 운영 과정에서 태양광이나 풍력과 관련된 제조기업, 연구기관, 실험기관 등이 차례로 모여들어 폭락했던 군산 지역의 부동산이 조금씩 살아날 것으로 기대된다.

새만금의 관문 대야역

새만금 관문으로 쿼드러플 역세권이 형성될 대야역 주변도 관심을 가질 만한 요지이다. 장항선 복선전철(천안~온양온천~대야, 2020년 개통), 군산선 복선전철(익산~대야, 2020년 개통), 군장산단 인입철도(군장산업단지~대야, 2020년 말 개통), 새만금 단선철도(새만금~대야, 2023년 개통)가 모

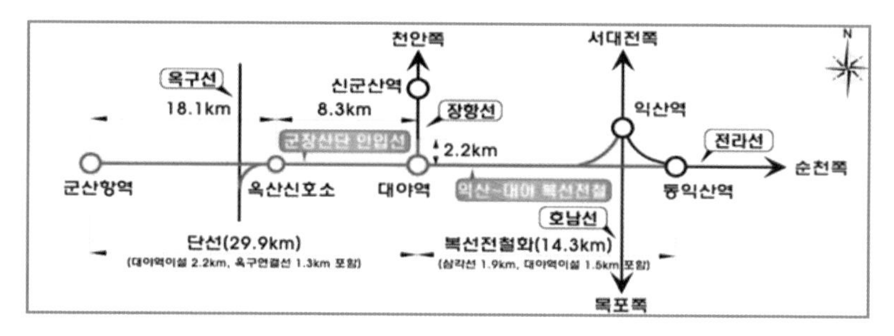

쿼드러플 역세권 대야역

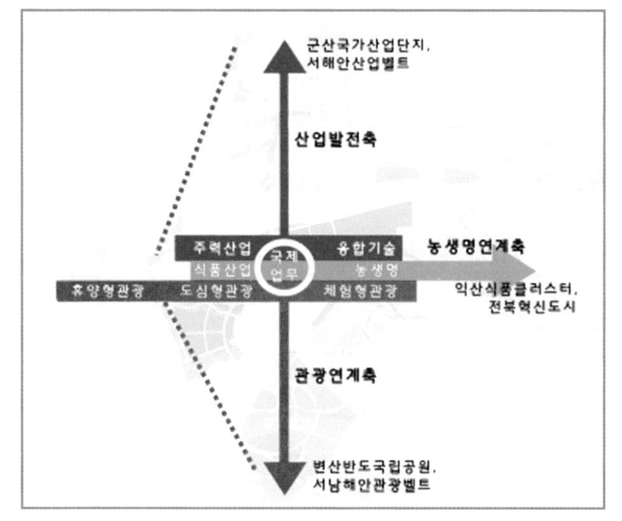

새만금 계획도

두 환승되거나 대야역을 지나쳐 가게 된다. 이 모든 철도가 완공되면 대야역은 고속철도망인 장항선~서해선~신안산선을 통해 서울 수도권과 연결되고 KTX 익산역과 연결되면 광주나 목포로 가는 것도 빨라진다.

- **새만금 동서남북도로 건설** 새만금 신항만과 새만금~전주고속도로를 잇는 총 연장 16.47㎞의 왕복 4차선 동서도로는 현재 건설 중으로 2020년에 완공된다. 남북도로는 부안군 하서면에서 군산시 오식도동을 잇는 총 연장 26.7㎞의 주간선도로로 2023년 완공을 목표로 현재 1단계 공사가 진행 중이다. 동서 · 남북도로는 새만금 내부 물류 교통망을 완성함으로써 민간 투자 유치 등 개발을 촉진하는 계기가 될 것이다. 2023 세계잼버리대회 이전에 완공할 계획이다.
- **새만금~전주고속도로** 새만금~전주고속도로는 총 연장 55.1㎞ 구

간을 30분 내외로 오갈 수 있는 왕복 4차로로 건설된다. 2014년 완공되면 서해안 · 호남 · 순천~완주 · 익산~포항고속도로 등과 연계 교통망 구축으로 새만금 개발 촉진은 물론 투자 유치 활성화에 기여할 것으로 기대된다.

- **새만금항 인입철도** 새만금항 인입철도는 철도 화물 수송 체계를 구축하기 위한 사업으로 제3차 국가철도망 구축 계획에 반영된 사업이다. 새만금항과 군산~대야 간 43.1㎞를 연결한다. 새만금항 인입철도가 건설되면 물류 수송 체계가 마련되어 새만금 산단 투자 유치는 물론, 국제협력용지 · 관광레저용지 등에 관광객이 증가할 것으로 기대된다.
- **새만금 국제공항** 새만금 국제공항은 한 · 중경협단지 조성 등 대중국 인력 · 관광 · 물류수송 확대와 글로벌 투자 중심지로 접근성 향상을 위해 거점공항의 필요성이 제기되어 새만금 기본계획에도 반영된 사업이다. 공항은 2018년 국토교통부의 항공 수요 조사가 마무리된 후 사전 타당성 검토 용역이 진행되고 있다. 공항이 없는 전북권의 숙원사업이긴 하나 지방 공항의 유휴 논란이 많은 상황에서 정상적인 추진이 될 수 있을지는 미지수이다.
- **새만금 신항만** 미래 수요에 대응하고 경쟁력을 확보하기 위해 중 · 대형 선박이 접안 가능하도록 신항만 부두 시설의 규모 확대와 부두 시설 재조정을 검토하고 있다. 신항만은 옌타이항 470㎞, 칭다오항 530㎞, 옌청항 620㎞, 상하이항 670㎞ 등 중국 주요 항구와 최적 거리에 위치한 지리적 이점과 25만 톤 이상이 접안 가능하도록 수심(15m 이상)이 깊다는 장점이 있다. 신항만은 새만금 내 국

내 · 외 기업 투자 유치와 입주 기업의 경쟁력 확보를 위해 오는 2023년까지 1단계 사업이 완공되어야 한다.

친환경 스마트 수변도시

새만금개발청은 이런 SOC 사업 계획과 함께 새만금에 베니스, 두바이와 같은 세계적인 수변도시를 건설하기 위해 2020년 착공한다고 발표하여 투자자의 관심을 끌고 있다. 새만금 공공주도 선도 사업으로 추진되는 '친환경 스마트 수변도시' 사업 부지는 새만금 신항이 들어설 제2갑문 앞에 그림처럼 떠 있는 선유도, 야미도, 신시도를 잇는 관광레저용지와 국제협력용지 6.6㎢ 지역이 대상이다. 방조제가 생기기 전에는 섬을 좋아하는 사람들의 로망이었던 고군산열도에 꿈의 도시가 생기는 셈이다. 아름다운 섬 사이로 인공 해변과 수상 호텔 등 다양한 문화 공간, 단독주택형 수변 주택단지, 인공 수로를 활용한 소호(SOHO) 지구 등이 있는 차별화된 명품 도시로 조성된다. 스마트 도시답게 신재생에너지단지와 연계한 에너지 자립형 도시로써 사물인터넷, 인공지능 등 첨단 기술이 주택, 건축, 교통, 에너지 등 도시 요소 전반에 집약되게 하는 친환경 도시로 개발된다.

아름다움과 이야기를 품고 있는 서남해안권

아름다운 서남해안 해양관광 거점 목포권

- **바다(sea)** 바다의 매력을 직접 체험 → 크루즈 및 요트관광
- **연안(coast)** 아름다운 경관과 온화한 기후 → 휴양 · 의료관광
- **섬(island)** 아름다운 경관과 정숙성 → 고급 휴양 주거지
- **생태계(ecosystem)** 생태계 보전과 관광의 결합 → 생태관광

목포권역은 다도해와 남해안을 아우르는 뛰어난 해양 · 문화의 독특한 자원을 보유하고 있지만 대중국 전초기지로 개발된 새만금권역과 세계적인 관광 명소인 제주도, 그리고 새롭게 부상한 광양항에 비해 산업적인 장점을 가지지 못했다. 그러나 바다, 산, 강, 섬이 모두 있는 천혜의 자연환경과 5,000년 역사의 인문학적 스토리를 내세워 해양레저 · 문화관광산업으로 특화한다면 서해안벨트의 남쪽 관문으로써 환황해권의 거대한 시장(중국, 일본)과 연계하여 발전할 수 있을 것이다. 서해안고속도로와 남해안고속도로의 개통으로 슬로시티형의 장기체류가 가능한 해양관광 · 미래산업의 최적지로 평가받고 있다. 그래서 '사람과 바다가 조화롭게 어울려 여유로운 삶이 만들어지는 도시' 건설을 목표로 추진되고 있는 솔라시도 기업도시 계획은 어느 때보다 호재로 꼽히고 있다. 음계 중 높은음 '솔, 라, 시, 도'를 본뜬 소리 값을 브랜드로 삼아 전라남도 영암군 삼호읍, 해남군 산이면 일원 33.91㎢에 관광레저 기업도시로 조성하고 있다. 계획 인구 3만 8,000명(1만 5,000세대)

해양관광과 미래산업으로 기대되는 전라남도 개발 계획도

의 아담한 규모로, 골프장, 신재생산업단지, 첨단농업단지, F1경주장, 테마파크 등을 2025년까지 완료할 예정이다. 이곳에 헬스케어 휴양단지나 은퇴자 마을 등을 조성한다면 투자자에게 관심을 받을 것이다.

국도 77번호선과 남해안철도

서남해의 섬과 해안선을 연결하는 국도 77호선(전라남도 개발 계획도 참조)은 목포 · 여수권역의 핵심 사업이다. 국도 77호선을 따라 자전거 전용도로 건설 및 생태관광벨트 조성사업, 남서해안권 조선산업 클러스터, 고흥 우주산업 클러스터와 팽목항 마린시티 조성사업, 압해도 송공항 연안 거점항 개발, 무안공항 항공 물류 및 수리업, 여수 외국인 전용 위락지구 조성, 여수박람회 연계 및 지원사업, 갤럭시 아일랜드 조성사업이 진행되었다. 또한 목포. 여수 등 국제 크루즈항 건설 및 배후도시 재생사업, 요트 관광 인프라 구축, 천문우주 테마파크 조성, 남도문화예술벨트 조성, 한방 및 차문화 헬스케어벨트 조성, 광양항 배후단지 조성 및 서비스 고도화 사업 등도 추진되었다.

목포와 여수를 잇는 남해안권역은 이미 뛰어난 경관과 함께 최고의 맛을 자랑하는 음식, 곳곳에 품고 있는 스토리와 풍성한 남도문화를 즐기려는 슬로우 체험 상품이 개발되어 관광객에게 인기가 많다. 신안－진도－해남－강진－장흥에는 땅끝마을, 다산초당, 장보고, 명량해전, 진도아리랑이, 보성－벌교－순천은 녹차, 낙안읍성, 순천만과 국제정원박람회장으로 민속 문화와 살아 있는 자연 생태관광을 즐길 수 있다. 여수－광양－하동－남해를 잇는 100리(40㎞) 길은 벚꽃, 매화, 녹차, 여수세계박람회와 향일암 등 이야기가 있는 '스토리텔링형 테마로드'로 각광을 받고 있다. 특히 여수는 세계박람회를 계기로 이순신대교와 돌산케이블카가 빛나는 '여수 밤바다'를 보기 위해 젊은이들이 몰려와 불야성을 이루고 있다.

4년 뒤 영광군 염산면과 무안군 해제면을 연결하는 칠산대교가 준공되면, 기암괴석 · 광활한 갯벌 · 불타는 석양이 만나 황홀한 풍경을 연출하는 서해안을 만날 수 있게 된다. 무안군 해제면에서는 신안 북부에 자리한 지도~증산과 연결되어 슬로시티를 걷고 싶은 사람들이 즐겨 찾고 있다. 목포 앞에 병풍처럼 늘어선 신안 중부권 5개 섬(자은, 암태, 팔금, 안좌, 자라)으로는 2018년 천사대교가 완공되어 새로운 명물이 되었다. 이로써 안좌도를 비롯한 일부 섬을 제외하고는 '섬들의 고향' 신안군의 아름다운 섬을 거의 다 볼 수 있다. 해남 땅끝마을에서 완도대교를 건너 신지대교 · 장보고대교 · 고금대교를 건너면 강진의 마량항에 도착한다. 청자 도요지가 지척인 마량은 청정 수산물과 놀토수산시장으로 유명하다.

국도 77호선의 매력은 여기서 끝나지 않는다. 향후 완도군 약산도~금당도~고흥군 거금도가 연결되면 보성~벌교를 거쳐 고흥 녹동까지 1시간 30분 이상 걸리던 시간이 15분으로 줄어들어 대한민국에서 가장 청정한 지역으로 남아 있는 고흥을 좀 더 편하게 만나 볼 수 있게 된다. 순천만을 사이에 두고 떨어져 있는 고흥반도와 여수반도를 잇는 공사는 현재 진행 중이다. 팔영대교~적금도~낭도~조발도~여천군 화양 구간이 완공되면 1시간 30분 걸리는 시간이 30분으로 줄게 된다. 여천군 화양면 백야도~개도~화태도~돌산 향일암 구간이 완공될 2019년에는 다도해 국립공원이 모두 연결되어 여수~남해(5㎞)만 연결되면 부산까지 바다 위를 달릴 수 있게 된다.

6장

초광역경제권의 부산과 동해안벨트

01

동북아 글로벌경제권의 주도권 기회

혁신과 개발이 가치를 높인다

동해안벨트를 표현하기에 가장 적절한 말은 혁신(革新)과 개발(開發), 이 두 단어일 것이다. 살아 있는 모든 생명체가 생로병사의 순환 구조를 가지듯 부동산도 개발→발전→성숙→쇠퇴로 순환한다. 투자의 타이밍은 당연히 개발과 발전 단계이다. 그렇다고 성숙 단계나 쇠퇴 상태에 있는 부동산이 더 이상 쓸모없다는 말은 아니다. 쇠퇴한 부동산이라 할지라도 재개발과 재건축, 혹은 재생을 통해 새로 태어나는데 재개발, 재건축이 1차적인 소생 방법이라면 조금 더 고차원적인 방법은 재생이다. 30년 된 낡은 아파트나 무질서한 달동네를 헐고 새로운 건축물을 짓는 것을 재개발과 재건축이라 하면, 도시 재생은 낡고 오래된 건물과 골목을 그대로 두고 그것들에게 역사와 사람 이야기를 입히는 것을 말한다. 서울 이태원의 해방촌이나 북촌, 안국동, 부산의 산복도로, 통영의 동피랑과 서피랑 등이 도시 재생으로 살아난 대표적인 곳들이다.

그런데 재건축이든 재개발이든 도시 재생이 성공하려면 도시경제가 살아 있어야 한다. 40~50년 전에는 경제를 일으키는 수단으로 단연 공장 건설이 주가 되었다. 그래서 공장을 세우기에 가장 적합한 곳에 산업단지를 만들어 경제를 성장시켰다. 앞서 살펴본 대로 제1차 국토개발종합계획은 이러한 전략에 따라 서울과 부산을 연결하는 경부고속도로를 건설하고 동남경제권에 국토 개발을 집중한 것이다. 이렇게 개발된 동남경제권은 대한민국 제2의 경제광역권으로 역할을 다해왔다. 울산의 석유화학 및 조선 · 자동차산업과 포항의 제철산업, 구미의 전자산업 등은 우리 산업 근대화의 선구자였다.

그런데 국가 발전의 초석이었던 경부축은 중국의 경제 성장에 따른 서해안축의 부상과 인공지능과 서비스 산업 중심의 제4차 산업혁명 도래와 함께 정체기에 접어든다. 20세기 가장 눈부신 발전을 이룩한 대한민국을 이끌어온 공업단지가 21세기인 지금은 역설적으로 애물단지가 될 형편에 몰린 셈이다. 늙은 산업군과 낡은 공장의 여파는 부산, 울산, 포항, 마산, 창원, 거제 등 1970~1990년대까지 대한민국 경제의 원동력이었던 도시들의 경제에 직격탄을 날렸다. 최근 10년간 지가상승률을 살펴보면 여실히 드러난다. 부산을 제외하고는 전국 최하위권에 이들 도시가 있다. 특히 거제시와 포항, 울산시의 지가상승률은 전국 평균의 1/2을 밑돌고 있다. 그렇다고 이들 도시에 인접한 거대 공장들을 재개발, 재건축하는 것은 불가능하다. 산업단지의 재생도 쉬운 처방이 아니다.

그래서 우리는 이곳을 대한민국 제2경제권에서 그치지 않고 동북아 해양 수도 부산이 중심이 되어 초광역경제권으로 향하는 혁신만이 경제 활성화를 위한 유일한 처방이라고 진단했다. 그 혁신의 첫째는 중국 등 후발주자의 추격을 뿌리칠 수 있는 고부가가치의 기술 혁신이 될 것이다. 주력산업인 철강, 석유화학, 자동차, 조선해양 등의 산업 고도화 기반을 마련하고, 신소재 · 부품 산업을 육성하여 신성장동력을 확보하는 것이다. 두 번째 혁신은 부산을 중심으로 한 융 · 복합 산업벨트의 산업구조 혁신이다. 이미 포항(철강), 울산(자동차, 석유화학, 조선해양)은 세계적인 기술 경쟁력을 보유하고 있다. 여기에 부산항의 세계적인 물류 인프라와 이들 지역 간 연계와 관련 연구 기반시설 강화를 통한 시너지를 극대화하는 구조 혁신이 절실하다. 세 번째 혁신은 환동해안 글로벌경제권을 선도할 미래 부가가치 산업을 창출하는 첨단 신소재 · 부품산업 및 R&D 기반 조성이다. 남북이 연결되어 일본 · 중국과 러시아를 비롯한 유라시아 경제권과 통합되면 시장 개방에 따른 국가 간 기술 경쟁은 격화될 것이다. 그러므로 산업 간 상생 협력 체계 및 연구→개발→생산의 선순환 체계 구축을 위한 공동 대응 전략도 필요하다. 네 번째 혁신은 글로벌 신재생에너지 시장 선점을 위한 신재생에너지 R&D 혁신이다. 러시아의 가스, 북한의 석탄을 비롯한 무한한 자원을 활용하여 경주 · 울진에 집적된 원전산업(에너지, 관련 부품 생산 · 수출 등)과 삼척의 LNG 인수 기지, 울산 동북아 오일허브를 연계한 에너지 벨트의 구축이 그것이다.

부산을 중심으로 한 초광역경제권인 동남경제권이 '혁신'에 초점을 맞춘 것이라면 남해안권과 동해안권은 '개발'에 초점을 맞췄다. 따라서 이 지역의 부동산을 살펴볼 필요가 있다. 개발은 마치 봉사가 눈을 뜨는 것에 비유할 수 있을 만큼 파격적인 효과가 있다. 맹지에 길이 뚫리면 어떻게 되는지 부동산 투자에 조금이라도 관심이 있는 사람이라면 그 가치를 짐작하는 데 어려움이 없을 것이다. 남해안권 개발의 핵심은 5장에서 살펴본 바와 같이 국도 77호선 연결에 있었다. 섬과 반도, 섬과 섬이 연결되면서 도시권과 멀었던 오지가 30분 이내로 가까워지고 1~2만 원대의 토지가 단숨에 20~30만 원대로 폭등하였다. 대천항~안면도를 해저터널로 연결하면서 가운데 있는 원산도는 일약 서해안의 해양관광 핵심 지역으로 떠올랐다. 새천년대교의 완공을 앞두고 있는 영광과 신안, 강진 마량과 연결된 완도의 거금도와 약산도, 여수~고흥 간을 연결하는 구간인 낭도, 적금도 등의 섬들이 대표적이다. 이처럼 목포~여수 · 순천~통영~거제로 이어지는 한려수도는 수려한 자연 · 청정해역이 개발로 인한 호재로 재평가 받으면서 제4차 국토종합계획으로 인한 가장 큰 수혜 지역으로 꼽힌다.

그 가운데에서도 '국제정원박람회'와 순천만 갈대숲을 연결하여 낙안읍성－선운사－매화마을로 이어지는 자연생태 · 문화관광의 메카로 떠오른 순천을 살펴보자. '살아있는 바다, 숨 쉬는 연안(The Living Ocean and Coast)'이라는 캐치프레이즈를 앞세워 해양박람회를 성공시키며 미항 여수는 밤바다의 낭만을 즐기려는 젊은이들의 핫플레이스가 되어 연 800만 명 이상의 관광객을 끌어 모은다. 김춘수, 박경리 등의 문인과 이순신 장군의 스토리를 품고 있으며 미술, 조각, 문학 등을 특화하여 동북아 글로벌 문화 · 예술의 메카로 자리 잡은 통영은 슬로라이프와 자연 생태의 힐링을 즐기려는 사람들의 발길이 이어지고 있다. 여기에 영상산업의 메카로 떠오른 부산의 부산국제영화제는 해운대와 광복동을 새롭게 바꿔 놓음으로써 해양도시를 일약 글로벌 문화도시로 탈바꿈시켰다. 이로써 부산이 미래 한반도 동남권 초광역 도시권의 중심이 될 가능성을 보여주고 있다.

이러한 성공을 경험으로 제5차 국토종합계획의 개발 방향은 남해안의 자연과 역사 · 문화 자원을 활용하여 시간과 돈의 여유가 있는 관광객을 유치할 수 있는 해양레포츠 클러스터의 조성(크루즈, 요트, 헬스케어 등)과 수려한 자연 · 청정해역을 바탕으로 외국인 관광단지 · 친환경 리조트 · 가족휴양단지 등 체류형 휴양 시설 개발에 집중될 것이다. 남해안의 국도 77호선이 개발의 축이었다면 동해안은 단연 동해선 철도 연결이 될 것이다. 기존의 국도 7호선에 의존하던 이곳에 동해중부선(울산~포항~삼척) 영덕~삼척 구간이 건설 중에 있고, 동해북부선(강릉~제진)은 곧 착공에 들어갈 예정이다.

철도가 건설되면 일반적으로 계획수립→건설→개통의 순으로 세 번에 걸쳐 부동산 가치를 끌어올린다고 한다. 동해선이 개통되면 동해안권의 3대 관광권역(설악 · 강릉권, 포항 · 경주권, 울산권)이 새롭게 활성화될 것이다. 설악 · 강릉권은 기존의 해양 · 산악 연계 관광 기반시설에 원산 · 금강산관광특구와 연계하여 남북 공동 국제 관광특구로 활성화될 것이다. 포항 · 경주권은 불국사, 첨성대 등 경주가 보유한 세계문화유산과 관광자원의 리모델링을 통해 역사와 문화가 융합된 동해안 관광의 거점으로 조성이 가능하다. 영일만항 국제여객터미널은 동해안 국제 크루즈 여행의 거점으로 성장할 가능성이 크다. 마지막으로 울산권은 산림 휴양과 요트, 스킨스쿠버 등의 해양레저가 결합된 관광 상품을 개발하여 웰빙과 연계 가능한 녹색 건강길이 각광 받을 것이다.

동해안벨트의 주요 전략과 개요

21세기 세계 경제는 국가주의를 넘어 글로벌 블록 경제 체제로 급변하고 있다. 세계 패권 경쟁으로 인한 트럼프발 무역전쟁으로 혼선이 빚어지고 있지만 경제 전쟁의 포성이 멈추면 다시 다자간 무역을 기반으로 한 블록경제권이 부상할 것이다. 글로벌 시각으로 보면 동해안은 유라시아 대륙의 극동과 태평양의 극서가 만나는 교차점으로 중국 · 러시아 · 남한 · 북한, 여기에 일본과 태평양 건너의 미국까지 포괄하는 역내 경제권의 요충지가 될 것이다. 블록경제권은 크게 두만강 삼각주를 핵심으로 한 북방경제권과 부 · 울 · 경(부산, 울산, 경남)을 중심으로 한 남방경제권이 연결되는 모양새가 될 것이다. 이에 따라 북방경제권의 핵심인 두만강 삼각주에는 중국이 동북3성의 전초기지로 훈춘을, 러시아가 극동 개발의 전진기지로 하산을, 북한이 일찌감치 동북아 관문으로써 나선경제특구를 집중 개발 중이었다. 그러나 우리는 북핵과 국제정세에 밀려 바다를 통해 간접적으로 참여하고 있었을 뿐이다.

태평양을 주 무대로 펼쳐진 동북아 남방경제권의 주도권은 그동안 일본의 독무대나 다름없었다. 대륙으로 가는 통로가 막혀 있는 상황에서 태평양을 유일한 대외 창구로 활용해야 했던 상황이라 어쩔 수 없는 현상이었다. 그러나 향후 남북 교류 · 협력이 확대되어 대륙으로 통하는 시베리아철도(TSR)와 아시안 하이웨이(AH1, AH6)가 구축되고 여기에 북극항로까지 개척되면 상황은 180도 달라진다. 육 · 해 · 공의 허브로써 동해안벨트는 동북아 글로벌경제권의 이니셔티브를 가질 수 있게 된다. 동해안벨트의 북쪽에 두만강 삼각주가 있다면 남쪽에는 부산이 있다. 부산에는 이미 세계적인 경쟁력을 가진 항만 시설과 공항, 그리고 철도 · 도로의 인프라가 구축되어 있다. 그러므로 대한민국의 태평양 관문 역할에서 벗어나 한반도 동남 초광역경제권의 중심 도시로써 기능을 갖춘다면 새로운 도약의 기회가 될 것이다.

이를 실현하기 위해서는 가장 먼저 동해선 철도와 동해고속도로 건설이 시급하다. 그리고 부산 신항, 울산항, 포항 영일만항, 동해 묵호항 등의 항만, 김해국제공항의 확장과 양양국제공항 등의 공항 수요에 대응하는 투자가 추진되어야 할 것이다. 이후에는 북한의 동해선 철도와 도로 건설, 원산항, 청진항, 나진항 등의 항만 시설, 갈마국제공항, 삼지연공항 등의 사회간접자본에 투자하여 환동해권의 이니셔티브를 확보할 사업들이 차질 없이 진행되어야 할 것이다. 이러한 전략이 전제되어 있는 한반도 신경제지도 구상에서 정부는 환동해안벨트를 '한반도의 동해안권과 중국 동북3성, 러시아 극동 지역을 연결하는 복합물류, 관광, 에너지(신재생), 농수산물, 자원 중심의 경제벨트를 구축하겠다'는 목표를 구체적으로 적시하고 있다. 즉, 남북은 금강산 · 설악산관광지구, 원산 · 단천, 청진 · 나선을 공동 개발하고, 동해를 중심으로 중국의 일대일로 및 중 · 몽 · 러 경제회랑 연계, 일본 서해안경제권과 협력을 적극 추진하겠다는 것이다. 이러한 목표를 달성하기 위해 제시된 8가지 전략은 다음과 같다.

첫째, 금강산 관광권 개발로 이미 성공적으로 진행되었던 금강산 관광을 재개하여 북한의 김정은이 역점을 두고 개발하고 있는 원산-마식령과 연계를 추진하여 중장기적으로는 금강산-원산-설악산-동해안을 국제적인 관광특구로 개발한다는 전략이다. 장기적으로는 서울~백두산이나 양양~백두산 직항로를 개설하여 백두산-개마고원을 잇는 관광사업을 추진하면 국제적인 관광산업으로 발전시킬 수 있을 것이다.

두 번째, 동북아 에너지 협력 사업을 추진하여 '동북아 슈퍼 그리드'(super-grid)를 구축한다는 전략이다. 저렴하고 풍부한 러시아 연해주 지역의 청정에너지를 북한 동해안을 관통하는 가스관으로 연결한다면 남한의 기술력으로 부족한 북한 전력망의 현대화를 이룰 수 있을 것이다. 또 남한은 저렴한 에너지를 바탕으로 산업 경쟁력을 향상시킬 수 있을 것이다. 이는 앞서 러시아의 신동방정책을 통해 살펴보았다.

세 번째, 단천-원산 지역의 자원을 공동 개발하고, 청진-나선 지역의 산업단지를 공동 개발한다는 전략이다. 이는 포항을 중심으로 한 남한의 제철산업과 울산 중공업의 시너지 효과를 극대화할 수 있을 것으로 기대한다.

네 번째로 두만강 유역의 국제자유경제도시 건설을 기반으로 한 환동해 '초국경 산업벨트 조성' 전략으로 나진-하산 물류사업, 나선-길림-훈춘 경제무역구와 연해주 지역 개발, 나아가서는 북극항로를 개척하고자 하는 전략이다.

다섯 번째로 '내륙철도망 연결' 전략으로 먼저, 단절된 철도 구간 연결부터 시작하여 경원, 평라선 고속철도 사업을 통해 환상형 한반도·동북아 고속철도를 완성하겠다는 전략이다.

여섯 번째로 해양자원 공동 이용을 주로 하는 해양 협력 전략이 있다. 러시아 극동의 농수산식품 관련 시범사업을 기반으로 북한의 함경남북도와 러시아 연해주, 중국 동북3성을 연계한 농수산 기지를 구축하겠다는 전략이다.

일곱 번째로 남북한 강원도(원산-속초), 함경남북도(함흥-청진)를 중심으로 일본의 서북쪽 니가타 등 연안 도시들과 연계하여 환경 및 관광 관련 제조업벨트를 조성한다는 전략이다.

마지막으로 동해안권을 권역별로 나누어 특화산업을 육성하겠다는 전략이 있다. 강원권에는 첨단소재, 환경과 건강, 관광산업을 전략적으로 육성하고, 대구 · 경북권은 자동차와 스마트기기를 전략적으로 육성하고, 부산 · 울산 · 경남권에는 해양관광, 항공산업, 에너지산업 등을 전략적으로 육성하고, 북한의 함경남북도는 남한의 동해안권과 연계하여 신재생에너지, 환경, 해양 관광산업 등을 육성하겠다는 전략이다.

이상과 같은 신경제지도 환동해안벨트의 구상은 한반도 정세 변화를 반영하여 역시 제5차 국토종합계획을 통해 구체적인 모습을 갖추게 될 것이다.

동해안벨트를 구축하고 있는 3개 권역은 다음과 같다.

- **부 · 울 · 경 광역경제권(부산, 울산, 경남)** 동북아 해양 수도 · 혁신 산업 거점

- 첨단시설과 장비를 갖춘 초대형 항만, 24시간 가동되는 국제 규모의 공항, 유라시아 대륙으로 뻗어가는 철도를 갖춘 트라이포트를 만들어 세계 물류의 메카로 육성.

- 양성자가속기, 부품 소재 연구단지 등 연구 개발 기능 강화로 미래 신성장동력 창출.
- 석유화학, 자동차, 조선, 항공우주, 바이오, 지능형 기계 등의 혁신 성장 동력과 힐링 휴양관광 집중 육성.

• **동해 중부권(경북, 포항)** 신생에너지 · 해양자원, 융 · 복합 산업 거점
- 철강 산업 등 기존 기간산업의 고도화와 연구 · 생산 기능이 복합된 산업벨트 구축으로 글로벌 경쟁력 강화.

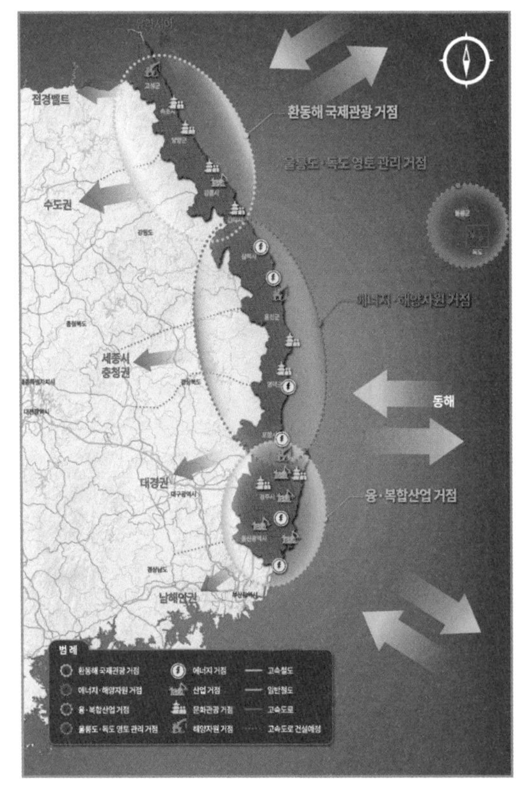

동해안권 계획안

- 기존 산업단지의 생태산업단지화를 통해 자원 순환형 친환경 산업단지 기능 강화.
- 원자력, 풍력, 수소연료전지 등 발달된 에너지 기반을 중심으로 한반도 에너지 산업 거점 지대화.
- 포스텍, 경북대학교, 한국해양과학기술원 동해연구소, 경북해양바이오산업연구원 등과 연계한 해양과학 및 자원 개발 기능 강화.

• **동해 북부권(강원)** 환동해 국제 관광 거점
- 동해안과 백두대간 등 우수한 자연생태자원과 관광 기반을 활용한 휴양 관광 중심지 구축.
- 청정한 해양 관광 자원과 해양 레포츠 기반 등을 바탕으로 해양 관광 산업 육성.
- 역사 · 문화자원과 자연자원을 결합한 융 · 복합 관광지대 조성.

부산과 동해안벨트의 지방 정부 구상

부산광역시의 구상

동북아 경제권이 세계 3대 경제권의 하나로 부상한 가운데 대륙과 해양을 잇는 동북아 해양 수도 부산의 위상을 굳건히 하기 위해 부산시는 '부산시 남북상생 교류협력 프로젝트'를 5대 전략 35개 사업으로 설정하고 적극 추진해 나가기로 했다. 그러면서 유라시아 물류 거점 조성(7

개 사업), 산업 육성 협력(13개 사업), 시민 공감대 확산(9개 사업), 민간단체 공동 협력(4개 사업), 국제사회 협력 동참(2개 사업) 등을 5대 전략사업으로 선정하였다. 부산은 한반도 신경제 구상과 함께 '동북아의 글로벌 물류 허브'로써 명실상부한 물류 트라이포트로 복합 운송 체계를 갖춘 세계적 물류도시를 설계하고 있다. 그동안 해양을 향한 항만 중심 단일 운송 체계로 성장해왔지만 남북 평화 시대가 열리면서 머지않아 부산에서 출발한 남북 종단 철도가 유라시아 대륙까지 뻗어 나가고, 극동 러시아 가스관이 부산까지 도달할 것으로 보고 있다. 따라서 엄청난 규모의 물자와 사람이 몰려올 것에 대비한 제반 인프라 구축에 나설 것이다.

우선, 부산 신항 배후에는 글로벌 해양 도시에 걸맞게 단순 하역 기능을 넘어 다양한 물류산업을 연계할 수 있는 항만 · 철도 · 도로 등의 인프라는 물론, 항만배후 복합물류단지인 경제자유구역(부산 진해), 국가 · 지방산단(녹산, 신호산단 등), 연구개발특구(국제 물류, 첨단 복합), 스마트시티 국가시범사업인 에코델타시티 등 우수한 물류체계를 구축 중이거나 이미 완료했다. 모든 사업이 완료되면 신항은 항만 · 철도 · 공항의 복합물류체계와 연계한 '글로벌 트라이포트 복합터미널' 구축과 항만, 물류, 제조업 등의 융 · 복합 클러스터가 구축된다. 여기에 글로벌 물류 허브의 핵심이 될 '국제 자유 물류 전용도시' 조성을 추진 중이다. 이를 통해 복합 물류 활동을 활성화하여 부가가치를 창출하고 부산 신항 등의 환석물량을 증가시켜 다시 부가가치를 창출하는 선순환 구조를 만들어 나갈 것이다. 이와 함께 물류 트라이포트로 복합 운송 체계의 완성을 위해서는 김해공항 확장안으로 결론이 난 동남권 관문공항 신설도 재검토할 것으로 예상된다. 김해공항의 확장만으로 늘어나는 동남경제권의 항공 수요를 감당하기에 무리가 있다는 것이 전문가들의 의견이다.

한편, 도심에 위치한 북항 일원은 기존 항만 재개발사업과 더불어 부산역 철도시설 재배치 및 자성대부두 재개발사업을 핵심으로 하는 북항 통합 개발 계획과 우암부두 주변 해양산업 클러스터 조성사업이 부산의 주요 프로젝트로 추진된다. 북항은 기존의 부산 도심과 연계하여 동북아 해양관광 및 금융 허브 거점지역으로 개발해 나가기 위한 부산시의 큰 그림이다. '동북아 해양 수도 부산'의 경쟁력을 확보하기 위해서는 전통 주력산업인 조선 · 해양 관련 산업의 고도화도 핵심 사업 중의 하나이다. 조선해양벨트의 중심인 영도 일원을 조선 기자재 메카로 만들기 위해 해양 ICT융합 클러스터를 조성하고, 자율 운항 선박에 대한 4차 산업혁명 기술 선점을 위해 무인 자율 주행 선박 시운전센터를 건설할 계획이다.

또한 한 · 일, 한 · 중, 동남아 및 미주와 구주항로 등 전 세계 530여 개의 운송 네트워크를 구축하고 있는 부산항은 남북 관계가 개선될 경우 북한과 중국 동북3성 물류의 환적에 최적 조건을 갖추고 있다. 이를 위한 부산 신항의 다목적 부두에 인트라 아시아 전용 부두를 개장하여 연근해 피더 선박의 안정적 운송 기반을 마련하였고, 향후 신항 서측 컨테이너 부두에도 피더 전용 2선석 개발을 계획하고 있다. 이로써 부산은 부산-중국 동북3성-극동 러시아의 북방 트라이앵글, 부산-나선-니가타의 남방 트라이앵글로 대표되는 환동해경제권 2개 거대 삼각지대의 기종점으로써 중심이 된다.

경상남도의 구상

경기도 수도권과 함께 대한민국 경제의 성장축이었던 경남은 최근 성장이 멈추면서 지역내총생산(GRDP)이 광역자치단체 가운데 4위로 떨어졌다. 경남은 이런 상황을 극복하기 위해 제조업과 혁신 산업을 결합하여 기존 제조업의 경쟁력을 강화하고 혁신 성장 산업을 집중적으로 육성한다. 기존의 중소 제조업과 정보통신기술(ICT)을 융합하여 스마트 공장, 스마트 산단을 확산하고 경남형 연구개발(R&D) 체계를 구축하여 제조업 경쟁력을 강화하겠다는 것이 큰 틀이다. 진주 · 사천을 중심으로 한 혁신도시 시즌2는 주목할 경남의 전략이다. 경남의 대표 산업인 항공우주, 바이오, 지능형 기계 등의 혁신을 통해 성장동력을 육성하는 것이다.

대륙과 해양이 시작되는 동북아의 관문으로 한반도 평화 시대를 맞아 변화에 대한 준비도 서두르고 있다. 낙후된 서부 경남의 핵심 인프라를 구축하고 국가 균형 발전을 위해 서부 경남 KTX를 국가재정사업으로 전환하여 조기 착공할 계획이다. 경남의 강점인 농수산업과 천혜의 자연환경을 활용한 산업과 관광도 한 단계 더 발전시킨다. 친환경 스마트 팜과 수산식품 거점 단지를 만들고 광역 단위 친환경 급식 지원센터를 만들어 지역 농산물과 연계한 순환형 경제 성장 모델로 발전시켜 나갈 계획이다. 한편, 지리산과 영남알프스, 전라남도, 부산과 연계한 남해안권 힐링 휴양관광벨트에도 집중 투자할 예정이다.

조선산업, 자동차산업 등 기간산업 부진으로 최악의 경제 위기를 겪고 있는 울산은 남북 교류 협력 테스크포스팀(TFT)을 출범하고 한반도 평화시대에 북한과 경제 협력을 '새로운 성장 엔진'으로 적극 활용한다는 전략을 마련했다. 울산은 이미 육로, 해로 등 물류 인프라가 잘 조성되어 북방 경제 거점이 될 조건을 갖추고 있다. 이를 바탕으로 울산과 유사한 산업 구조를 가지고 있는 동해안벨트의 북측 나진과 선봉, 단천, 원산 등과 경제 협력을 추진하고, 러시아 천연가스 도입에 대비하여 울산 신항에 LNG 비축기지와 인프라 조성 등을 구상하고 있다. 막대한 자원이 매장된 북한 함경남도 단천의 세계적인 아연광산을 온산제련 단지와 연결하고, 북한 최대의 화학과 중공업지구인 함흥, 나진과 물적 · 인적 교류를 확대할 예정이다. 또한 원산의 조선산업 단지와 울산의 조선 · 해양산업과 연계시켜 발전키겠다는 구상이다.

현재 동북아 오일허브 구축사업이 진행 중인 울산 신항에는 러시아의 천연가스를 비축할 LNG 벙커링 구축 사업도 동시에 진행할 예정이다. 한편 울산은 오는 2030년까지 풍력, 태양광 등 재생에너지 발전 비중을 7%에서 20%까지 끌어올리기 위해 재생에너지 발전 단지를 체계적으로 조성하는 데 총력을 다할 계획이다. 여기에 울산은 세계 최고 수준인 조선 · 해양플랜트산업 기반을 활용하여 부유식 해상풍력 산업을 제2의 조선산업으로 육성하겠다는 계획이다. 수주 부진으로 새로운 활력 모색이 시급한 조선 · 해양플랜트산업을 부흥시켜 일자리 창출과 지역경제 활성화 두 마리 토끼를 잡겠다는 구상이다. 수소에너지 사업은 울산이 가장 앞서 있는 사업이다. 현대자동차 울산공장에서 수소차가 생산되고 있으며 전국 수소의 70%가 울산에서 생산된다.

경상북도의 구상

경상북도는 남북경협 프로젝트에서 포항 영일만항을 환동해권 물류 중심 역할을 하도록 북방 물류 특화항만으로 육성하여 러시아 자루비노항과 중국 동북2성과 북한(나진)~포항을 잇는 해상 운송로를 구축한다는 구상을 밝혔다. 이와 함께 이미 개통된 동해중부선(포항~영덕)과 2020년 개통을 앞두고 있는 동해남부선(포항~울산) 복선전철, 동해북부선(제진~강릉)이 완공되어 동해선 철도가 시베리아 횡단철도(TSR)와 연결되면 물류비가 10~15% 절감될 것으로 본다. 그렇게 하면 포스코를 비롯한 지역 내 기업 경쟁력을 크게 향상시켜 경북의 새로운 성장 동력이 될 것으로 기대하고 있다.

러시아 블라디보스토크~나진~포항~후쿠오카~상하이를 연결하는 크루즈 노선을 개발한다면, 포항 영일만항은 중간 기착지로써 경주 보문, 감포, 호미곶 해맞이단지 등과 영덕 대게 등 해산물이 풍부한 환동해안벨트의 중추적인 해양관광 코스로써 각광을 받을 것이다. 이에 따라 포항 영일만항에 국제 여객부두 조성사업이 추진될 전망이다. 이렇게 되면 포항에서 출발하여 금강산과 백두산을 갈 수 있는 항만 루트와 관련 프로그램 개발도 적극 추진할 수 있게 된다.

2017년 11월 강진으로 큰 타격을 입은 포항시로써는 남북경협으로 주어질 기회를 잘 살려야 한다. 그래서 포항시는 일찌감치 '북방경제의

선도도시 포항' 건설을 미래 비전으로 선포하고 환동해미래전략본부를 신설하여 대응하고 있다. 한·러 지방협력 사무국을 설치하고 크루즈 기항 유치 및 페리 정기항로 개설, 러시아 극동연방대학교와 포항공과대학교 협력 '국제 의료센터(바이오 허브 센터) 건립, 미래 신성장산업을 책임질 연구 중심 의과대학 설립 등 향후 남북 관계 개선과 UN 대북제재에 따른 조기성과 도출을 위해 노력하고 있다.

강원도의 구상

가장 넓은 남북 접경지역을 갖고 있는 강원도는 남북 간 정세 변화에 따라 사회·경제·문화에 걸쳐 직접적인 영향을 받는다. 강원도는 2008년 7월 관광객 피격 사건으로 장기간 중단된 금강산 관광업에 종사한 주민들이 삶의 터전을 잃는 등 직격탄을 맞았다. 특히, 금강산으로 가는 길목인 고성군의 경제 손실은 월 평균 32억 원, 총 손실은 3,456억 원에 휴·폐업 업소는 400여 곳에 달한 것으로 집계되었다. 그래서 이번 남북정상회담으로 금강산 관광 재개에 가장 큰 관심을 쏟고 있다. 다행히 지난 9월 평양회담에서 남측의 설악권 관광지구와 북측의 금강산 관광지구를 연계 개발하는 설악-금강 국제 관광 공동특구 조성에 합의하여 강원도는 남북 통합 초광역 관광 개발에 집중할 여건을 갖췄다. 국내·외 관광객이 자유롭게 출입하고, 관광기업들이 적극 투자할 수 있는 대북 경제제재 해제와 같은 국제 정세 여건과 국내의 법적·제도적 기반이 마련되면 강원도는 남북 교통 인프라 구축부터 우선 추진할 것이다.

속초와 제진을 연결하는 동해북부선 철도사업과 속초~제진 간 동해 고속도로 연장이 그것이다. 수도권과 1시간대 교통망 구축을 위한 춘천~속초 간 고속화 철도사업도 2024년까지 완공을 목표로 한다. 한편, 인천국제공항에 집중되어 있는 항공 수요도 양양국제공항이 대체할 수 있다. 민간이 이용할 수 있도록 국제공항으로 탈바꿈한 북한의 원산 갈마비행장과 가장 지척에 있기 때문이다. 블라디보스토크와 연결된 크루즈 항로를 가지고 있는 속초와 동해항을 중심으로 원산항과 연결하는 항로 개설도 추진될 것이다. 설악–금강 국제 관광 공동특구 개발과 함께 강원도는 삼척 LNG 기지를 중심으로 '동북아 에너지벨트 사업'의 주도권을 갖기 위한 사업에도 박차를 가하고 있다.

02

부산과 동해안벨트의 부동산 신경제지도

제2 도시에서 광역경제권의 핵심 도시로

LA, 오사카, 상하이, 부산의 공통점은? 그렇다. 각국 제2의 도시들이다. 그러나 부산은 이들 도시와 다른 점이 있다. 태평양 연안의 중심 도시 LA는 미국 제2 도시이면서 할리우드와 IT산업을 앞세워 뉴욕과는 개성이 뚜렷하게 다른 서부경제권 핵심 도시이다. 오사카는 아예 간사이(關西)라는 공항 이름에서 도시의 정체성을 뚜렷하게 보여주고 있다. 동경이 일본의 수도이자 동부를 대표하는 도시라면 오사카는 일본 서부의 관문으로 고베, 교토, 나라 등의 도시를 거느리고 동아시아에서도 손꼽히는 독자적인 경제권을 형성하고 있다. 중국의 경제 수도라 불리는 상하이는 굳이 설명하지 않아도 될 만큼 그 위상이 절대적이다.

이에 비하면 부산은 매력적인 해양 도시로 태평양 관문이자 수출 전진기지로써 세계적인 경쟁력을 갖춘 항만과 막강한 산업단지를 가지고 주변 도시들을 거느리고 있으면서도 독자적인 경제권을 가지고 있지 못한 상황이다. 현재, 울산 120만 명, 마 · 창 · 진(마산, 창원, 진해) 110만 명, 김해, 양산, 거제 110만 명 등 부산을 포함, 인접한 도시의 인구를 모두 합하면 800만 명에 이른다. 2,300만 명이 넘는 서울 · 수도권에 비하면 1/3 수준이지만 아시아의 진주라 불리는 싱가포르보다 더 많고 유럽의 강국 네덜란드보다 많은 인구이다.

그런데 1970~1980년대 국내 제조업 및 수출 중심지였던 부산이 더 이상 발전하지 못한 이유는 무엇일까? 1980년대 이후 바다와 산으로 둘러싸인 지리적인 약점과 도심 성장 억제 정책 등으로 대규모 제조업을 주변 도시로 이전하면서 공백이 생겼고, 이를 메워 줄 생산 동력원을 상실한 데서 찾을 수 있다. 고부가가치 서비스업과 테크노밸리와 같은 첨단도시형 산업단지처럼 자체 생산 기능을 조성하지도 못했거니와 광역경제권의 중심지 기능인 행정, 국제 금융, 유통, 문화 등 핵심 오피스 기능을 갖추지 못했기 때문이다. 그 결과 지역 내 유수한 기업들은 본사와 주요 기능을 서울로 이전했고, 이에 따라 지역의 고급 인재 유출이 심화되는 악순환이 계속된 것이다.

이러한 문제점을 충분히 인식한 부산은 남북경협의 기회를 대륙과 해양을 잇는 동북아 해양수도이자 초광역 경제권의 핵심 도시로 성장하고자 하는 계기로 만들고자 한다. 바다를 접하며 길게 뻗어 있는 부산의 도시 발전 전략은 의외로 단순하다. 부산항과 부산역을 중심으로 서면까지 형성되어 있는 구도심권, 센텀시티와 해운대 신도시로부터 울산광역시로 연결되는 동부산권, 부산 신항과 김해공항을 연계한 육

· 해 · 공 복합물류 기능으로 발전할 서부산권의 3개 권역이다. 먼저, 도심권은 북항의 재개발과 도심 철도 시설과 차량기지 이전이 핵심 사업이다. 1970~1980년대 대한민국 수출의 전진기지 역할을 했던 부산항과 부산역을 중심으로 한 항만과 철도가 현재는 도시의 발전을 가로막고 있다. 이 지역을 재개발하여 이전하고 그곳에는 해양 산업과 항만 물류 지원을 위한 금융 시설, 국제 수산 물류 · 무역 기지 등을 조성한다는 계획이다. 이미 센텀시티와 해운대를 개발하여 부산 발전을 주도해온 동부산권에는 잘 갖춰진 인프라를 활용하여 금융 · 정보통신(ICT) · 복합전시(MICE) 등 첨단산업을 조성하고, 달맞이고개로부터 기장읍으로 이어지는 해안 풍광을 기반으로 한 대형 관광단지를 개발하고 있다. 마 · 창 · 진과 인접한 부산 신항과 국제공항 기능으로 확장이 결정된 김해공항을 가진 서부산권은 동부 경남권과 연계하여 유라시아 복합 물류 거점으로 개발하고 있다. 마치 인천국제공항을 중심으로 인천 신항과 배후도시인 송도, 청라, 영종 국제도시가 개발되었듯이 명지 국제도시, 에코델타시티, 신항만 물류 배후단지, 부산 과학 산업 단지(첨단 산업, 연구 개발) 등이 조성되고 있다.

여기에 인접한 경남은 진해경제자유구역을 중심으로 동북아의 물동량을 선점하여 부가가치를 높일 수 있는 비즈니스 거점화에 발 빠르게 대응하고 있다. 특히, 향후 부산-나진-훈춘 · 블라디보스토크를 경유할 동북아 물류의 선점은 지역 경제뿐만 아니라 동북아 글로벌 경제권의 주도권을 좌우할 중요한 요소이다. 이와 같은 부산의 3대 권역 발전 전략을 추동할 교통망은 4가지로 요약할 수 있다. 유라시아 관문의 국제 복합 교통망 및 고속 교통 체계 구축, 도심권 철도 · 도로의 지하화,

3대 권역을 고속으로 연결할 도시순환고속도로 확충, 그리고 울산광역시와 마 · 창 · 진을 광역권으로 묶을 광역고속철도가 그것이다.

유라시아 관문의 국제 복합 교통망 및 고속 교통 체계 구축

"북경 출장을 떠나는 국제선 KTX 열차가 부산역을 빠져나올 즈음, 떠오르는 아침 햇살이 이제 막 북항의 고층빌딩 아래에서 올라오고 있다. 당일 출장이라 마음이 바쁘지만 왕복 12시간이면 충분해 북경오리에 술 한 잔 못하는 아쉬움만 떨치면 2~3시간 일보고 오는 데는 무리가 없다. 같은 시각 친구는 북항에서 원산~블라디보스토크~북해도~니카타를 돌아오는 크루즈를 탄다고 자랑하고 있다. 조선업에 종사하는 나와 달리 그 친구는 북항 재개발로 새롭게 조성된 국제금융센터에서 무역금융을 담당하면서 여유가 생겼다. 한편, 대한민국 최초의 스마트시티로 조성된 을숙도 에코델타시티에 살고 있는 친구는 요새 얼굴 보기가 힘들다. 북항 신항 관제센터에 근무하는 그는 밀려드는 환적 컨테이너로 눈코 뜰 새가 없다. 세계의 성장 엔진으로 떠오른 인도에서 북한 나진항과 러시아 자루비노항으로 가는 물동량이 무섭게 늘었기 때문이다. 이제 부산은 유라시아 대륙의 동쪽, 태평양 서쪽에서 가장 무섭게 성장하고 있는 글로벌 도시가 되었다. 싱가포르와 홍콩에서 부산의 발전 모델을 배우기 위해 모여드는 사람들로 해운대 호텔들은 평일에도 빈 방을 구하기 힘들다."

우리는 이런 상상의 나래를 펴며 많은 변수에도 불구하고 앞으로 10년 후면 가능한 시나리오라고 기대했다. 구체적으로 말하기에는 역부족이지만 뭔지 모를 거대한 흐름이 한반도로 모여들고 있다는 느낌이다. 세상의 중심이라고 자부했던 청나라가 서구 열강에 굴복하고, 왜라고 깔봤던 일본에 병합 당한 조선이 세계만방에 독립을 외쳤던 1919년 3월 1일을 생각하면 격세지감이다. 중국은 G2 국가로 성장하여 미국과 경쟁 중이고 일본이 아직 세계 3위의 경제력을 자랑하지만 대한민국도 세계 12위의 막강한 국력을 갖게 되었다. 이미 유럽 경제권을 능가한 동북아 경제권은 구미 경제권에 맞먹는 규모가 되었다. 유럽이 100년 전 동북아를 집어 삼키기 위해 몰려왔다면 지금 유럽은 동북아와 협력하기 위해서 달려오고 있다.

그 중심에 한반도가 있고, 그 꼭짓점에 부산이 있다. 한반도종단철도(TKR)와 아시안 하이웨이(Asian Highway)의 시종착지로써 부산은 이런 시대적, 지리적 기회를 살리려고 많은 준비를 하고 있다. 부산발 유럽행 열차는 한반도종단철도로 평양~신의주, 원산~나진을 경유하게 될 텐데 이 운행에 대비한 부산 도심 철도 재배치 사업이 계획되어 추진된다. 현재의 부산역은 국제선을 포함한 KTX 전용역으로, 광역철도를 포함한 일반열차는 부전역으로 재배치된다. 부전역에서는 경전선 선로로 연결될 김해국제공항 KTX와도 환승하게 된다. 국제공항으로 확대하게 될 김해공항에서는 밀양~대구로 이어지는 KTX 노선도 신설되고, 동해남부선 복선전철이 완공되면 울산과도 직결되는 고속열차가 투입될 계획이다. 국제 물류의 경쟁력을 높이기 위해서는 고속도로망의 보완도 필수적이다. 먼저 구도심과 해운대 등 동부산 신도시와 동서축 부산외곽순환고속도로인 기장JCT~진영JCT를 연결하는 47㎞ 구간의 공사가 한창 진행 중이다. 부산 신항과 국제물류도시의 원활한 교통을 위해서는

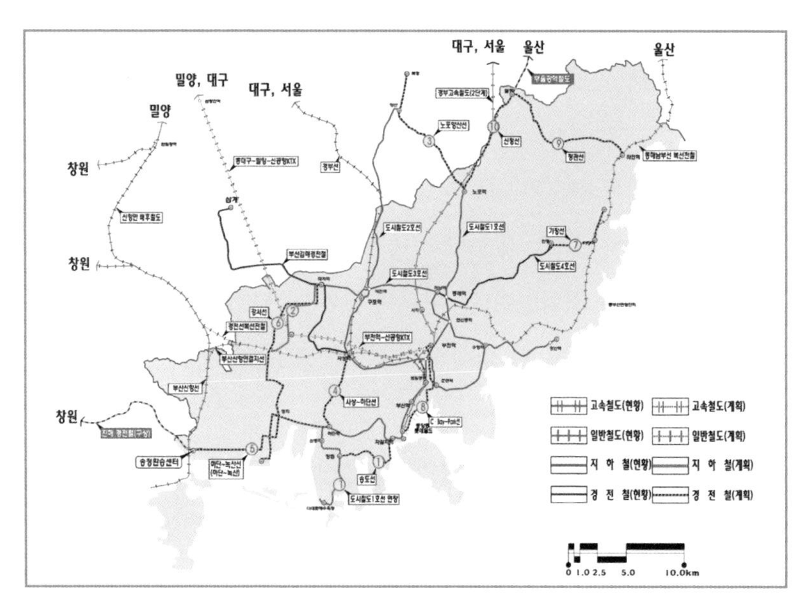

부산 광역 철도망 계획도

신항 제1배후 우회고속도로(김해JCT~송정JCT)와 신항 제2배후도로(신항~진례JCT), 그리고 중앙고속도로 지선(동김해~대동JCT~양산JCT) 구간이 신설되어 공사 중이거나 곧 착공될 것이다. 한·북·중·러 물류 루트 활성화에 육·해·공 복합 교통망 체계가 마련되고 있는 것이다.

도심권 철도·도로의 지하화

남해2지선 고속도로를 타고 낙동대교를 넘어오면 부산 도심으로 직접 연결되는 동서고가도로를 만나게 된다. 이 도로는 부산의 최고 번화가인 서면을 앞에 두고 오른쪽으로 크게 돌아 문현동을 거쳐 광안대로로 이어지는데, 도심인 서면 근처 동서고가도로에서 아래로 내려다보면 철로가 얽히고설킨 커다란 공간이 두 군데 나타난다. 도심 한복판을 떡 하니 차지하고 있는 이곳이 바로 가야 철도 차량기지와 범천 차량정비단(부산진구 75만 4,000㎡)이다. 이곳을 지나 부산역으로 가면 부산역과 부산 북항 사이를 철도가 가로막고 있는 것을 볼 수 있다. 그 규모가 자그마치 29만㎡에 달하는데 북항이 재개발되어도 도심을 가로막는 요소로 개발에 심각한 걸림돌이 될 수밖에 없다. 국가 발전의 동맥이 되어온 경부선 철도가 100년을 맞이하지만 도심을 4등분 하고 있어 도시 발전에 장애 요소가 되고 말았다.

이곳뿐만 아니다. 가야선 차량기지 초입에서부터 경부 · 우암선 합류점, 항만삼거리 등 총 4.3㎞와 현재 사용되지 않는 동해선 0.78㎞까지 포함하여 총 11만㎡ 가량의 부지 또한 지하화해야 할 도심 철도 부지이다. 경부선, 가야선, 부전선, 동해선, 우암선 등 난마처럼 지상 도심 복판을 지나고 있는 철도망을 해결하지 않고서는 낙후된 부산을 살리는 길은 요원하다. 부산 시민의 오랜 숙원사업이기도 한 부산 도심 철도 시설 이전 및 재배치 사업은 이번 남북경협의 기회를 맞아 국가사업으로 추진이 가능할 것으로 전망된다.

사업 계획은 현재 사용되고 있는 부산역을 KTX 전용역으로 일반열차는 부전역으로 각각 기능을 재배치하게 된다. 사상~범일 구간의 경부선 일부 선로를 이설하는 사업도 포함되어 있다. 부산진구와 동구 도심 지역을 가로지르는 철도 시설은 지하로 넣고 지상 공간은 상업시설 등 신성장동력 산업과 시민을 위한 공원과 광장 등 문화 시설을 조성할 개발 계획이 담겨 있다. 개발 구상이 계획대로 실천된다면 이 일대는 북항 개발과 함께 부산의 신성장축이 만들어지는 셈이다. 부산시는 이 사업을 연내 기본 계획 고시를 통해 사업을 확정하고, 해양수산부의 북항 개발과 통합 개발하는 방안을 제기한 상태이다. 구체적인 사업 내역은 다음과 같다.

부산역을 KTX 전용역 전환과 정거장 및 시설 변경, 부전역을 일반 철도 통합역으로 전환 운영, 부산진역 물류기지(CY)를 부산신항역으로 이전, 범천 차량정비단은 부산신항역으로 통합 이전, 경부선 이설(경부선 기능을 가야선으로 이전하고 냉정~범일 구간 약 5.6㎞ 궤도 철거) 등이다.

철도부지의 재생은 국내외를 막론하고 도시 재생의 모범 사례로 꼽

부산권 철도 시설 재배치 계획도

히고 있다. 대표적으로 서울 용산역과 가좌역 사이 6.3㎞를 지하화하여 지상에 10만㎡의 대규모 공원을 만든 '경의선 숲길'은 주변 상권의 활성화와 함께 도시의 품격을 높였다고 평가한다. 이를 계기로 서울시는 경부선(서울역~노량진역, 6.3㎞) 구간도 지하화할 계획이다.

부산광역시가 동북아 중심 도시에 걸맞은 도시 경쟁력을 확보하기 위해서는 도심 철도 이전 못지않게 도심 도로교통의 지하화로 지상 공간을 재창조하여 시민들에게 원활한 교통 서비스, 그리고 쾌적하고 편리한 보행 환경을 돌려주어야 한다. 특히 부산처럼 인구가 밀집한 도시에서는 도심 지하도로가 유력한 교통 대안으로 주목받는다. 이에 따라 부산시는 도심을 가로지르는 간선축 가운데 남북 1축, 동서 5축의 총 6개 축을 지하도로로 개발한다는 계획을 재수립했다. 도심 지하도로는 30~60m 깊이로 건설되는데 토지보상비가 거의 들지 않아 오히려 지상도로 건설보다 비용이 저렴하다.

동서 1축인 만덕~센텀 도시고속화도로는 북구 만덕동(만덕대로)에서 해운대구 재송동(수영강변도로)까지 9.55㎞를 최고 40m 깊이의 왕복 4차로로 연결한다. 지상으로 달리면 40분 이상 걸리던 구간이 10분으로 단축된다. 동서 5축인 사상구 감전동에서 해운대구 송정동까지 22.8㎞ 거리인 김해신공항고속도로가 지하화되면 1시간 20분 거리가 30분으로 줄어든다.

김해신공항고속도로는 2026년, 만덕~센텀 도시고속화도로는 2022년 완공을 목표로 하고 있다. 당초 중구 보수사거리가 종점이던 남북 1축은 영도(청학동)까지 추가 연장하여 영도 및 내부순환도로망과 접근체계를 개선할 예정이다. 이 도로 계획은 다음과 같다.

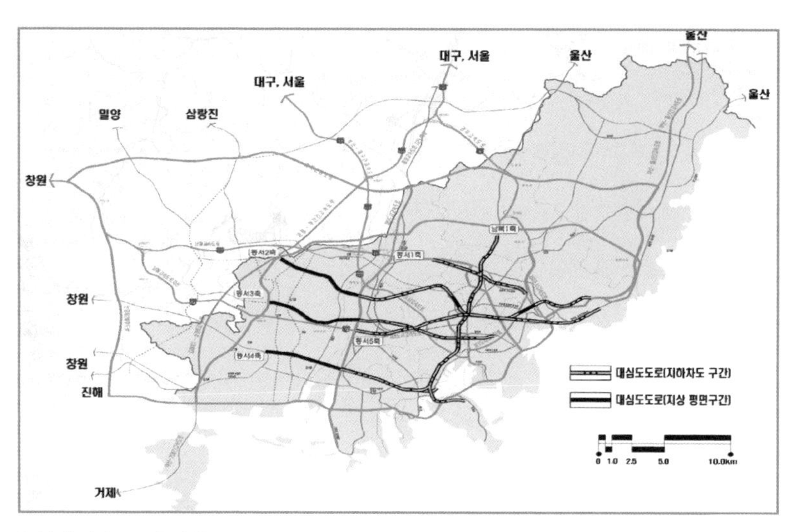

부산의 지하도로망 계획

부산의 지하도로 구간

노선명	시종점	연장(km)	차로	주요 기능	비고
남북 1축	영도 청학동~ 금정구 부곡초등학교	20.8 (19.7)	4	* 중앙로 대체 노선으로 교통량 분산 * 영도 및 내부순환도로 접근성 개선	
동서 1축	북구 만덕동~ 해운대구 재송동	7.7 (6.9)	4	* 만덕로 및 충렬로의 지체 해소 * 내부순환도로 구간	만덕~센텀 간 지하차도 민자 추진 중 (8.92㎞)
동서 2축	강서구 식만교차로~ 해운대구 장산교차로	28.1 (18)	4	* 낙동대교, 사상대교 및 구포대교 대체 노선 가능	식만~사상가 도로 포함 (대저대교)
동서 3축	강서구 봉림교차로~ 남구 황령교차로	19.4 (10.7)	4	* 사상 지역~도심 간 연결성 강화	가락~사상 간 도로 포함 (사상대교)
동서 4축	강서구 생곡~ 동구 북항	14.75 (7.3)	4	* 부산신항과 북항을 연계하여 낙동강 하구둑 교통량 분산	엄궁~생곡 간 도로 포함 (엄궁대교)
동서 5축	사상구 감전동~ 해운대구 중동	15.6 (15.6)	4	* 김해국제공항 교통수요 분산 및 해운대, 동부산 방면 연계 강화	

도시순환고속도로망

서울의 내부순환도로와 같은 기능을 담당할 부산내부순환도로(1차 순환도로, 부산 해안순환도로)가 2020년이면 전 구간 개통될 예정이다. 서울보다 산업 물류가 많은 부산은 도심을 거치지 않고 동 · 서부산권을 연결해 줄 이 도로가 '물류 동맥'이 될 것이다. 부산 신항에서 녹산 · 신호산업단지~을숙도대교~남항대교~부산항대교~광안대로~경부고속도로~온천천~감전IC~을숙도대교 66호 광장으로 이어진다. 경부고속도로~온천천 구간을 우회하지 않고 감정IC로 바로 이어질 만덕~센텀 간 지하고속화도로 공사는 2023년 완공될 예정이다. 김해시 진영~부산시 기장군을 연결하여 도심과 외곽 교통량을 우회 처리할 2차 순환도로(외부순환도로)가 산성터널 완공과 함께 개통되었다.

산성터널의 화명동 쪽 접속도로는 터널 개통과 함께 전 구간을 개방하지만, 금정구 쪽 접속도로는 공사가 늦어져 중앙대로까지만 우선 개방하였다. 이 도로의 개통으로 김해 진영~기장 간 거리가 69.6㎞에서 48.8㎞로 줄어들었고, 시간은 약 70분에서 30분으로 단축되었다. 이로써 남북축 고속도로 중심의 고속도로망에 동서축(66호 광장~을숙도대교~녹산공단~부산신항 배후도로~대동화명대교~산성터널~반송~기장내리~센텀시티)이 추가되어 서부의 마 · 창 · 진, 동부의 울산을 위시한 동남권 거점도시들이 하나의 생활권으로 묶여 800만의 광역경제권 형성이 가능하게 되었다. 마치 수도권 외부순환도로 개통으로 일산, 판교, 중동, 성내, 광주 등의 신도시가 발전했듯이 부산 신항 배후 도시들과 김해신공항, 북항 재개발과 동부산관광단지 개발 등에 따르는 대규모 프로젝트 개발과 추진이 탄력을 받게 된 것이다.

여기에 부산시 외곽 인접 도시를 고속도로로 연계하여 지역 간 균형 발전과 도시 경쟁력을 높일 것으로 기대되는 3차 순환도로(광역외곽순환도로)도 건설되고 있다. 이 도로는 부산외곽순환도로와 부산신항 제2배후도로를 중심으로 신항배후도로~해운대IC를 연결하는 광역외곽도로망을 구축하게 된다. 부산신항~부산과학단지~장유~상동IC~양산~정관신도시~일광~부산 · 울산고속도로가 완공되면 진해, 삼랑진, 양산, 정관, 일광, 기장 등의 외곽도시들과 마산, 창원, 거제, 울산까지 부산을 중심으로 한 광역경제권에 들어오게 될 것이다.

부산 도시철도와 부산 광역철도망

부산 도시철도 1호선의 다대선(신평~다대포해수욕장역)이 연장된 지 1년. 그간 도심과 단절되어 낙후지역으로 꼽혔던 다대포에 시민과 관광객이 몰려들면서 다대포해수욕장, 몰운대 등 서부산권이 새로운 관광 명소로 떠올랐다. 당연히 다대포해수욕장역을 중심으로 신흥 상권이 형성되면서 해운대 같은 동부산권에 밀려 상대적 박탈감에 빠져 있던 사하구 일대의 집값도 들썩이고 있다. 이처럼 교통이 복잡한 대도시에서 도시철도는 부동산에 절대적인 영향을 미치게 된다. 특히 부산처럼 도로 부지가 부족한 해안 도시로써는 도시 철도망을 구축하여 시민에게 원활한 교통 서비스를 제공하고 교통 소외지역 주민의 불만을 해소하여 지역 간 발전 불균형을 없애는 방법이 최선이다.

현재 도시철도 1~4호선(115.2㎞), 부산~김해 경전철(23㎞)을 운영하고 있는 부산의 도시철도 이용객은 하루 100만 명을 넘어섰다. 부산시 도시철도망 구축 계획에는 2021년까지 부산~양산을 광역철도망으로 연결할 양산선(11.4㎞)과 1호선과 2호선을 연결하는 사상~하단선(6.9㎞)을 건설한다. 또 하단~녹산선(하단~녹산, 14.4㎞)과 강서선(대저~명지오션시티, 21.3㎞)이 2021년 착공하여 2026년 완공을 목표로 추진 중이고, 정관선(동해남부선 좌천역~기장군 월평리, 12.8㎞)과 송도선(자갈치역~장림삼거리, 7.3㎞)은 2019~2028년, 기장선(안평차량기지~일광택지지구, 7.1㎞)은 2020~2029년, C-베이 파크선(중앙동~부산시민공원, 9.1㎞)은 2021~2038년, 신정선(노포~기장군 월평리, 10.0㎞)이 2024~2034년 완공을 목표로 추진된다.

이와 함께 다양한 수요에 맞추어 관광과 교통 기능을 겸한 트램을 도입하여 부산 원도심 도시재생 지역과 해운대 등 주요 관광지에 투입할

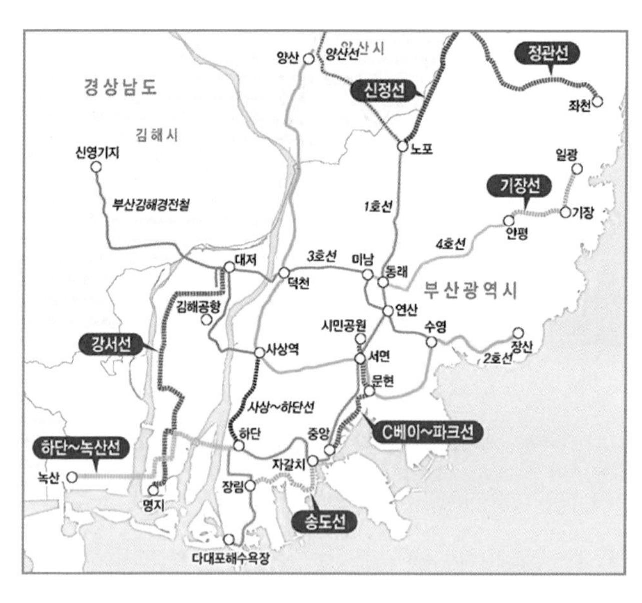

부산 도시철도망 구축 계획

예정이다. 먼저 경관이 아름다운 동해선 신해운대역에서 마린시티를 경유하여 벡스코까지 바닷가를 끼고 달리는 해운대 비치라인(9.0㎞)을 추진한다. 또 기존 C-베이 파크선을 연장하여 중앙역에서 부산근대역사관까지 2.4㎞를 달리는 원도심선을 운행할 계획이다. 이외에도 남구 지역 교통을 해소해 줄 용호선(5.4㎞), 우암~감만선(8.8㎞)에도 노면전차인 트램을 투입할 예정이다. 이들 노선이 완공되면 부산에서 걸어서 10분 내에 도시철도로 접근할 수 있는 '역세권' 지역이 획기적으로 늘어나 부동산 가치에도 변화를 불러올 것으로 기대된다.

한편 향후 부·울·경의 동남 경제권을 초광역 경제권으로 묶어 줄 광역 철도사업도 빠른 진척을 보이고 있다. 먼저 동해남부선 일부 노선(부전역~일광 구간)이 개통되었고, 일광~울산 구간 복선전철화와 경전선(부전~사상~창원~마산) 직복선 전철화 사업이 공사 중으로 곧 완공될 예정이다. 이 두 노선은 마치 서울을 중심으로 서부의 인천·수원, 동부의 의정부·동두천을 잇는 수도권 1호선 광역철도와 같은 기능을 갖추게 된다. 다만 부·울·경 지역을 관통하는 이 노선들은 부산을 기점으로 형성될 초광역경제권의 광역 고속철도 시대에 걸맞게 250㎞/h 대의 고속열차가 투입될 전망이다. 경전선 남부철도는 김해시 신월역~부전역 간 복선전철 공사만 완료되면 바로 운행된다. 이로써 부산은 동북아 해양 중심 도시로 자리매김하는 것과 동시에 TCR, TSR 등 대륙철도의 시종점으로써 한반도 관문의 기초를 다지게 되었다.

동해남부선 복선전철화(부산~울산, 65.8㎞)

동해남부선은 서울을 중심으로 의정부~서울~수원 · 인천을 연결한 수도권전철 1호선(국철)과 같은 광역전철이다. 두 대도시인 부산광역시와 울산광역시를 연결하여 초광역 동남경제권의 핵심 노선이 될 전망이다. 부산 부전역에서 추후 개통할 경전선 광역전철과 직결되고 경부선 KTX와도 직결된다. 현재는 2016년 12월 30일에 1차 구간인 부전~일광 구간을 개통하여 운행 중이고, 2021년 일광역에서 태화강역까지 공사를 완료할 예정이다.

이 노선의 개통으로 해운대에서 도심까지 이동하는 데 걸리는 시간이 15~20분 이내, 송정이나 기장에서 도심까지는 20~30분 이내로 엄청난 교통 혁명이 일어났다. 특히 전철이 없는 부산 기장군 기장읍에서 인구가 많은 해송정, 해운대 신시가지, 센텀시티 등에서 동래, 부전, 서면 등의 도심으로 신속히 이동할 수 있는 급행열차와 같은 기능을 담당하며 황금 노선으로 떠올랐다. 현재 동부산관광단지로 각광을 받고 있는 오시리아 관광단지를 관통하는 노선으로 이미 입점한 롯데몰을 비

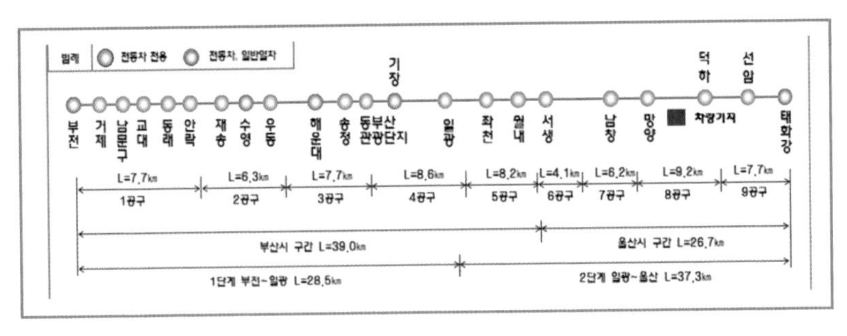

동해남부선 복선전철 노선도

롯하여 향후 롯데월드의 성공도 낙관적이다. 부산과 울산광역시의 배후 수요와 국립부산과학관 등의 공공기관 입주, 그리고 해운대해수욕장과 센텀시티를 두고 있어 앞으로도 수요는 클 것이다.

경전선 남부철도 복선전철화(부전~마산, 32.7㎞)

창원시 마산회원구 마산역~부산광역시 부산진구 부전역 사이를 운행하게 될 경전선 남부철도는 창원중앙~진례~삼랑진~사상으로 돌아가던 기존 노선이 창원중앙~장유~가락~사상으로 변경되어 운행시간을 크게 단축하게 된다. 이 노선은 경전선의 일반철도 노선이기도 하지만 부산광역전철 노선으로 더 큰 역할을 하게 된다. 부산 부전역에서 울산을 거쳐 포항으로 연결된 동해남부선에 이어 부·울·경 두 번째 광역철도 노선이다. 기점역인 부전역은 경부선 TKX, 경전선과 동해선을 연결하는 메머드 도심 환승역으로 향후 역세권 개발이 기대되는 역이다.

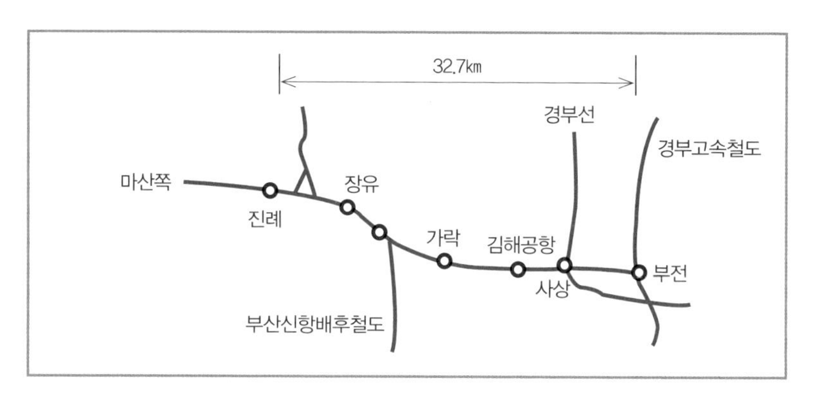

부전~마산 경전선 복선전철 노선도

김해 신월역~마산역 구간은 처음 경전선이 복선전철화되던 시점에 이미 광역전철화 시설이 완공된 상태였고, 현재는 경전선의 분기 지점인 김해 신월역~부전역 공사를 진행하고 있는데 2020년 완공되는 대로 바로 운행될 예정이다. 250㎞/h대의 준고속열차가 투입될 이 노선은 사상역과 부전역에서 각각 경부선 KTX와 환승되고, 장유역에서는 부산신항 인입철도와 연결되는 중요한 철도로 당장 이 구간에 운행 중인 시외버스에 적지 않은 타격을 줄 것으로 전망된다. 경전선 광양~진주 구간이 완공되면 부산~마산뿐만 아니라 부산~순천, 부산~보성까지도 철도를 이용하는 승객이 늘어날 것이다.

동해안벨트의 교통망은 철도가 주도한다

부 · 울 · 경을 포함한 동해안벨트의 부동산 신경제지도는 철도가 주도하고 있는 형국이다. 먼저 김천~합천~진주~고성~통영~거제를 잇는 서부 경남 KTX 건설 계획이 눈길을 끈다.

원래 진주는 서부경남의 중심 도시로 호남평야의 전주와 함께 남도를 대표하는 주요 거점이었다. 현재도 남해안고속도로(순천~부산), 대진고속도로(대전~통영)의 교차 지역으로 사통팔달의 도로 교통망을 가지고 있으나 대규모 산업단지를 품고 항만이 있는 주변 도시(부산, 창원)에 비해 공항, 항만 등의 SOC 건설에 소외된 측면이 있다. 그러나 50만 명 인구를 가진 진주는 서부 경남의 자존심을 지키며 부산광역권에 휩쓸리지 않고 나름 독자적인 정체성을 지키고 있다. 그럼에도 서울 · 수도권과의 시간과 거리가 가치를 결정하는 부동산 시장에서 고속철도가 없다는 점은 치명적이었다. 고속철도가 개통되면 서울과 진주는 4시간에서 2시간으로, 거제는 5시간에서 2시간 30분으로 단축된다. 뿐만 아니라 진주는 경전선 광양~진주 구간의 복선전철화로 동서철도의 거점으로 부상하게 될 것으로 보인다.

목포~강진~보성 구간의 철도가 광주 송정리를 기점으로 내려오는 경전선(경상도~전라도)과 보성에서 연결되면 남해안의 동서 철도망이 완성된다. 그 가운데 동부전남(순천 · 광양권) 경제권과 서부경남(진주 · 사천권) 경제권을 연결하는 광양~진주 구간 경전선 복선전철화는 한반도 남해안의 경제 활성화에 중요한 역할을 담당하게 될 것이다. 이를 통해 남해안과 지리산을 찾는 관광객 1천만 시대를 앞당기게 될 것으로 예측한다. 다음으로 동해중부선(포항~삼척), 동해북부선(속초~제진~원산), 동서고속철도(춘천~속초) 건설이 있다. 이들 지역은 서해안의 화성 송산~홍성, 남해안의 목포~강진~보성, 강원 북부의 춘천~속초 구간과 함께 철도가 없는 지역이었다. 따라서 이들의 노선이 완공되면 대한민국의 'ㅁ'자형 철도망은 완성된다.

신성장동력 서부경남 KTX(김천~거제, 191.1㎞)

지리산 동쪽 기슭을 따라 대진고속도로가 뚫려 천 리 길 서울이 조금 가까워지긴 했지만 고속철도 시대에 서부 경남은 아직 오지이다. 국가 균형 발전 논리를 앞세운 호남 KTX, 평창 동계올림픽의 성공 개최를 위해 경강 KTX(서울~강릉)가 개통되었지만 서부 경남의 기대는 번

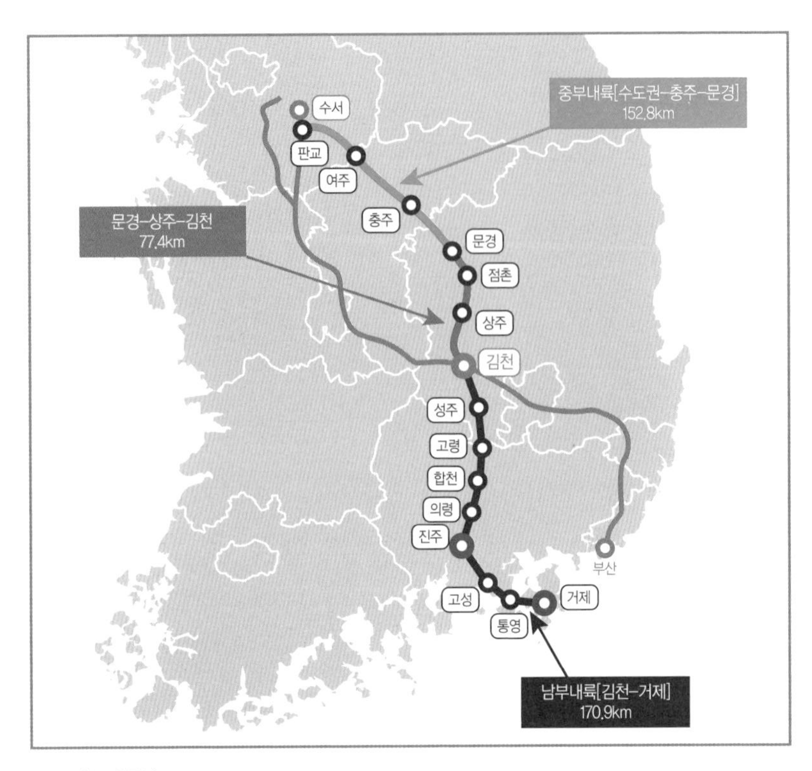

KTX 남부내륙선

번이 무산되어 소외지역으로 남았다. 지금으로부터 52년 전인 1966년, 김삼선(김천~삼천포) 철도 기공식을 가졌다. 하지만 이후 공사는 진행되지 못했다. 이후 2006년 제1차 국가 철도망 구축 계획에 포함되면서 기대를 가졌지만 예비타당성조사에서 비용편익에 못 미친다는 이유로 미뤄져왔다.

그런데 이번에는 상황이 좀 다르다. 낙후된 서부경남 지역의 균형 발전을 고려하여 예비타당성조사 없이 추진되어야 한다는 의견에 힘이 실리고 있다. 서부 경남의 경제를 지탱해왔던 거제 조선산업의 타격으로 더욱 어려워진 지역을 살리기 위한 문재인 대통령의 공약이었고, 아예 김경수 지사는 서부 경남 KTX를 1호 공약으로 내세워 당선되었다. 그리고 이미 호남 KTX와 경강선 KTX가 예비타당성조사 없이 추진되어 개통된 전력도 있다. 그래서 정부는 서부경남 KTX 사업을 30대 우선순위 사업에 선정하여 추진하기로 하였다. 향후 대통령이 주재하는 국무회의 심의에서 2/3 이상이 찬성하면 사업은 확정된다.

김천~합천~진주~고성~통영~거제 구간이 연결되면 서울~진주(4시간→2시간), 서울~거제(5시간→2시간 30분)로 단축된다. 2022년 착공하여 약 6년간의 공사 기간을 걸쳐 2028년 개통될 것으로 예상되는 서부 경남 KTX는 수도권과 남해안을 2시간대로 연결하여 지역 발전과 국민 삶의 질을 크게 향상시킬 것이다. 이는 침체된 지역 경제를 항공, 해양플랜트, 항노화산업 등의 육성으로 혁신도시와 국가산업단지 활성화를 비롯한 신성장동력을 얻게 됨과 동시에 관광산업에도 큰 변화를 가져올 것이다. 특히, 해양 관광이 중심인 한려수도와 크고 너른 자락으로 사람들의 마음을 넉넉히 품어주는 지리산을 연계하는 힐링 관광 상품 개발에 속도가 붙을 것이다. 이미 유명세를 타고 있는 통영과 남해, 그리고 사천, 고성 일원의 풍부한 해양 관광자원에 하동, 산청, 합천은 지리산을 활용한 다양한 힐링, 웰빙, 의료관광 상품 개발이 가능할 것이다. 당장 호남 KTX 개통으로 2015년 전남의 관광객은 전년 대비 24%가 증가한 396만 명(전국 2위)으로 높아졌다. KTX 개통에 맞춰 곳곳에 다양한 관광 상품이 개발되었으며 특히 여수는 해양엑스포로 구축된 기반시설의 관광산업 전용과 해상 케이블카(자산공원~돌산도) 등을 설치하여 관광객을 폭발적으로 유치한 바 있다.

경전선 복선전철화(광양~진주, 51.5㎞)

밀양 삼랑진역에서 광주 송정역을 잇는 경전선 가운데 광양~진주 구간은 경상도와 전라도를 연결하는 데 의미가 크다. 현재 2016년 진주~광양 구간이 복선화되어 총 158㎞인 밀양 삼랑진~순천 구간은 복선철도가 운행되고 있다. 구불구불하던 기존 노선을 개량하여 직선 복선화함으로써 이 구간의 거리는 기존 66.8㎞에서 51.5㎞로 15.3㎞가 단축되었고, 운행 시간도 종전 73분에서 42분으로 31분이 짧아졌다. 열차 운행 속도도 시속 150㎞로 크게 향상되어 하루 36회 운행하던 열차 운행이 157회로 늘어났다. 철로가 직선화되면서 기존 12개 역 가운데 유수역 · 다솔사역 · 양보역 · 옥곡역 · 골약역 등 5개 역은 폐지되었고 북천역 · 하동역 · 횡천역 · 진상역 등 4곳은 복선화에 맞춰 이전되었고, 완사역은 개량하여 사용하고 있다.

현재 이 구간은 제3차 국가철도망 구축사업에 따라 2021년을 목표로 전철화 사업이 진행되고 있다. 전철화 사업이 완성되면 순천에서 전라선 KTX와 연결되고 진주에서 서부 경남 KTX와 연결될 것이며 현재 공

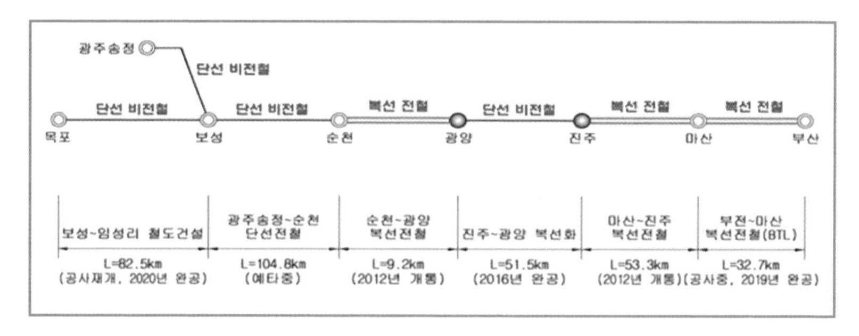

경전선 전 구간 복선전철 노선도

사 중인 경전선 마산~부전역 구간이 완성되면 부산까지 250㎞/h의 동서 간 고속철도 연결도 가시화된다. 이로써 광양항 개발에 따라 증가하는 물동량을 경전선을 활용하여 경부선으로 연결하고 호남선, 전라선과 연계하여 지역 발전을 도모할 수 있게 되었다. 무엇보다 준고속철도의 운행으로 동서 교류가 활발해지면 남해안권의 지역경제와 관광산업이 크게 발전할 것이다.

동해남부선 복선전철화(울산~포항, 76.5㎞)

이 구간은 신경주역을 중심으로 L자로 형성된 신경주역~포항 구간과 신경주역~태화강 구간으로 나누어 봐야 한다. 먼저, 왜 경주 시내를 통과하는 직선 철로인 기존의 선로를 폐선하고 한참을 우회하는 건천 지역에 신경주역을 신설하여 노선을 변경했는지 이유부터 알 필요가 있다. 일제는 동해남부선을 건설하면서 수많은 문화 유적지와 왕릉이 밀집해 있는 경주 시내를 관통해 버렸다. 경주 시내 구간인 모화역~경주역 구간과 경주역~건천역 구간만 살펴봐도, 원성왕릉, 구정동 방형분, 성덕왕릉, 효소왕릉, 신문왕릉, 사천왕사지, 선덕여왕릉, 황룡사, 월성, 동궁과 월지, 쪽샘 유적발굴지구와 대릉원, 김유신 장군묘, 무열왕릉과 서악리 고분군, 금척리 고분군 등 그야말로 국보급 유물과 유적지의 보고라 할 수 있다. 특히 사천왕사지와 동궁, 월지는 동해선 철길이 유적지를 깔고 지나가며 유적지를 둘로 쪼개 심히 훼손시키기도 한다. 그래서 유네스코조차 철로 이전을 권고하기도 했다.

그렇게 하여 문화 유적지를 피해 멀리 우회한 철도는 먼저 2015년 신

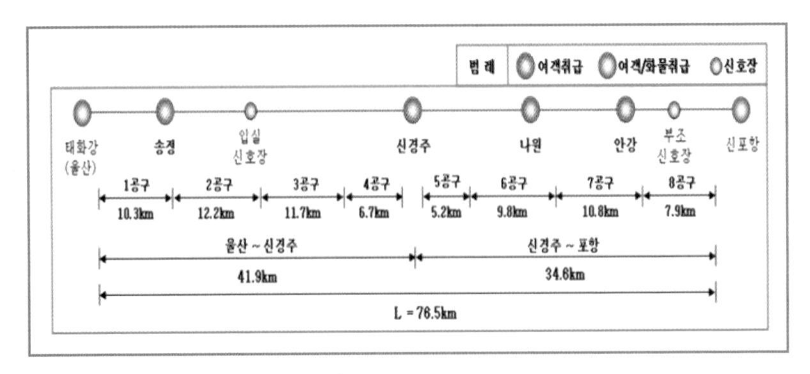

동해남부선 복선전철 노선도(울산~포항)

경주역~포항 구간을 복선전철화하여 서울에서 출발한 경부선 KTX가 건천연결선 분기점을 통해 포항역까지 운행되고 있다. 태화강역~신경주역 복선전철화 공사는 2020년 완공 예정으로 현재 공사가 진행 중이다. 현재 포항역처럼 울산 태화강역에도 KTX가 정차할 가능성이 남아 있다. 한편, 모든 공사가 완공되면 신경주역은 경부선 KTX · SRT와 동해남부선이 교차하는 교통의 요지가 되어 경주관광산업에 크게 기여할 것이다. 현재 태화강역까지 계획된 광역전철 노선이 연장된다면 신해운대역과 부전역으로도 더 빠른 접근이 가능하게 된다.

동해중부선(포항~삼척, 166.3㎞)

대한민국의 등뼈에 해당하는 이곳은 오랫동안 철도 공백지로 남아 있었다. 그러다가 우여곡절 끝에 1단계 구간인 포항~영덕 구간(44.1㎞)이 2018년 1월 개통되었다. 이 구간은 4년 후 전철화를 계획하고 있다. 2단계 구간인 영덕~삼척 구간은 2022년 개통 예정으로 현재 공사

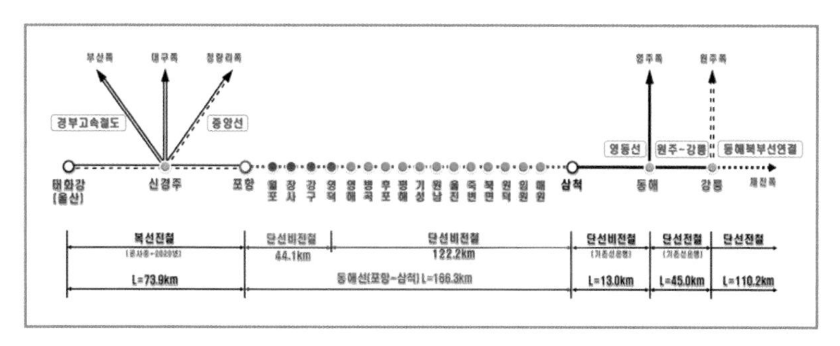

동해중부선 노선도

가 진행 중이다. 이 철도가 건설되면 정부의 신경제지도 구상의 환동해 권축 국가 기간철도망 구축이 완성되어 원산~청진~나선이 단숨에 연결된다. 한편, 급증하고 있는 강릉~태백권 관광, 특히 경북권 관광 수요에도 큰 힘이 될 것이다. 기존에 7번국도에 의지하며 교통이 매우 불편했던 경상북도 울진군에서 강원도 삼척까지 동해안의 교통에 숨통이 트일 것이다. 동해안 지형상 바닷가 바로 근처 외엔 평지가 없어 도로와 철도, 시가지가 모두 이 해안선을 따라 형성될 수밖에 없다. 주요 역이 시가지와 가까울 수밖에 없다는 점 또한 매력적이다. 따라서 77번국도가 남해안 섬들에 미친 영향처럼 개발의 효과는 부동산에 미칠 것으로 예상된다. 영해, 후포, 죽변, 북면 등의 항구와 주요 역 주변의 가치가 모두 상승하겠지만 그래도 대도시와 가까울수록 더 큰 수혜가 예상된다. 다만, 철도가 개통되어도 서울과의 거리가 획기적으로 줄어들지 않는다는 점에서는 서울로의 환승 노선을 주목할 필요가 있다.

동해북부선(강릉~제진, 104.6㎞)

2018년 9월 19일 평양 남북정상회담 공동선언문에 담긴 동해북부선 철도 사업은 연내 착공이라는 목표대로 12월 26일 개성에서 착공식이 개최되었다. 향후 이 사업은 경의선과 함께 남북정상 간 최우선 합의 사업으로써 예비타당성조사를 거치지 않고 국가 정책 사업으로 추진될 계획이다. 유라시아 진출 교통망 확보라는 측면과 한반도 신경제지도 구상의 남북 공동 관광 특구 개발의 핵심 사업이기도 하기 때문이다.

사실, 이 구간은 그동안 필요성에 비해 사업 타당성이 매우 낮아 조기 건설될 가능성은 별로 없었다. 하지만 남북 철도 공동조사단의 발족 등 어느 때보다 높아진 남북 경협 가능성이 기대감을 높이고 있다. 이 노선이 개통되면 드디어 한반도의 등줄기를 잇는 동해선철도가 연결되는 셈이다. 제진에서 북한의 감호까지는 불과 11.1㎞로 이곳을 연결하면 북한의 동해선인 감호~안변 간 금강산청년선으로 원산과 직결된다.

동서고속철도(춘천~속초, 94.0㎞)

동서고속화철도(춘천~화천~양구~인제~백담~속초, 94㎞)가 완공되면 기존 서울~춘천 ITX와 연결되어 서울에서 속초까지는 1시간 15분대로 주파가 가능하다. 인천공항에서 속초까지도 1시간 50분에 이동이 가능하여 관광 효과에 대한 기대도 크다. 이로써 'ㅁ자형' 국가철도망 완성과 함께 서울에서 동해안을 거쳐 북한으로 가는 고속 교통 · 물류망의 전기가 마련되는 것을 의미한다. 물론 남북경협이 활성화되어 경원선(서울~원산)이 건설된다면 북방 교통 수요는 분산될 것이다. 향후 건설은 접경지역을 경유한 탓에 부족한 경제성을 극복할 예비타당성조사 여부와 국립공원인 설악산을 관통해야 하는 터널 공사에 대한 환경 평가이다. 동서고속철도도 동해북부선과 함께 예비타당성조사 없이 대통령의 의지로 국무회의를 통과할 가능성이 크고, 환경영향평가는 국토부와 강원도가 환경 영향을 감소시키는 방안으로 기존 도로가 있는 미시령 터널 밑을 통과한다는 계획을 세워 변경 제출해 가능성을 높였다.

아시안 하이웨이 AH6의 동해안고속도로

양양에서 속초 방향으로 7호선 국도를 달리다 보면 '아시안 하이웨이 AH6－한국 · 러시아(하산) · 중국 · 카자흐스탄 · 러시아'라는 문구가 적힌 커다란 이정표가 눈에 들어온다. 부산을 기점으로 북한 원산~두만강~러시아를 거쳐 중국~중동~유럽까지 드넓은 대륙을 연결하는 국제도로망의 국내를 통과하는 노선을 표시한 것이다. 6호선(AH6) 국내 노선은 2015년 고성군 현내면 대진리에서 최북단 명파리까지 7번국도 5.1㎞ 구간이 왕복 4차선으로 개통되면서 모두 연결된 상태다. 광안대교를 시원스럽게 내달려 부산의 새로운 심장으로 떠오른 센텀시티를 좌측으로 두고, 오른쪽으로 뻗은 광안대로를 타고 가다 해운대터널을 지나면 아름다운 해운대해수욕장이 눈앞에 펼쳐진다. 그리고 곧 65번 고속국도 톨게이트를 통과하게 되는데 이곳에서부터 동해안고속도로가 시작된다. 현재 부산광역시 해운대구와 울산광역시 울주군을 잇는 민자 구간과 울산광역시 울주군에서 경상북도 포항시까지 구간, 강원도 삼척시와 속초시를 잇는 구간이 각각 개통되었다. 2017년 하반기에 포항~영덕 구간이 착공되어 2023년에 개통될 예정이며, 향후에는 속초~고성 간 고속도로 건설이 곧 추진될 예정이지만 영덕~삼척 구간은 경제성 부족으로 아직 예비타당성조사에도 들어가지 못한 상황이다.

동해안고속도로는 탁 트인 동해의 시원한 바다와 주변의 아름다운 숲이 어우러진 풍경이 일품이다. 경포대 · 강포 · 옥계 · 조산 · 망상 · 어달해수욕장과 해돋이로 유명한 정동진, 포항의 호미곶, 경포도립공원, 오대산국립공원, 설악산국립공원, 경주국립공원 등이 가까이 있어 관광도로로 각광을 받는다. 동해고속도로는 출발지인 부산과 울산, 포항, 영덕, 삼척, 동해, 강릉, 속초를 지나면서 울산에서 경부고속도로와, 포항에서 대구포항고속도로와, 강릉인터체인지에서 영동고속도로와, 양양에서 서울양양고속도로와 동서로 연결된다. 도로가 완전히 개통되면 동해고속도로는 대한민국 동쪽 고속국도의 종축 노선임을 상징하는 제65호로 굳건히 자리매김할 것으로 예상된다. 이는 동해북부선 철도가 시베리아횡단철도(TSR)와 연결되는 것과 맞물린다. 춘천~철원 고속도로(63㎞), 속초~고성 고속도로(16.6㎞), 포천~철원 고속도로(25.3㎞) 건설사업은 예비타당성조사를 조기 추진한다. 국도 31호선 양구 월운~금강(11.5㎞), 국도 3호선 연천 신서면~철원읍(13.8㎞)은 제5차 국도 · 국지도 5개년 계획(2021~2025년) 반영을 요청할 방침이다.

부산항과 동해안벨트의 항만, 공항

부산항(북항, 신항, 남항, 감천항, 다대포항)

인천국제공항이 대한민국 하늘길의 관문이라면 부산항은 태평양으로 나 있는 바닷길의 관문이라 할 수 있다. 1970년대만 해도 외국의 원조 물자가 들어오던 부산항은 오늘날 세계에서 여섯 번째로 물동량 2,000만 TEU(1TEU는 6m 규격의 컨테이너 1개)를 달성하며 세계 500개가 넘는 항만으로 첨단 제품을 실어 나르는 일류 무역항으로 성장했다. 우리의 총 수출입 해상 화물의 57%, 컨테이너 처리량 75%를 자랑하는 제1의 항구이자 동북아 최대 규모의 환적항만이기도 하다. 미주, 유럽과 아시아를 연결하는 주요 간선 항로상에 위치하여 선박 운항의 효율성을 극대화할 수 있는 위치에 있으며, 배후에 대규모 물류단지와 원활한 내륙운송 체계를 갖추고 있기 때문이다.

부산항은 이처럼 북쪽으로는 유라시아의 광활한 대륙과 남쪽으로 아세안과 인도에 이르는 드넓은 대양을 잇는 지리적 장점을 지니고 있다. 다만 그동안 단순 컨테이너 물류 중심의 항만 기능에서 벗어나 이제는 선박에 대한 다양한 서비스와 항만배후물류단지와 결합한 복합물류 체계를 갖춰 상하이, 싱가포르, 로테르담 등 세계적인 항만들과 경쟁할 수 있는 최신 기술로 무장해야 한다. 그래서 부산항 신항에는 국내 단일 터미널로는 최대 규모인 2㎞의 터미널로써 대형 얼라이언스를 수용할 수 있는 터미널 시설과 많은 피더 네트워크 서비스를 통해 고객의 환적화물을 효율적으로 처리할 수 있는 최적의 터미널을 갖추고 있다.

원격제어 및 자동화, 자율 운항 선박, 초고속 해상 통신망 구축 등 4차 산업혁명 기술을 적극 도입해 스마트한 고부가가치 물류 항만으로 육성할 것이다. 그래서 2030년까지 총 40선석을 확보하여 연간 3,000만 TEU 이상을 처리하는 초대형 메가포트로 성장시킨다는 계획이다. LNG벙커링 기지, 대형 수리 조선단지 등 다양한 서비스로 부가가치를 창출하는 동북아 국제 물류 허브항만으로 개발할 예정이다. 이를 바탕으로 향후 부산항은 '도심을 지원하는 신해양산업의 중심, 북항', '동북아 물류 혁신의 중심, 신항'이라는 두 날개를 달고 높이 날아오를 것이다.

부산 북항

부산항의 역사는 이곳에서 시작되었다. 부산의 명물 영도다리, 자갈치시장, 대표적인 구도심남포동의 발전은 모두 북항이 있었기 때문이다. 또한 북항과 부산역은 떨어질 수 없는 관계이다. 서울 수도권에서 철도에 실려 온 컨테이너는 부산역에 도착하면 바로 부산항으로 옮겨져 바다로 나아갔다. 북항에는 자성대, 신선대, 감만, 신감만, 우암부두 등 컨테이너 부두 5개와 일반 부두 6개가 있다. 그러나 늘어나는 물동량과 비효율적인 물류 체계로 컨테이너의 물류는 신항에 넘기고 유라시아의 관문으로써 광역경제권 부산 도심 지원항을 자임하며 재개발에 들어간 상태이다. 북항은 앞으로 부산 국제여객터미널, 국제크루즈터미널을 갖추고 해양 복합 레저 관광거점 기능을 강화하는 한편 조선 · 해양플랜트 관련 고부가가치 글로벌 신산업을 유치하여 부산시의 경쟁력을 높여갈 예정이다.

남항

중구와 서구, 영도구 서측에 걸쳐 있는 연안항으로 어선들이 주로 쓰는 항구다. 전국 수산물 위판량의 30%를 차지하며 전국 최대 어시장인 부산공동어시장과 부산 명물로 유명한 자갈치시장의 주항이다.

감천항

감천항은 컨테이너 부두도 있지만 주로 다목적 화물을 취급한다. 북항의 보조항으로 개발되어 양곡 · 고철 등을 취급하는 전용 부두와 어선 및 조선 기지를 조성하였다. 현재는 원양 어업과 수입 수산물 도매 기능이 남항에서 넘어와 부산 국제 수산물 도매시장과 수산물 가공단지를 배후에 두고 있다.

다대포항

컨테이너 부두가 없는 다목적 항구다. 원래는 북항에 산재한 합판공장과 저목장을 통합 수용할 수 있는 합판공업 지원항으로 조성되었다. 현재는 원양 수산물을 처리하는 항으로 쓰인다.

부산 신항

부산광역시 강서구와 경상남도 창원시 진해구에 걸쳐 개발된 세계적인 규모를 갖춘 항만이다. 1997년에 착공하여 2006년에 3선석을 시작으로 순차적으로 개장했는데 최종 완공 예정은 2020년이다. 북 컨테이너 터미널은 완공되어 개항했으며, 남 컨테이너 터미널은 절반 정도 완공되어 운영 중이고, 서 컨테이너 터미널은 현재 건설 중에 있다. 모든 터미널이 완공되면 총 45선석의 부두가 가동되어 연간 컨테이너 13,250톤급의 처리 능력을 갖추게 된다.

신항의 북측과 남측에는 항만 배후 물류 산업단지인 부산진해 경제자유구역에 북항에는 없었던 재가공 시설들이 들어서 있고 자동화 등 최첨단 시설들이 도입되어 상하이, 홍콩, 싱가포르, 도쿄 등 경쟁국의 항만에 뒤지지 않을 최신 시설을 갖추고 있다. 또한 신항 인근 가덕도에 유통단지를 조성하여 육상과 해상 등 국제복합 일관수송체계를 구축하고 있다. 대형화물차의 원활한 통행을 지원할 신항 배후 연결도로 및 인입철도를 확충하고, 공동집배송을 위한 물류유통단지를 구축하여 물류비 절감을 극대화할 수 있도록 하였다. 대한민국의 첨단 IT기술을 바탕으로 운송, 보관, 하역, 포장 등의 전체 물류 기능을 유기적으로 결합하는 물류 정보 시스템(RFID, GPS, CVD)을 상용화하여 지원하고 있다. 물류 정보 시스템은 향후 항만, 공항, 철도역, 고속도로 톨게이트, 내륙 물류 거점 등 주요 공공 물류 거점에 대한 인프라 구축에도 활용할 예정이다. 동북아 물류 허브 항만으로 자리매김하기 위해서는 항만 분야 전문가, 선박 관리 전문가, 해기사 등 물류 전문 인력을 지속적으로 양성해 나갈 것이다. 이를 통해 북한의 항만 개발을 지원하여 남북 상생의 기틀을 확보할 예정이다.

울산항

국가 무역항인 울산 신항의 기반을 확충하여 울산 산업단지와 연계된 첨단 항만 물류 클러스터를 조성하고, R&D, 주거 및 비즈니스 지원 등의 기능을 종합 물류 타운을 육성한다는 계획이다. 특히, 석유화학 · 에너지 거점 항만으로써 환동해권의 동북아 오일허브의 인프라 확충으로 대규모 상업용 석유 저장시설, LNG 저장소 등을 갖추고 있다.

포항 영일만항

영일만항은 환동해안 시대에 경주 관광단지, 울릉도 · 독도 등의 해양 관광자원을 연계한 대구 · 경북의 신북방경제 국제 교류 거점항으로 개발할 예정이다. 이를 위해 최대 7만 5,000톤급 크루즈 선박이 접안 가능한 국제 여객 부두 1선석(310m)을 건설 중이며, 동해안 등대 콘텐츠, 전통 어촌마을 복원, 해양 리조트 조성 등의 관광 기반 사업도 병행 추진하고 있다.

강원도 속초항, 동해항

속초항은 관광 인프라 기반 구축을 통해 크루즈 운항을 정례화하고 백두산 항로(속초~자루비노~훈춘) 운항 재개를 통해 동북아 관광 허브항으로 육성할 계획이다. 이를 위해 국제여객터미널을 신축하고 10만 톤급 이상 대형 크루즈선 접안이 가능하게 항만 시설 확충에 나설 것이다. 또 크루즈 선사와 중 · 일 · 러 현지 여행사 대상으로 홍보 마케팅을 강화하여 속초항을 모항 또는 기항으로 연간 100항차 이상을 유치할 계획이다.

동해항은 항만 인프라 확충 및 컨테이너 항로 유치를 통해 동북아 물류 중심항으로 육성할 계획이다. 3단계 개발로 접안 시설 7선석을 갖추고, 7선석 중 1선석을 5만 톤급 컨테이너 전용 부두로 2021년까지 개발할 예정이다. 항만 인프라 구축 사업으로 진입 도로(3.5㎞)와 진입 철도(3.5㎞)를 2013년까지 건설할 예정이다. 러시아 극동 개발의 핵심적인 항만들인 블라디보스토크항, 보스토치니항, 자루비노항 등 다수 항구와 연결 가능한 최적의 위치에 입지하고 있는 점을 이용하여 러시아 지방 정부 관계자들과 지속적인 교류와 함께 실효성 있는 전략을 마련하고 있다. 러시아 블라디보스토크와 일본 사카이미나토를 운항하고 있는 DBS 카페리의 러 · 일 관광객 및 화물 유치 증대를 위해 현지 여행사 대상으로 도내 관광지를 홍보하는 팸 투어를 실시하고, 화물 유치 장려금 지원 방안을 검토 중이다. 현재 주 1회 운항 중인 노선의 화물 유치 활성화를 위해 주 2회 운항 방안을 선사 측과 협의해 나가기로 했다.

김해국제공항

김해국제공항은 부산광역시 및 영남권의 항공교통 허브로, 공항의 총 여객 수는 2017년 기준 1,640만 명(국내선 759만 명, 국제선 881만 명)이었다. 이는 인천공항, 제주공항, 김포공항에 이은 4위인데, 국제선 이용객은 인천국제공항 다음으로 많은 2위를 기록하고 있다. 그러나 김해국제공항 국제선은 일본, 중화인민공화국, 중화민국, 필리핀, 베트남, 태국 등 주로 동아시아와 동남아시아 지역 노선만을 운항하고 있다. 2014년 초까지는 인천국제공항과 함께 미주 노선과 유럽 노선을 운항하는 국제공항이었다. 대한항공이 호놀룰루 직항 편을 없애고 델타항공이 수익성 악화로 미주 노선을 폐지함에 따라 미주 정기 노선이 사라졌다. 2014년 3월에는 루프트한자가 김해발 인천 경유 뮌헨행 노선을 인천발로 단축함으로써 김해국제공항에서 미주나 유럽으로 여행하기 위해서는 인천국제공항을 통해 환승하거나, 환승이 가능한 일본 등 외국의 국제공항으로 이동해야 하는 실정이다. 그래서 국제선 이용객 중 약 50%의 승객이 인천공항을 이용하고 있다.

국제노선이 끊긴 이유 중에는 시설이 열악한 것도 한몫했다. 특히 급유 시설이 턱없이 부족해 대형 항공기가 드나들기 곤란하다는 점은 치명적이다. 뿐만 아니라 김해국제공항이 군용 공항을 겸하는 데다 소음 피해 문제가 있어 24시간 운영이 불가능하다. 신어산, 돗대산 등의 지형상 장애로 활주로 이용에도 제약이 있어서 이 공항 대신 영남권의 국제선 항공 수요를 담당할 신공항 건설이 검토되었다.

이에 부산광역시는 24시간 운영이 용이한 해상공항으로 가덕도 남쪽 해상을 신공항 부지로 주장하였으나, 대구광역시, 경상북도, 경상남도, 울산광역시가 영남권 각 지역과 접근성이 좋은 경상남도 밀양시 하남읍을 신공항 부지로 주장하며 대립하였다. 국토해양부는 과도한 건설

비용에 비해 경제성이 낮다는 이유로 사업 검토를 백지화하였다. 그럼에도 또 한 차례 건설 요구가 있어 재검토를 했으나 여전히 경제성 없다는 평가이다. 2016년 6월 21일 국토교통부는 신공항 건설 대신 김해공항을 확장하기로 결정하였다.

양양국제공항

양양국제공항은 강원도 양양군 손양면 동호리와 학포리 일대에 위치한 국제공항이다. 개항초기 강원권 허브공항을 목표로 양양~김포, 양양~김해 노선에 왕복 주 14편, 양양~상하이 노선에 국제선 주 2편 등 16편이 운항되었다. 하지만 개항 직전인 2001년 11월 확장 개통된 영동고속도로의 영향으로 양양~김포 노선이 30%대에 머무는 저조한 탑승률로 2002년 11월 아시아나항공이 양양~김포 편의 운항을 중지했고 대한항공은 운항 횟수를 줄이게 된다. 이후 지속적인 혈세 낭비란 지적을 받은 양양국제공항은 강원도 지자체들의 다양한 홍보와 공항 활성화 방안에도 불구하고 공항 접근성 및 강원권 관광자원의 부족 등으로 탑승률이 나아지지 않았다. 그러자 2004년 7월 대한항공도 양양~김포 노선의 운항을 중지했고, 중국동방항공의 양양~상하이 국제선 정기노선도 중지되었다.

2006년 8월 제주항공이 장기적인 관점에서 북한 직항로 개설, 금강산 관광객 수용 등을 고려하여 2006년 8월 7일부터 74인승 규모의 Q400 기종으로 1일 왕복 4회 양양~김포 노선을 다시 운항하기 시작했지만, 평균 20%의 낮은 탑승률로 연간 20억 원의 적자를 기록하자

2007년 7월 운항을 중지했다. 이후 2009년 8월 코리아익스프레스에어가 18인승 비치크래프트 항공기를 이용하여 김포~양양, 김해~양양 구간을 운행하여 14개월 만에 정기노선이 생기게 되었으나, 코리아익스프레스에어도 1년 만인 2010년 8월 국내선 사업을 종료하였다. 2010년 7월 16일부터 이스트아시아에어라인에서 양양~김해 구간을 19인승 소형 항공기를 투입하여 1일 1왕복 운항하다가 2011년 10월 1일부터 양양~울산 구간으로 변경하여 운항하였으나 12월 31일 철수하여 현재는 정기 노선이 하나도 없는 실정이다.

03

부산과 동남해안의 주목할 부동산

유라시아와 태평양이 만나는 꼭짓점 부산

태평양과 유라시아 대륙의 관문도시로 도약하는 꿈을 부산은 꽤 오랫동안, 그리고 누구보다 절실하게 꿔왔다. 1970~1980년대의 영화는 오간 데 없이 대한민국에서 가장 낡아 버린 2000년대 부산의 위상은 제2도시 자리마저 위협을 받는 상황이 되었기 때문이다. 일제강점기에는 일본과 조선을 잇는 창구로, 6 · 25 전쟁 때는 임시 수도이면서 연합군 병참기지로, 근대화 시대에는 수출의 관문으로, 국가가 필요로 하면 언제나 선봉에 서서 책임을 다한 부산이었다.

그러나 80년대 들어 국가는 중화학공업 중심의 사업 구조로 재편하면서 소위 돈 되는 산업은 주변의 울산, 포항, 창원, 구미 등으로 옮기고 부산에는 경공업 등 소소한 산업만 남겼다. 그 결과는 참혹했다. 명색이 대한민국 제2의 도시인데 현재 100대 기업 중 1개만(부산은행) 부산에 본사를 두고 있을 뿐이다. 경제는 곤두박질쳤고, 인재는 떠나갔다. 그나마 수출 전진기지로써 부산항은 여전히 대한민국의 창구였다. 그런데 비좁은 부산 도심은 밀려드는 컨테이너 물량을 소화하기에는 역부족이었다. 얽히고설킨 도로와 철도가 도심을 가르고 있는 상황에서는 부산도 죽고 대한민국도 타격이 불가피했다.

이쯤 되면 어느 한 곳을 손대서는 회생이 불가능한 수준이지만, 2000년부터 시작되는 제4차 국토종합계획으로 부산 개조 작업은 시작된다. '동북아 해양 수도 건설', '동남 광역 경제권의 중추도시', '육 · 해 · 공을 연계한 세계적 물류 중심 도시'를 목표로 한 부산의 꿈은 결국 아시안 하이웨이와 대륙횡단철도의 꼭짓점(시종점)이 되어 태평양과 유라시아 대륙의 관문이 되어야 완성된다.

부산은 세계를 향해 세 축의 큰 그림을 그렸다. 경부선 · 경의선과 조선통신사 라인을 잇는 원부산권축, 동러시아 · 일본 서부 해안과 한반도 동부 해안을 잇는 동부산권축, 아시아 · 유럽 · 미주를 잇는 대한해협의 동아시아 게이트 서부산권축이 그것이다. 본격적인 사업은 2004년부터 시작되었다. 원도심권축은 북항 재개발사업과 부산역 일대에 산재된 철도 시설 재배치 사업이 핵심이다. 여기에 문현동 일대를 부산 금융 중심지로 개발하고, 옛 하야리아 부대 터를 명품 공원으로 조성하여 부산 시민에게 돌려주는 것이다(하야리아 부대 터는 서울 미군 용산 부지와 너무나 닮아 있는 곳으로 2014년 공원이 되었다.) 문현금융단지의 랜드마크가 될 부산국제금융센터 빌딩은 드높은 스카이라인을 자랑한다. 지상 63층, 높이 289m의 '부산국제금융센터(BIFC)'는 서울 여의도 63빌딩보다 40m나 더 높은 부산 남구 지역의 대표적인 마천루다. 단일 업무 용도로는 국내 최고 높이인 BIFC 위용에 가던 길을 멈춰선 채 바라보는 사람들이 군데군데 눈에 띌 정도다.

서부산권축은 부산의 성장동력을 창출할 엔진이다. 세계적인 경쟁력을 갖춘 신항만 개발과 김해국제공항을 확장하고 배후에는 부가가치 높은 국제 산업 물류도시를 조성하는 사업이다. 아울러 복합물류 클러스터를 지원할 금융, 행정, 업무지구인 스마트시티 에코델타시티를 개발하게 된다. 동부산권축의 센텀시티와 해운대 마린시티는 '세계 도시 부산'의 상징으로 부상했다. 여기에 동부산 관광단지와 방사선 의·과학 산업단지가 개발되면서 힘을 불어 넣을 것이다.

이처럼 도시 전체를 개조하고 있는 부산은 지난 10년간 전국에서 가장 역동적인 지가상승률을 보여주었다. 행정수도로 건설되고 있는 세

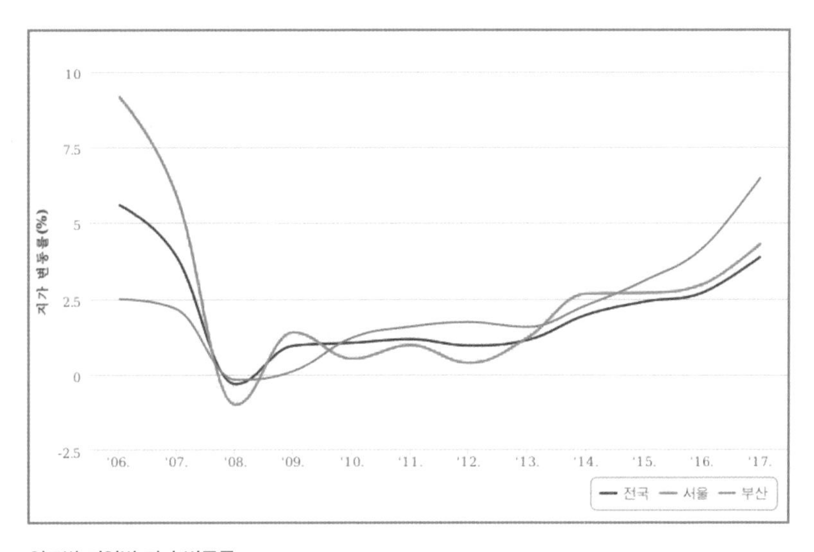

연도별 지역별 지가 변동률

종시 7.015%와 거의 맞먹는 6.507%로 2위를 기록했다. 같은 기간 전국 평균은 3.879%였다. 지금까지 부산의 지가 상승은 '한국의 맨해튼'이라 불린 센텀시티와 해운대가 이끌었다고 해도 과언이 아니다.

그러나 향후 부산의 중심축은 '원도심권축'과 '서부산권축'이 될 것 같다. 부산항을 세계적 미항으로 재창조하여 대륙의 관문이자 관광·비즈니스 중심으로 다시 우뚝 세울 북항 재개발사업이 속도를 내고 있다. 초대형 프로젝트인 부산 신항과 김해 신공항 배후에 들어설 명품 신도시 에코델타시티에 부산의 미래가 있다.

유라시아 게이트웨이로 재탄생할 원도심권

부산시는 북항과 남구, 영도구 등 인근 원도심을 아우르는 '북항 그랜드 마스터플랜'을 발표하였다. 이 안은 오는 2035년까지 단계별로 북항과 인근 원도심 일원을 국제 교류 도시축, 창조 경제 중심축, 게이트웨이 연계축을 구축하는 것이 주요 내용이다.

국제 교류 도시축은 해양 비즈니스, 마이스(MICE), 관광 등의 기능을 한곳에 모아 국제 교류 도시로써 이미지를 높이기 위한 목적으로 시행된다. 먼저 북항 재개발 1단계 사업을 통해 북항 1~4부두 일원(153만 2,419㎡)에 각종 문화시설과 수변공원, 상업·업무·주거시설을 설치한다. 이 사업과 연계하여 자성대 부두에는 해양 관련 업무, 문현혁신도시 확장·파생 기능, 도심형 복합리조트 등을 조성한다. 북항 재개발과 원도심 발전의 걸림돌인 주한미군 55보급창은 부지를 확보하여 이전하고 도심 기능 회복 및 산업 배후 공간 등으로 활용할 계획

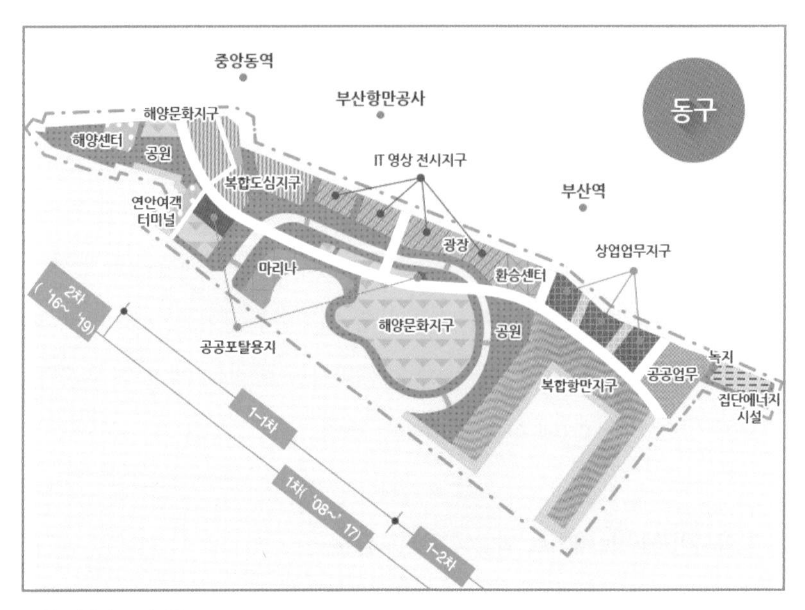

북항 재개발 도시계획도

이다.

창조경제 중심축은 해양 신산업 클러스터를 육성하는 쪽으로 가닥을 잡았다. 우암 · 감만 · 8부두, 영도 등을 해양산업 복합용지로 제공하고 동삼혁신도시에는 해양 R&D지구, 해양 관련 연구기관, 해양 관련 인력 양성기관, 국립해양박물관, 대형 크루즈 전용 부두 등이 들어선다.

게이트웨이 연계축은 북항 일원 원도심과 신공항, 부산역 간 연계성 확보를 위해 부산역에서 부전역까지 철도를 지하화하고 신공항에서 북항까지 도로를 건설한다. 북항과 주변 원도심을 해양 비즈니스와 문화, 관광, 연구개발(R&D) 등 융 · 복합산업 중심의 글로벌 도시로 탈바꿈시켜 부산을 유라시아 출발 도시로 만들 계획이다. 부산 최대 프로젝트

중 하나로 총 사업 규모 최대 20조 원, 경제적 파급효과 31조 5,000억 원, 총 고용 창출 효과는 12만여 명이 될 것으로 전망되고 있다.

태평양과 유라시아 대륙을 연결하는 해륙 통합의 유라시아 게이트웨이(Eurasia Gateway)를 조성하여 국제적인 관문도시로써 위상을 정립하고, 시민들에게 다양한 친수공간을 제공함과 동시에 세계적인 워터프런트를 조성함으로써 국제 해양 관광도시로 도약할 수 있는 계기를 마련하려 한다. 북항과 주변지역을 연계 개발하여 부산의 원도심 기능 회복과 지역경제 활성화를 도모하여 부산 재창조의 새로운 전기를 마련코자 하는 사업임을 목표로 제시한다. 이러한 북항 재개발 사업의 지구별 구체적인 사업 내용은 다음과 같다.

- **상업업무지구** 부산역(KTX)과 국제 여객 및 크루즈 터미널의 중심에 위치하여 접근성이 우수한 비즈니스 공간에 국제적 수준의 복합 상업 기능(쇼핑센터, 위락시설)과 업무지원 기능(국제 업무, 국제회의장, 호텔)을 조성할 계획이다.
- **IT · 영상 · 전시지구** 방송, 연극, 애니메이션 등 영상/미디어 콘텐츠를 활용하여 즐거움이 가득한 공간으로 조성한다. 문화 전시 기능(공연장, 전시장, 스튜디오)과 복합 사업 기능(IT 쇼핑몰 및 업무 시설)이 포함된다.
- **해양문화지구(랜드마크지구)** 부산시민과 국내외 관광객이 가장 많이 방문하는 곳의 중심에 거점 기능을 수행할 랜드마크를 조성하여 지역경제 활성화와 상징성을 강화한다. 랜드마크에는 레저 · 휴양 기능, 리조트, 특급 호텔, 워터파크, 수족관 등이 들어선다.

- **해양문화지구** 지구 주변으로 관광, 레포츠, 문화예술이 어우러진 수로와 대규모의 수변공원을 오픈스페이스로 조성하여 지역을 대표하는 문화공간으로 활용한다. 레저 · 휴양 기능(특급호텔, 놀이 공간, 해양 콘도)과 상업 기능(백화점, 쇼핑센터, 업무 시설)이 들어선다.
- **복합 · 도심지구** 고급형 시설을 중심으로 수변지역과 마리나 시설을 연계하여 도심형 워터프런트 생활공간을 제공하되 야간 공동화 현상을 방지하기 위하여 주거기능을 전략적으로 배치한다. 휴식 · 휴양 기능(관광호텔, 서비스드 레지던스 호텔, 콘도미니엄), 상업 · 판매 기능(복합 쇼핑몰, 테마 레스토랑), 주거 기능(공동주택, 주상복합 아파트) 등이 들어선다.
- **복합항만지구** 배후의 상업 · 업무지구와 연계하여 항만 여객 수요를 흡수하는 해양 교통의 거점이자 관문인 여객터미널 등 국제교류의 장으로 조성하고, 상업 및 업무 기능의 시너지효과를 제공한다. 여객 기능(국제 여객 · 크루즈 터미널), 공공 및 관광 기능(옥상 광장, 컨벤션 센터, 면세점 및 전문상가)이 조성된다.

부산역 철도 부지 재배치

그동안 부산 도심 한복판을 가로질러 도심 발전을 가로막아왔던 부산역 일원 29만㎡의 철도시설을 이전하고 유휴부지에 컨벤션 · 국제 업무 비즈니스 · 상업지구 · 도심 숲 공원 등을 조성한다. 이 사업은 부산시의 숙원사업으로 북항 재개발과 연계하여 원도심을 공간적으로 연결하고, 대한민국의 관문에 걸맞은 세계적인 해양 비즈니스 · 관광거점으로 발전할 핵심 사업이다. 철도 시설 재배치의 주요 내용은 부산역을 고속철도 전용역으로 전환하고 정거장 및 시설 변경, 부전역을 일반철도 통합역으로 운영, 부산진 CY 부산신항역 이전, 범천 차량정비단 부산신항역 통합 이전, 경부선 이설(경부선 기능을 가야선으로 이전하고 냉정~범일 구간 약 5.6㎞ 궤도는 철거)한다.

서부산권의 핵심 국제 산업 물류도시와 명품 도시

부산신항 및 김해국제공항을 안고 있으며 인근에 부산진해 경제자유구역이 인접한 부산 서부권 강서지역은 국가 기간산업이 밀집된 동남권 산업벨트의 중심지로 부상하고 있다. 향후, 아시안 하이웨이와 대륙횡단철도의 기종점 역할을 하게 될 위치로써 현재에도 경부축, 영호남축으로 연결되는 도로 · 철도 등 광역교통망이 잘 발달되어 있다. 주간선도로 남북축으로는 거제에서 대구 그리고 부산 사하를 따라 구축되어 있으며, 향후에는 밀양과 진해 그리고 김해국제공항을 중심으로 도로가 구축될 예정이다. 동서축으로는 진해와 사하가 연결되어 있고 부산과 삼랑진이 연결되어 있으며, 추후 부산과 창원을 중심으로 도로가 구축될 예정이다. 이런 입지 조건을 가진 낙동강 하구 강서지역 일원 33㎢의 드넓은 부지에 국제 산업 물류도시가 2020년까지 단계별로 조성된다. 항만과 배후 산업물류 클러스터의 연계를 강화하여 부산신항을 '물동량 창출형' 고부가가치 항만으로 변화시켜 명실상부 국제적 경쟁력을 갖춘 항만으로 육성하는 전략이다. 이미 잘 구축된 항만, 공항, 철도, 도로, 하천 등 국내외 물류 네트워크상 최적 입지 여건을 보유하고 있는 지역의 경제적 가치를 최대한 활용한다면, 우리나라 최대 산업벨트인 동남 광역경제권의 중핵 거점으로 발전시킬 수 있을 것으로 기대한다. 그동안 부산권의 심각한 개발 용지 부족 문제도 해소된다.

명지국제신도시

낙동강이 동강과 서강으로 갈라진 사이에 섬이라고 할 수 없는 드넓은 평야가 자리하고 있다. 그 가운데 김해공항이 있고 강 하구 쪽으로는 수없이 늘어선 비닐하우스에서 푸른 파가 생산되었는데 전국 최고의 품질과 수량을 자랑했다. 2012년부터 그곳에 타워크레인과 중장비가 들어와 대규모 아파트를 짓기 시작했다. 처음에는 농사짓는 부산 외곽이라는 인식이 강해 미분양이 상당했으나 현재는 프리미엄까지 붙을 정도의 인기 지역으로 부상했다. 이곳이 바로 부산신항과 김해국제공항, 그리고 국제 산업 물류 도시의 배후지로 개발되고 있는 명지국제도시이다.

인천국제공항과 인천항 사이에 자리하고 있는 송도국제도시와 영종국제도시를 묶어 놓은 것으로 연상하면 이해하기가 쉬울 것이다. 부산 최초의 국제신도시로 조성 중인 명지국제신도시는 부산진해 경제자유구역의 핵심 지역으로 국제적인 비즈니스 환경 구축과 국제적 경쟁력을 갖춘 쾌적한 생활환경 제공을 목표로 2008년부터 추진되어왔으며 1단계 448만㎡ 사업은 개발 완료 단계이다. 현재 부산지방법원 서부지원, 서부지방검찰청, 국회도서관 분관, 문화예술회관 등 관공서 건립이 확정되었고, 영국 랭커스터대학교 분교 유치, 5성급 비즈니스호텔, 국제컨벤션센터 등 다양한 시설이 들어올 예정이다. 을숙도대교, 신호대교, 남해고속도로 등의 도로 연결과 부산 도시철도 사상하단선 하단~명지오션시티 구간 9.2㎞가 오는 2026년까지 우선 건설된다. 그리고 명지오션시티~신항 입구 교차로 구간 5㎞도 2037년까지 순차적으로 건설할 계획이다. 2017년 기준으로 명지국제신도시에 건설 중인 아파트들의 입주가 어느 정도 이루어지며 학교도 속속 들어오고 있다. 초등학교로는 명지초등학교(2016년 3월), 신명초등학교(2017년 3월)가 개교했으며 명일초등학교는 2019년 3월 개교 예정이다. 중학교로는 명지중학교(2016년 3월)가 개교했으며 경일중학교는 2020년 3월 개교 예정이다. 다만 급격한 인구 유입에 비해 명지국제신도시 바깥쪽에 편입된 경일중·고등학교만으로는 부족하여 고등학교의 개교가 필요한 상황이다. 총 192만㎡의 2단계 사업은 그린벨트가 해제되는 대로 추진하여 2023년 완공할 예정이다. 1·2단계 개발사업이 마무리되면 총 수용 인구는 8만 6,000명 규모가 된다.

부산 에코델타시티

국가 시범도시로 선정된 부산 에코델타시티는 부산 서구 명지동, 강동동, 대저2동 등 여의도 면적의 4배가 넘는 면적에 5조 4,386억 원이 투입되는 친환경 수변도시로 조성될 예정이다. 아파트, 단독주택 등 정주 인구 3만 세대, 첨단 산업, 국제 물류, 문화 예술, 스포츠레저 등의 기능을 수행하며 전체 7만 5,000명을 수용할 복합 자족도시이다. '자연·사람·기술이 만나 미래의 생활을 앞당기는 글로벌 혁신 성장 도

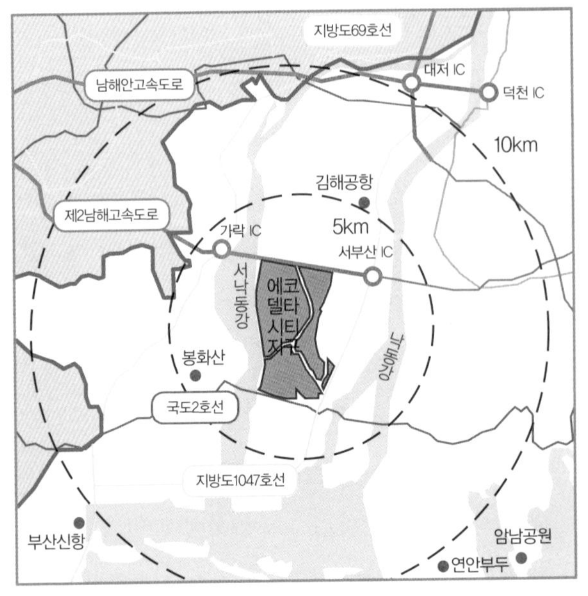

부산 에코델타시티

시'를 목표로 한 스마트시티를 지향하고 있다. 에코델타시티는 명지국제도시 북쪽에 인접하여 역시 김해 신공항, 부산 신항, 국제 물류 산업단지의 배후 도시로 개발된다. 이미 잘 갖춰진 인프라에 창원, 울산 등 인근 동남 경제권역의 800만 거대 인구를 가지고 있다. 게다가 대통령 직속 4차산업혁명위원회와 국토교통부가 함께 지정한 국가 시범도시로 선정되어 5년, 혹은 10년 후 가장 성장성 높은 글로벌 도시가 될 가능성이 크다고 할 수 있다.

국가 시범도시는 백지상태의 부지에 4차 산업혁명 관련 신기술을 자유롭게 실증·접목하고 창의적인 비즈니스 모델이 구현되는 혁신 산업 생태계를 조성하는 곳이다. 이 사업은 미래 스마트시티 선도모델을 제시하고자 정부가 혁신 성장 사업 중 하나로 중점 추진 중이다. 정부는 시범도시의 주요 목표 중 하나가 해외 수출인 만큼 민간기업의 적극적 참여와 혁신 성장을 위한 자유로운 실험 공간을 제공한다. 한편, 시범도시에 혁신적인 기술이 손쉽게 접목·실증되고 새로운 시도가 항상 이루어질 수 있도록 도시계획과 토지 공급도 유연하게 운용할 계획이다.

이에 따라 부산시는 강서구 동서남북을 연결해 주는 하단~녹산 간 도시철도와 오션시티~대저1동 간 트램을 조기 건설할 예정이다. 이와 함께 부산의 동서를 연결하는 낙동강 횡단의 대저대교, 사상대교, 엄궁대교가 개통되면 교통은 더욱 편리해진다. 여기에 바로 인접한 명지국제신도시에 공연시설과 체육시설, 문화복합시설이 이미 들어서 있어 생활의 편익에 도움을 주고 있다. 다만, 수변공간을 활용한 레저시설 건설도 예정되어 있으나, 낙동강 지류들의 수질이 아직 3급수 단계에 머무르고 있어 고민이다. 하지만 남쪽 명지국제도시 외곽으로 만들어진 조깅트랙에 옹기종기 모여 있는 철새들과 강을 유유히 헤엄쳐 다니는 물고기 떼를 보면 에코델타시티 수변 수질 개선 가능성은 보인다.

동부산관광단지(오시리아관광단지) 개발

부산광역시 해운대구와 기장군 기장읍 사이에 면적 366만 2,725.4㎡(약 110만 평)의 대규모 관광단지가 개발되고 있다. 개발이 완료되어 테마파크가 운영되면 부산의 중심 관광지인 해운대 센텀시티와 마린시티, 해운대해수욕장과 기장군을 잇는 해양관광벨트가 구축된다. 그리하여 테마파크 방문객 350만 명을 포함해 연간 2,000만 명 이상의 국내외 관광객이 찾을 것으로 기대된다. 이 사업은 1999년 제4차 국토종합계획에 반영되면서 추진되기 시작했으나 지난 10년간 투자자 선정과 포기를 반복하면서 지지부진했었다.

현재는 테마파크 쪽은 롯데월드 매직 포레스트가 2019년 4월에 착공하여 2021년 5월 개장을 목표로 추진하고 있다. GS · 롯데컨소시엄이 추진하는 테마파크 역시 2019년 상반기에 착공하여 2021년 상반기에 개장할 수 있도록 부산도시공사와 조율 중이다. 엔터테인먼트 쇼핑몰 부지에 들어설 예정인 이케아는 2018년 연말 착공하여 2020년 초에 개장을 목표로 하고 있다. 동부산관광단지에는 2014년 골프장, 2016년 국립부산과학관과 롯데몰 동부산점이 문을 열었고, 2017년에는 힐튼부산과 아난티 펜트하우스가 개장한 상태이다. 국립부산과학관은 개관 1년도 안 돼 누적 관람객 100만 명을 돌파하며 관광단지로써 가능성을 높여 주었다. 총 개발 부지 33곳(268만 2,000㎡) 중 23곳(215만 2,000㎡)의 사업이 확정된 상태이다.

테마파크는 동부산관광단지의 핵심 앵커시설이 될 것이다. 그동안 부산은 마지막 테마파크였던 미월드가 사라지고 난 후 양산의 통도환타지아, 경주의 경주월드, 대구의 이월드, 심지어 서울의 롯데월드와 용인의 에버랜드까지 원정을 가는 형편이었다. 그래서 부산은 물론 울산의 수요까지 감당할 지역으로 기장이 선택되어 추진된 것이다. 아직 일광~울산 구간이 미개통이긴 하지만 동해남부선 광역전철이 연장 개통되면 상당한 시너지를 낼 것으로 보인다.

그에 발맞춰 광역전철 오시리아역이 확정되어 추진되고 있으며 부산도시철도 2호선 노선도 기장까지 연장될 계획이다. 부산울산고속도로의 오시리아IC가 단지와 접속되어 외곽순환고속도로가 완전 개통되면

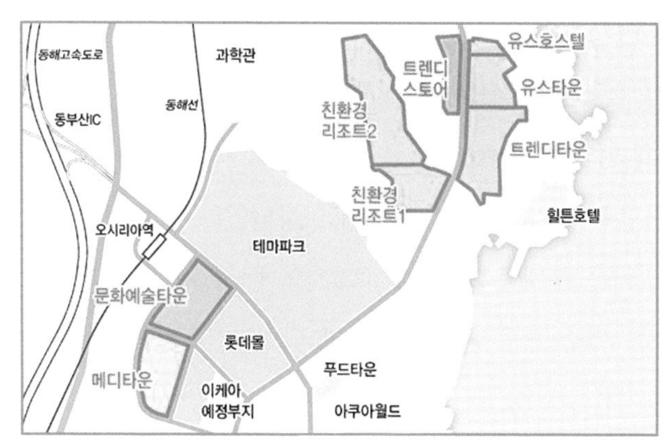

오시리아 관광단지 조성 계획

창원, 김해, 양산, 등의 서부권 도시에서도 접근이 가능하게 된다. 그러나 낙관만 할 수 있는 상황은 아니다. 현재 조성이 진행 중인 테마파크가 동부산관광단지를 견인할 핵심 시설의 기능과 위상을 가지려면 국내외 유명 테마파크와 비교해 매력적인 품질과 콘텐츠를 가지고 있어야 한다. 이미 롯데월드 등의 세계적인 테마파크 건설과 운영 경험이 있는 롯데이지만 여러 가지 악재를 만나 고전하고 있는 상황이라 투자의지가 관건이 될 것이다.

한편 아직 찾지 못한 10개 부지의 사업자 모집은 눈여겨볼 대목이다. 부산도시공사는 10개 부지의 사업자를 찾기 위해 계획을 전면 수정하기로 했다. 젊은 층을 타깃으로 한 전통호텔과 한옥마을은 각각 친환경 리조트 1 · 2로, 실버타운은 유스타운 · 유스호스텔로 변경하고, 메디컬 휴양타운은 트렌디 타운으로 변경되었다. 서비스드 레지던스는 도심형 의료시설인 메디타운으로 바뀌었고, 문화예술단지 부지는 둘로 쪼개 한 곳에는 컬링빙상센터를 짓고, 한 곳에는 문화예술타운을 조성하기로 하였다. 전통건축물 상업지구는 트렌디스토어로 바뀌었으나 커뮤

니티 쇼핑센터와 별장형콘도 등은 기존 사업계획 그대로 추진된다. 지구 단위 계획도 용도지역의 세부 용도를 일부 완화시키는 쪽으로 변경되었다. 친환경 리조트 1 · 2 부지는 1종 일반주거지역에서 2종 일반주거지역으로 변경되어 건물의 층고와 밀도가 완화되었다. 유스타운 · 유스호스텔 · 트렌디타운 부지는 2종 일반주거지역에서 일반적인 문화 · 상업시설을 지을 수 있는 준주거지역으로 완화되었다.

서부경남 KTX 역세권

남북경협과는 조금 거리가 있어 보이긴 해도 우리는 서부경남 KTX 사업 소식을 무시할 수 없었다. 일반적으로 전라도에 비해 경상도는 일찍이 근대화의 개발 수혜를 받은 지역으로 알려져 있다. 그런데 의외로 진주를 중심으로 한 서부경남 지역은 오랫동안 소외되어왔다. 사통팔달의 진주가 왜 소외지역이냐고 의아해하는 독자도 계실 것이다. 남해고속도로를 통해 서쪽으로는 순천에서 광주와 목포로, 동쪽으로는 마산을 거쳐 부산까지 연결되어 있고, 대전통영고속도로(대전~금산~무주~장수~함양~산청~진주~고성~통영)를 통해서는 북쪽으로 대전을 거쳐 서울로, 남쪽으로는 통영까지 연결된 지역의 중심 도시이긴 하다. 그러나 부동산 가치를 결정하는 가장 중요한 요소가 서울까지 걸리는 시간과 거리임을 아는 독자라면 금세 이해할 것이다. 오늘날과 같은 고속철도 시대에 서울과 3시간 이상 떨어진 도시는 진주가 거의 유일할 정도이다. 서울과 비슷한 거리인 목포, 순천, 마산, 창원 모두 2시간 30분대임을 감안하면 진주의 경쟁력은 그만큼 떨어진다.

이런 상황에서 서부경남 KTX 노선(경북 김천~성주~고령~경남 합천~의령~진주~고성~통영~거제) 사업이 예비타당성조사 과정 없이 정부 재정 사업으로 진행된다는 경상남도의 발표는 단연 주목할 대상이다. 경부선 김천구미역에서 분기하여 경상북도 성주와 고령, 경상남도의 합천, 의령, 진주를 거쳐 통영, 거제까지 약 170㎞ 구간이 예정대로 2027년 개통되면 서울에서 진주까지는 2시간, 거제까지는 2시간 30분이면 주파할 수 있게 된다. 이로써 진주는 서부경남의 거점도시로 거듭나게 될 것이고, 한려수도의 기점인 통영과 거제는 '당일치기' 여행도 가능해진다. 그래서 우리는 이미 여수엑스포와 KTX 개통으로 각광을 받고 있는 여수처럼 통영, 거제도의 변화도 주목해 보고자 한다.

혁신도시인가 신진주역세권인가?

진주시 충무공동에는 대한민국의 거물급 공공기관인 LH공사를 비롯한 항공우주산업을 특화 테마로 한 세라믹기술원, 국방기술품질원, 한국산업기술시험원 등의 공공기관이 이주한 경남혁신도시가 들어서 있다. 이에 따라 사천과 남해 · 하동 · 산청 등 낙후된 경남서부권에 가시적인 경제적 효과가 나타났다. 부산 등 광역도시를 제외한 다른 혁신도시들이 이전한 공공기관의 연관 산업 테마에 맞는 생태계 형성이 미흡하여 주말이면 유령도시가 되는데 비해, 진주는 가장 큰 공공기관 중 하나인 LH 본사의 이전과 한국항공우주산업을 비롯한 40여 개의 협력업체가 입주한 항공 국가산업단지로 주목받고 있다. 충무공동에는 LH

가 228억 원을 들여 문화복합도서관을 건립하겠다는 발표와 함께 그 맞은편으로 CGV 극장, 초대형 뽀로로 테마파크 등의 입점이 확정되면서 투자자들이 대거 몰리기도 했다.

진주는 경남혁신도시가 입주한 충무공동과 함께 서부경남 KTX 사업까지 가시권에 접어들면서 부동산 시장이 들썩이는 중이다. 신진주역세권은 남해고속도로와 통영대전고속도로 JC 인근에 위치하며 국립 경상대학교와 가좌 2지구 택지 개발지구가 인접해 있다. 남측으로는 항공국가산업단지와 진주 뿌리산업단지가 추진될 예정으로 진주혁신도시와 항공국가산업단지 사이에 입주하여 배후도시로써 입지가 탄탄하다. 신진주역세권은 진주 혁신도시와 마찬가지로 아파트 입주 시기에 맞춰 근린생활용지 등 상업시설, 학교 등이 들어설 예정이다. 현재 지반공사가 한창이지만 아직은 텅빈 땅이다. 그래도 앞으로 약 7,000여 세대가 들어와 신주거지를 형성하게 된다. 서울과 2시간대로 연결될 KTX, 부산을 1시간대로 주파할 경전선 복선전철화, 사통팔달의 고속도로 등 교통 여건이 워낙 좋아 아직 허허 벌판임에도 불구하고 관심을 가질 만하다. 2020년에는 진주시외버스터미널도 이전할 예정이다. 문화 · 체육 · 교육 · 여가시설 등 정주 인프라 구축에 들어간 혁신도시와 뛰어난 입지조건과 교통 여건을 가진 신진주역세권 중 어느 곳이 더 매력적인지는 지금으로써는 판단하기 힘들다.

아름다운 한려수도와 예술이 어우러진 통영

지금도 주말이면 통영 중앙시장을 중심으로 한 도로는 옴짝달싹 못할 만큼 북적이고 거북선이 떠 있는 해안가를 중심으로 동피랑에서 내려온 연인들이 꿀빵을 먹으며 인산인해를 이룬다. 그래서 주말에 처음 통영을 찾은 사람은 좁고 복잡하고 자그마한 이 항구도시에 왜 사람들이 몰려드는지 이해하지 못한다. 그런데 주말을 피해 한적한 통영을 거닐어 본 사람 중에는 자그마한 집을 사서 아예 주저앉은 사람도 꽤 많다. 7, 80년대를 그대로 옮겨 놓은 듯한 이발소와 구멍가게, 가파르게 올라간 담벼락에 그려진 멋진 그림들, 김약국의 딸들이 소설을 뛰쳐나와 거닐 것 같은 항구와 정감 있는 돌담거리에는 시인들이 가장 좋아하는 시인 백석의 〈통영〉 시비가 서 있다. 케이블카로 미륵산에 오르면 한려수도가 눈앞에 펼쳐지는 곳, 무엇보다 포구가 내려다보이는 언덕에 우뚝 서 있는 세병관이 이순신 장군의 얼이 서린 조선수군통제영이라는 걸 알고 나면 고개를 끄덕일 수밖에 없다. 이처럼 문학과 예술과 이순신 장군의 스토리가 켜켜이 쌓여 있는 통영은 한산도와 미륵도를 바라보며 서 있는 세병관을 중심으로 동쪽에 동피랑, 서쪽에는 서피랑이 양팔을 벌리듯 늘어서 있다.

동피랑을 내려가 통영중앙시장과 광장을 따라 서쪽으로 조금만 가면 연안여객선 터미널이 나오는데 이곳을 통해 한산도, 비진도, 연화도, 욕지도 등 한려수도의 아름다운 섬들을 둘러볼 수 있다. 여객선터미널 앞 서호시장을 지나 조금만 더 서쪽으로 가면 통영대교와 충무교를 건너 미륵도를 갈 수 있는데 충무교 아래로는 해저터널이 뚫려 있다. 한때 세계 10위권에 진입하기도 했던 신아조선소가 있던 이 미륵도는 현재 폐허처럼 변했다. 5,000여 명의 일자리를 앗아간 조선업 구조조정으로 주변 상가는 문을 닫았고 주거지의 공실률도 치솟았다.

통영시는 이 폐조선소 부지의 재생에 미래를 걸고 있다. 다행히 정부는 지난해 도시재생 뉴딜사업지 선정 과정에서 통영시를 유일한 경제기반형 사업 대상으로 선정하여 총 51만㎡ 부지에 1조 1,000억 원 규모의 사업비를 투입한다고 밝혔다. 스토리가 있는 문화도시에 걸맞게 창업이나 공연을 위한 시설, 젊은 공예창작품 제작자들이 활용하는 공간, 요트 등 레저를 즐길 수 있는 페리터미널, 힐링 광장, 마리나, 타운하우스, 쉐어하우스 등이 들어설 예정이다. 폐허와 같은 조선소 부지가 재생되면 통영 산양읍 미륵도의 투자 여력은 충분해진다. KTX 개통으로 서울~통영의 이동거리는 2시간 10분대로 짧아진다. 그렇게 되면 이미 잘 갖춰진 리조트와 아름다운 산양 일주도로, 케이블카, 한려수도, 박경리문학관으로 이어지는 자연과 이야기가 어우러진 통영의 매력은 배가 될 것이다.

해양 힐링관광과 이순신 승전 루트의 거제

KTX 개통은 서부 경남의 어느 도시보다 거제시에게 절실하다. 거가대교 개통으로 부산광역시와 가까워진 거제는 서부경남 KTX로 수도권과의 거리가 2시간대로 가까워지는 만큼 적극적으로 관광 상품을 개발하여 기존의 산업도시를 넘어 관광도시의 이미지 변신을 꾀할 수 있게 되었다. 한 때 지나가는 개도 만 원짜리를 물고 다닌다는 말이 있을 정도로 부를 누렸던 거제는 조선산업의 쇠퇴로 돈을 구경하기 힘든 상황이었다. 거제도는 제주도에 이어 두 번째로 큰 섬으로 풍부한 해양관광 자원을 가지고 있다. 아름다운 해안선은 제주의 2배가 넘는 길이를 자랑하며 동서남북의 다양한 매력을 가지고 있음에도 관광 이미지보다 조선산업의 이미지가 워낙 강했다.

거제시는 KTX 개통이라는 호기를 맞아 총 5개 권역의 맞춤형 개발 전략을 수립하고 있다. 삼성중공업 거제조선소를 중심으로 거제시의 중심부를 형성하고 있는 장생포항의 중서부권은 통영시와 인접하며 KTX 거제역 역세권이 개발되어 새로운 활력을 줄 것으로 예상된다. 대우중공업 조선소가 자리하고 있는 동부권은 도시 재생사업과 해양관광사업이 핵심이다. 조선업 침체로 인구 이탈 및 골목상권이 약화된 장승포 지역의 활성화 방안으로 밤도깨비 야시(夜市)사업, 송구영신 소망길 사업, 인문의 골목여행 사업 등 다양한 역사문화 자산을 활용한 특색 있는 재생사업이 계획되어 있다.

이런 재생사업과 함께 흥남철수 기념공원 조성사업, 지심도 개발사업, 장승포항 야간 경관 개선사업 등도 추진된다. 이미 해금강으로 명성이 높은 남부권은 기존의 외도, 바람의 언덕, 몽돌해수욕장 등의 관광자원에 어촌체험마을을 조성하여 해양 힐링 관광단지로 개발한다. 옥포대첩기념공원으로부터 외포리, 한화리조트, 거가대교와 저도로 이어지는 북부권은 향후 5번국도를 통해 마산합포구에서 실리도를 거쳐 거제도 장목면으로 다리가 놓일 계획으로 광역도시권인 부산 · 경남과 직접 연결되어 풍부한 관광 수요가 장점이다. 실제로 거제시는 국방부 소속의 대통령 휴양지였던 '저도'를 관광지로 개발하기 위해 소유권 반환을 추진 중이기도 하다.

한편 거제는 호국영웅 이순신 장군의 승전 루트를 개발하여 통영의 한산도와 연계한 스토리텔링 관광도 유효하다. 한산도 제승당과 한산

대첩을 일군 앞바다, 첫 승전보를 올린 옥포와 율포, 영등포, 장문포 등 포구마다 장군의 얼이 서려 있다. 또 거제에는 1만 명이 넘는 조선 수군이 수장당한 칠천량과 6 · 25 전쟁 시 사용되었던 포로수용소도 있어 안보의 중요성을 일깨우기도 하는 곳이다. 이 밖에도 서부경남 KTX가 건설되면 서울 · 수도권에서 지리산과 남해안까지 이동하는 데 걸리는 시간이 2시간 이내로 접근이 편리해져 휴양 · 교통 · 산업 · 관광 등 지역마다 특색에 맞는 개발로 지역경제가 활성화될 것이다. 특히 해인사가 있는 합천과 대가야의 숨결이 살아 있는 고령은 울산~합천~함양 간 고속국도까지 연결되어 상당한 투자 가치가 생겨날 것으로 기대된다.

남북을 이어주는 한반도의 등뼈 동해선 철도

2018년 11월 30일, 남북 철도 공동조사단은 18일간 경의선 개성~신의주 400㎞, 동해선 금강산~두만강 800㎞ 구간의 현지 조사에 들어가 남북철도의 연결 가능성을 높여 주고 있다. 경의선과 함께 가장 우선순위로 꼽히는 동해선에 주목하는 것은 단기적으로는 금강산관광 재개와 중장기적으로는 남북경협의 시금석이 될 금강산~원산~설악산~속초로 이어지는 남북공동관광특구 개발의 핵심 사업이기 때문이다. 금강산 관광이 재개된다면 앞서 언급한 대로 당장 강원도 고성군과 속초를 중심으로 지역경제 활성화에 상당한 영향을 미치게 되며 중장기적으로는 동해선 전 구간에 걸쳐 큰 영향을 끼치게 될 것이 분명하다. 현재 부

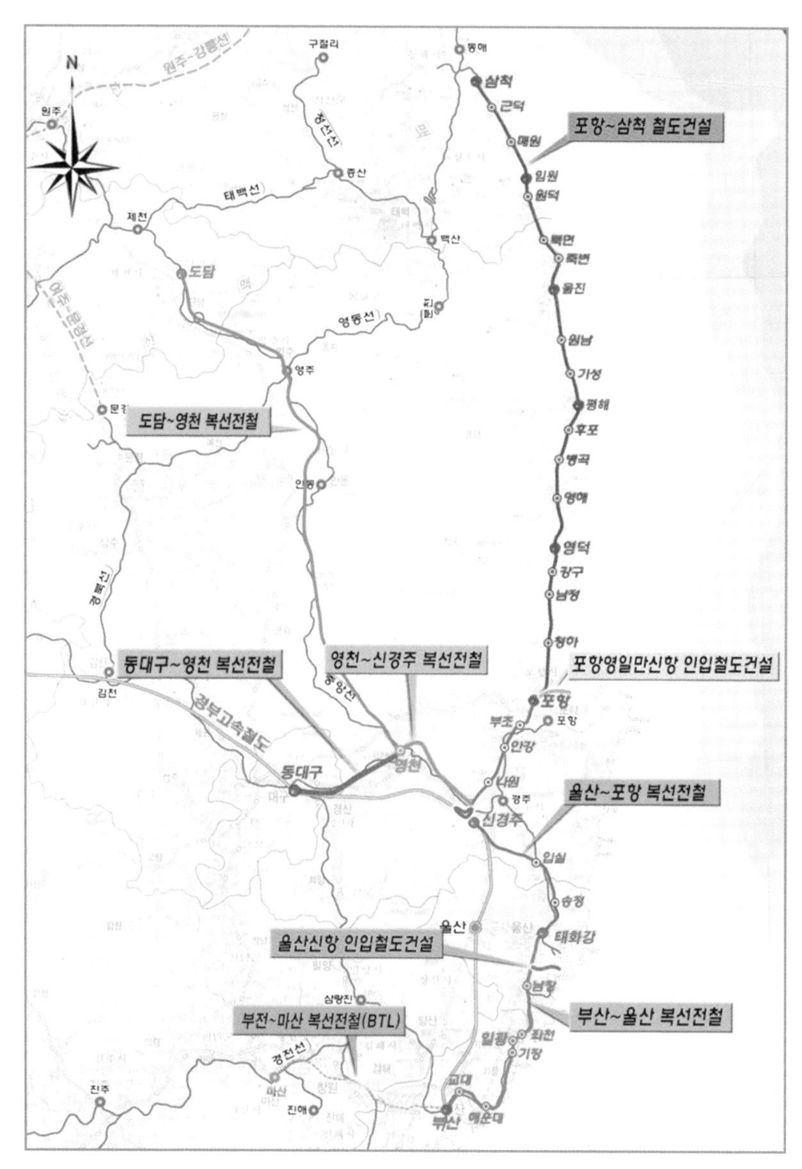
포항~삼척 철도건설
도담~영천 복선전철
동대구~영천 복선전철
영천~신경주 복선전철
포항영일만신항 인입철도건설
울산~포항 복선전철
울산신항 인입철도건설
부전~마산 복선전철(BTL)
부산~울산 복선전철
경부고속철도
태백선
영동선
중앙선
경전선
동해
삼척
근덕
매원
임원
원덕
영주
도담
제천
동대구
영천
신경주
포항
부조
안강
나원
입실
송정
태화강
남창
좌천
일광
기장
고대
부산
해운대
울산
마산
진해
진주
김천
삼랑진
울진
평해
후포
영덕

동해중부선 철도 노선도

산~경북 영덕까지는 철도가 운영되고 있다. 동해중부선 구간인 영덕~삼척(122㎞) 구간도 2020년 개통을 목표로 건설 중이고, 동해북부선인 강릉~제진(104㎞) 구간은 남북경협 국가시책 사업으로 예비타당성 조사 없이 추진되어 2026년이면 완공될 것으로 보인다.

환동해권 국가철도망인 동해선이 가시화되면서 구간 내 역세권을 중심으로 부동산에 대한 관심이 높아지고 있다. 동해남부선의 일광역이나 동해중부선의 영덕역은 남북경협을 예상하지 못한 상황에서 개통되었음에도 불구하고 상당한 시세 변화를 보여주었다. 물론 부산과 울산의 배후를 가지고 있는 일광역, 포항과 30분 이내의 거리이면서 대게의 주산지로 명성이 자자했던 영덕역을 소외 지역의 경북 울진역~삼척역 사이의 역들과 단순 비교하기에는 무리가 따른다. 허나 동해안 특유의 자연풍광과 해수욕장 등을 보유했음에도 서울 · 수도권 사람들의 접근이 어려워 저평가된 이 지역에 큰 호재임은 분명하다. 축산항 인근의 영해역, 고래불해수욕장의 병곡역, 후포등대가 있는 후포역, 월송정의 평해역, 관동팔경의 한 곳인 망양정과 금강송 숲이 있는 울진역, 동해안 중부의 제법 큰 항구 죽변항의 죽변역, 그 외 북면-원덕-임원-근덕으로 이어지는 해변으로 사람들의 눈길이 이어질 것이다. 다만, 동해안은 철책을 비롯한 군사시설과 자연보호 구역 등 개발제한구역이 많다는 점을 미리 알고 전문가와 상담하거나 현장 확인은 필수라 하겠다.

울산의 가치는 도시 생태복원

공업탑로타리와 번영 사거리가 말해주듯 울산은 대한민국을 대표하는 공업도시로 거대한 굴뚝과 망치가 도시의 이미지를 대변해 준다. 그래서일까 1인당 국민소득 6,096만 원의 신화에도 울산시는 그다지 살고 싶은 매력을 주지 못했다. 울산은 경제적 가치만이 부동산 가치를 결정하지 않는다는 것을 보여주고 있다. 경제적 가치만으로는 오를 만큼 올라 있는 울산 부동산이 재평가 받기 위해서는 개발의 대가를 지불하는 시간이 필요할 듯하다. 부산이 '혁신'으로 도시의 재생을 도모하고 있다면 울산은 '생태복원'의 수순을 밟아야 한다. 다행인 것은 이미 울산시가 그것을 알고 추진하고 있다는 것이다. 환경을 파괴하여 건설한 공업도시에서 친환경에너지를 확대하여 자연과 생태가 공존하는 도시를 만들어가는 노력을 점진적으로 추진하고 있다. 특히 수소(H2) 산업은 울산이 추진하고 있는 역점사업이다.

수소는 연료화 과정에서 CO2를 전혀 발생시키지 않는다. 따라서 수소는 에너지 효율이 높고 환경오염을 일으키지 않는 청정연료로 날씨와 기후에 관계없이 기술력만 있으면 상시 생산할 수 있다. 대한민국 화석에너지의 메카에서 친환경 수소에너지의 메카로 변신을 시도하고 있는 것이다. 또한 울산시는 2020년 생산이 중단되는 동해가스전 해양플랜트를 활용하여 2022년까지 60기의 해상 풍력 발전기를 설치해 300MW급 발전단지를 조성하고자 한다. 동해가스전이 있는 곳은 동해 한복판으로 연중 엄청나게 강한 바람이 부는 곳이다. 유휴 해양플랜트를 재활용하여 무한한 풍력을 에너지로 전환하는 이 사업이 성공하면 세계

풍력 에너지산업의 주도권을 확보함과 동시에 조선 수주 절벽에 따른 일감 부족을 해소할 수 있다. 더불어 축적된 해양플랜트 기술의 수출 길도 열릴 것이다.

천년고도의 관문으로 부상한 신경주역과 울산 북부 환승권 송정역

경주시 건천읍 53만 7,000여㎡에 공공청사, 학교, 주차장, 상업용지 등 인구 1만 4,000명이 생활하는 고속철도 신경주역 역세권이 개발된다. 현재 서울~부산을 잇는 경부고속철도 KTX와 SRT의 경유지인 신경주역은 경주~포항을 거쳐 강원 삼척을 잇는 동해중부선 철도의 복선화 철도가 2019년, 경주~안동을 거쳐 서울 청량리를 잇는 중앙선 철도가 2020년에 지나게 되어 교통의 요충지가 된다. 2000년 전 신라시대 동방 실크로드의 시작이자 종착지였던 옛 영화가 다시 올지도 모르겠다. 경부선 KTX는 신의주를 거쳐 중국대륙철도(TCR)와 연결되고 동해선은 나진·선봉을 거쳐 시베리아철도(TSR)로 이어지기 때문이다. 우리가 경북지역을 대표해 신경주역을 주목할 부동산으로 꼽은 데에는 나진·선봉~블라디보스토크~북해도~니카타~제주로 이어지는 환동해안 크루즈 관광에 울산과 포항 어느 곳이 되든 경주는 관광의 수혜를 톡톡히 누릴 수밖에 없기 때문이다. 문무대왕릉이 있는 감포관광단지와 석굴암과 불국사 등 천년고도 신라의 보문관광단지는 외국인에게나 북한 사람들 모두에게 좋은 관광 상품일 것이다.

한편, 경주로 이어지는 동해남부선에 신설될 송정역은 가능성 있는 역세권으로 꼽힌다. KTX 신울산역이 서부권 개발 중심이라면 동해남부선 송정역은 동·북부권의 교통 중심지로서 복합환승센터가 건립되고 있다. 송정역은 개발권역 10㎞ 이내에 미포산업단지, 온산국가산업단지, 현대자동차 공장이 있고, 약 30만 명 이상이 거주하는 배후 도시로 7번국도가 지나고, 북부순환도로, 오토밸리로와 울산공항도 인근에 자리하고 있어 교통 인프라가 풍부하다.

쿼터블 역세권 남강릉역세권

평택이 서해안 시대를 주도하며 거점도시로 성장했다면 남북경협의 호기를 맞은 동해안 시대를 강릉이 준비하고 있는 분위기다. 이미 시작된 남북 철도 공동조사 이후 동해북부선 조기 착공이 가시화되면서 강릉시가 발표한 '북방물류 허브 거점도시 시범사업 종합구상'(안)은 충분히 기대할 만한 가치가 있다. 기본 계획은 복잡한 현재의 KTX 강릉역

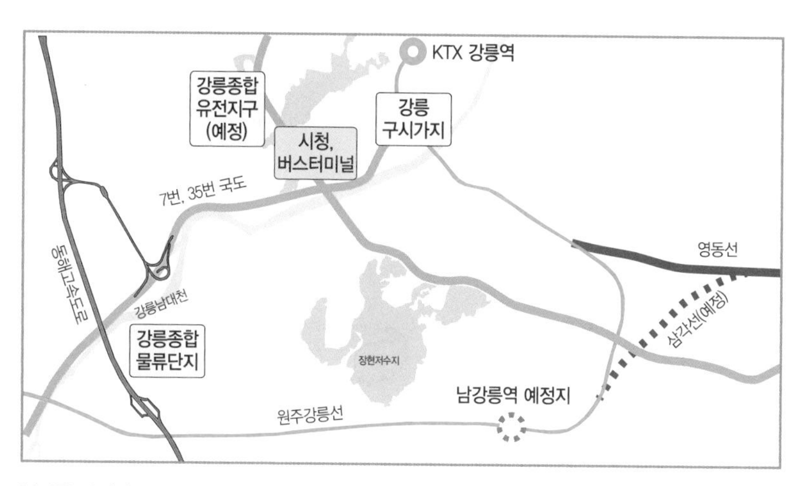

남강릉 역세권

이 물류 중심지로서 역할을 기대하기 어려우므로, 외곽인 강릉시 구정면에 KTX 남강릉역을 설치하여 환승역으로 운영하고, 이곳을 물류 중심지로 조성한다는 계획이다. 이에 따라 남강릉역은 기존 경강선 KTX뿐만 아니라 강원 내륙을 거치는 영동선(경북 영주~산척 도계~동해~강릉)을 잇는 환승역이 되고, 동해선이 남북으로 연결되면 남강릉역은 강원 내륙 동서축과 동해안 남북축 철도의 환승 역할을 맡게 되는 쿼터블 역세권이 되는 것이다. 인근에 남강릉 IC가 있어 버스터미널을 옮겨 오면 그야말로 철도 · 육상 교통의 중심지가 되어 강릉시 계획대로 북방 물류 허브 거점도시로 성장할 것으로 보인다.

이렇게 되면 강릉시는 기존 도심에서 구정면 일대까지 발전이 확대되고, 아울러 옥계는 공업지역, 구정은 상공지역, 주문진은 수산지역으로 육성하여 3개 지역이 동해안권 경제자유구역의 핵심이 될 것이다. 또한 남쪽에 있는 옥계항은 수출항, 안인면에는 발전단지, 강릉 일대 동해안에는 해수워터파크 등 문화 · 관광시설을 건설하여 철도 연결과 복합물류단지 배후에 조성될 주거단지 개발에 대비할 예정이다. 이로써 평창 동계올림픽대회 개최를 계기로 상승한 강릉의 부동산은 남북관계 개선에 힘입어 도심 확산과 대규모 개발, 교통망 확충의 호재가 잇따라 구정면 금광리, 학산리, 덕현리 일대를 중심으로 꿈틀대는 양상이다.

동서고속철도의 속초역세권

속초시의 오랜 숙원사업인 동서고속화철도(춘천~속초) 건설이 환경 평가에 들어감에 따라 속초역세권 개발사업이 다시 주목을 받고 있다. 속초는 금강산－원산 관광특구와 설악산－속초가 공동으로 국제관광특구로 지정됨에 따라 강릉～제진 간의 동해북부선과 함께 가장 먼저 추진될 사업으로 꼽힌다. 속초시 노학동 일원(719,996㎡)이 유력하게 대두되고 있는 가운데 속초역 해당 편입 예정 부지가 2017년 7월부터 토지거래계약 허가구역 및 개발행위 허가제한지역으로 지정되어 가능성을 높였다. 이 사업은 향후 국토부에서 동서고속화철도 건설사업의 노선과 역의 위치를 확정하고 기본 계획을 수립, 고시하면 본격 추진된다.

지금부터 준비하는
한반도 부동산 신경제지도

두만강에서 북한 땅 투자를 꿈꾸었다

2016년 8월, 우리는 만주와 백두산을 둘러보았다. 백두산과 만주, 그리고 압록강 · 두만강 주변을 돌아보면서 지척에 있는 북한을 보고 싶어서 간 것이다. 고령으로 병환 중인 실향민 아버지(평양시 상수동 93번지)를 둔 나는 이번 여행이 각별했다. 장춘 공항에 내리자 현지 회원이(이하 가이드) 마중을 나왔다. 버스 차창으로 보이는 만주는 지루할 정도로 넓었다. 한여름 끝없이 펼쳐진 옥수수밭 풍경의 단조로움에 잠깐 잠이 들었다가 웅성거리는 소리에 눈을 뜨니 버스는 자그마한 강가를 구불구불 달리고 있었다. 누군가 말을 하지 않아도 금세 알 수 있었다. '아~, 강 너머는 북한 땅이구나' 눈앞에 훤히 보이는 저편의 혜산시는 온통 붉은 색이었다. 벌거숭이산에는 풀도 제대로 자라고 있지 않아 붉은

흙이 그대로 보이고, 낡은 지붕에 녹이 슬어 건물들도 붉었다. 어릴 적부터 북쪽이라고 하면 '빨갱이'라는 교육을 철저히 받아 온 실향민 2세이기에 내 머릿속에서 이미 북쪽은 붉은 건지도 모르겠다는 생각이 들었다. 그래서 눈을 비볐다. 손등에 물기가 묻어 나왔다. 버스 안이 이내 잠잠해지고 버스의 움직임에 따라 출렁이던 커튼을 최대한 젖힌 차창 밖으로 눈빛들이 뻗어 나갔다. 강 너머는 초저녁이었지만 산골 마을 자정만큼 적막했다.

다음 날 일찍 눈을 뜬 나는 룸메이트와 압록강 강가를 산책하기로 했다. 저녁에 못다 본 강 너머를 눈에 담고 싶었다. 가이드가 중국의 대북 제재 동참으로 북 · 중 관계가 악화되어 있으니 공안이나 북쪽 사람들을 만나면 조심하라고 했다. 동쪽으로 솟은 산을 타고 넘어온 햇빛에 잠을 깨는 혜산시가 눈에 들어왔다. 아침의 혜산시는 일찍 강가로 나와 뭔가를 줍고 있는 아이들과 함께 조금은 푸르러 보였다. 압록강 물살이 제법 세긴 하지만 수영을 조금 할 줄 안다면 10분도 채 걸리지 않아서 강 건너편까지 갈 수 있는 거리였다. 하지만 70년이 되도록 이 10분이라는 짧은 경계는 목숨이 오가기에 '충분히 위험한 시간'이라는 생각이 들자 좁은 강이 한강만큼이나 넓어 보였다.

아침을 먹고 서파로 오르니 백두산 천지가 구름을 거두고 우리를 맞이해 주었다. 다음 날 이도백하를 거쳐 북파로 오른 백두산도 그 찬연한 모습을 환히 보여주었다. 덕분에 여행의 1차 목적은 개운하게 이루었다. 셋째 날은 '일송정'이 있는 용정을 거쳐 도문시로 가는 여정이었다. 버스가 나지막한 언덕 아래로 미루나무가 서 있는 작은 마을을 지나는데 나는 마치 강원도 어느 시골길을 가는 듯한 착각에 빠졌다. 장춘시에서 백산시로 가는 길에 펼쳐진 넓은 만주 벌판과는 판이한 이곳 용정은 산과 논밭이 어우러진 고향 마을 같았다. 나라 빼앗긴 서러움을 달래며 살기에 이만한 곳도 없겠다 싶었다.

문득 아까부터 〈선구자〉가 흘러나오고 있었다는 것을 알아차리고 감상에 빠져 있는데 가이드가 겸연쩍은 얼굴로 그냥 도문시로 직행해야겠다고 한다. 중국의 최고 지도자가 용정에 온다고 해서 길이 통제되었다는 것이다. 역시 이곳은 강원도가 아닌 중국의 만주다. 도문시는 두만강을 사이에 두고 북한의 남양시와 철도와 도로가 연결되어 있어 북·중 간의 교역이 가장 활발한 곳이다. 해마다 2만 명 이상이 도문대교의 커우안(口岸)을 거쳐 북한의 남양시를 출입하고 있다고 한다. 그런데 이곳 역시 북·중 관계 악화로 폐쇄되어 있었다. 그렇다 해도 도문시는 연변자치주에 속해 있고, 중국은 꽌시의 나라이기도 하다. 공무원을 지낸 가이드와 동행한 덕분에 우리는 도문대교 위에 그어진 국경선을 볼 수 있었다. 조심스럽게 다리 위를 걸어가자 다리 중간에 고작 20cm의 흰색 선이 우리를 막아섰다. 왼 손과 왼 발을 북한 땅에 넣어 보았다. 북한의 공기가 손끝에 만져졌다. 나의 첫 월북(?)은 이렇게 소심하지만 쫄깃하게 성공했다.

넷째 날은 두만강 끝자락을 보러 가는 일정이다. 훈춘 시내에 들어서자 상점들 간판이 특이하다. 중국어와 러시아어, 한국어가 동시에 적혀 있다. "훈춘의 닭 울음소리에 3국(중·북·러) 사람들이 깨어나고 개 짖는 소리에 3국 사람들이 모두 놀란다."는 말이 과장이 아닌 모양이다. 상점에선 중국의 위안화, 러시아의 루블화가 함께 쓰이고 있었다. 가이드가 어디론가 전화를 걸자 곧 검은색 자동차 한 대가 마중 나와 우리 버스를 중 · 북 · 러 접경지역으로 안내했다. 중국에서 북한 나선으로 갈 수 있는 가장 가까운 검문소인 권하 검문소를 통과하자 두만강이 나타나고, 강가로 도로가 있는데 도로 옆으로는 철조망이 쳐져 있었다. 강의 1/2은 북한의 경원군, 나머지 1/2과 도로는 중국의 훈춘시, 도로가 끝나는 곳부터는 러시아의 하산시다. 이곳이 바로 두만강 삼각주다.

길이 끝나는 곳에 도착하자 제법 큰 규모의 전망대 용호각이 자리하고 있었다. 이곳에 오르면 만주 동쪽에서는 웬만해선 볼 수 없었던 푸른 초원이 드넓게 펼쳐져 있다. 군데군데 제법 큰 호수와 습지가 이곳이 두만강 하구였음을 보여 줄 뿐이다. 그 때 누군가 이곳이 '녹둔도'였다고 말해 주었다. 녹둔도라면 이순신 장군이 여진족으로부터 지켜 낸 최북단의 우리 땅 아닌가? 피 흘려 지켜 낸 그 땅을 지금 차지하고 있는 나라는 아이러니 하게도 역사 속에서 어떤 연고도 찾아볼 수 없는 러시아다. 누가 봐도 보석인 이 땅, 중국은 이미 훈춘시에 공항과 고속철도를 건설 중이고(고속철도는 현재 개통되었다), 러시아는 신동방정책의 핵심지역으로 하산시를 꼽았다. 북한의 나진선봉특구도 지척이다.

가이드에게 훈춘을 소개해 달라고 하자 그는 간단명료하게 말했다. "훈춘은 3개 나라(북 · 중 · 러)가 인접해 있고, 5개 나라(남 · 북 · 중 · 러 · 일)로 통하는 도시"라고. 그야말로 사통팔달 교통 요충지이자 물류 기지로 이만큼 좋은 곳이 없어 보인다. 북한의 철도만 연결된다면 부산에서 출발한 기차가 이곳을 거쳐 시베리아철도를 내달리게 될 것이다. 러시아의 무한한 자원이 철로를 타고 부산까지 가는 것도 그리 어려운 일이 아니다. 이뿐이겠는가? 중국 동북3성에서 만들어진 제품들이 이곳에서 나선 항구로 옮겨져 미국과 유럽으로 가기에도 안성맞춤이다. 중국에서 미국과 유럽을 잇는 최단거리 항로가 바로 이곳이기도 하다.

이런 생각이 펼쳐지자 나는 어느새 실향민 2세에서 부동산 전문가로 변해 있었다. '이곳은 최적의 투자처다' 순간 온몸이 전율에 휩싸였다. 동토로 각인되어 있던 북쪽이 희망의 땅으로 보이기 시작한 것이다. '이곳에 땅을 좀 가지고 있으면 좋겠다'는 말이 절로 나왔다. 우리는 농반진반으로 '그래 한번 연구해 보자'고 의기투합했다. 그때 전망대 3층 벽에 붙어 있는 '두만강 지역개발 조감도'가 보였다. 이미 1991년부터 시작된 유엔개발계획(UNDP)은 동북아지역 합작 방안을 제기했고, 남한 · 북한 · 중국 · 몽골 · 러시아 · 일본 등 6개국이 두만강 지역개발에 합의해 '두만강개발대상관리위원회'를 창립했다. 이후 2005년 9월 남 · 북 · 중 · 몽 · 러 등 5개국은 합작지역을 중국 동북3성, 내몽고와 몽골 동부지역, 북한 나선경제특구, 남한의 동해안 도시(속초 등), 러시아 극동지역 등으로 확대하기로 합의했다.

하지만 이후 더 이상 진행이 되지 않았다. 북한이 연이어 5차, 6차 핵실험을 했고, 미국을 향해 미사일을 쏘아 올렸기 때문이다. 조바심을 냈던 우리 모임도 북 · 미 관계만큼 싸늘하게 식어갔다. 모임을 주관하고 있던 나도 박사 과정의 통계학에 묶여 낑낑대느라 두만강의 기억이 가물가물해지고 있었다. 2018년 1월까지 그렇게 시간이 흘렀다.

남쪽부터 그려가는 한반도 부동산 신경제지도

판문점 정상회담은 멈췄던 우리의 꿈을 다시 꾸게 했다. 문 대통령이 김 위원장에게 제안한 '한반도 신경제지도'에 맞춰 우리도 '부동산 신경제지도'를 그려 보기로 하고 곧바로 정보와 자료 수집에 착수했다. 이 때까지만 해도 우리는 회원 각자의 장점을 살려 의기투합하면 어렵지 않게 할 수 있을 것 같았다. 여기서 잠깐, 우리 회원 소개를 상세하게 해야겠다. 가장 연장자이신 김정철 회원은 전 서대문구 구의원(현 개인 사업)으로 내가 아는 사람 중 가장 에너지가 넘치는 분이다. 특히 국내외를 가리지 않은 그의 네트워크는 가히 따라올 사람이 없을 것이다. 두 번째 연장자이신 연변의 박금철 회원도 그로부터 맺어진 인연이다. 박금철 회원은 연변자치주 공안 출신으로 그 또한 네트워크(꽌시)가 대단하다. 그가 공안으로 있을 때 조선족 가운데 덕을 보지 않은 사람이 드물다고 했다. 한편 그의 아들이 연길시에서 부동산 전문가로 활동하고 있기도 하다. 나와 신민식 회원은 동갑으로 친구이자 파트너이다. 대학에서 지역개발학을 전공했으면서 전공과 무관한 출판을 28년째 하고 있는데, 이 친구 또한 위즈덤하우스 대표를 지낸 이력이 말해 주듯 다양한 분야의 전문가와 소통하고 있다. 그의 오랜 출판 노하우와 전공이 이번 프로젝트에서 큰 역할을 담당했다. 구의회 의장의 경험과 부동산을 전문으로 하고 있는 나를 포함하여 우리의 팀워크는 훌륭한 조합이다. 부동산 지식과 정보는 내가 맡고, 자료는 신민식 회원이 취합해 정리하고, 김정철 회원은 정보와 자료 취득에 필요한 루트와 인적 네트워크를 지원하고, 박금철 회원은 북 · 중 접경지역 정보와 북한에 대한 정보를 가능한 대로 제공해 주기로 했다.

먼저 국내 정보와 현장 답사를 진행했다. 비교적 자료가 많고 한두 번씩 방문 경험이 있는 인천, 평택, 새만금, 부산, 울산, 강릉 등의 주요 도시를 제외하고는 직접 가 봐야 했다. DMZ벨트 지역, 남해안 도서 지역, 포항~강릉 구간의 동해안 지역이 그런 곳들이다. 이곳은 평소에 가기 힘든 대한민국 오지들이다. 6월 중순, 신민식 회원이 목포, 완도, 강진, 고흥, 여수, 통영, 거제를 돌아 포항, 영덕, 울진, 속초까지 동해안을 한 바퀴 돌아왔다. 이후 유난히 무더운 7월 나와 신민식 회원은 강원도 속초 · 고성에서 인제, 철원, 연천, 파주를 거쳐 강화군 교동도까지 DMZ벨트를 살펴보았다. 강행군이었다.

그런데 문제는 몸이 아니라 무모한 도전에 대한 회의가 서서히 밀려왔다. 대한민국 국토를 돌아볼수록 부족한 지식과 한 번도 제대로 본 적이 없는 구석구석 넓은 땅에 한계를 느껴야 했다. 더군다나 북쪽은 가볼 수조차 없으니 더욱 막막했다. 실의에 빠져 있는 우리에게 힘을 실어 준 것은 역시 가까운 지인들이었다. 나를 비롯하여 우리 회원 3명이 포함된 연희패밀리 지인들은 꼭 해야 할 일이라며 연희동 황카페의 명물 펑리수와 따뜻한 커피로 힘을 보태 주었다. 용기를 낸 우리는 다시 연변에 가 보기로 했다. 이제 연변의 박금철 회원의 역할이 필요한 상황이다.

2018년 8월 말, 오전 11시쯤 연길공항에 도착하자 우리를 기다리고 있는 사람은 박금철 혼자가 아니었다. 낯익은 조선족 동포들로 마치 형제들처럼 지내고 있는 연변패밀리 지인들이 함께 나와 있었다. 그들은 이미 연길, 도문, 훈춘 등 연변자치주 전역에 우리가 필요로 하는 정보와 자료를 얻을 수 있도록 조치를 해 놓았으니 걱정 말라고 했다. 서울의 연패(연희패밀리)와 연변의 연패(연변패밀리)가 총 출동하여 우리 프로젝트를 지원하고 있었던 것이다. 이 지면을 빌어 서울, 연변 모든 연패

들께 감사의 인사를 드린다.

간단히 점심을 마친 우리는 훈춘으로 향했다. 나는 120㎞ 거리인 연길~훈춘을 고속철도로 가 보고 싶었으나 훈춘 도착 후 차량이 없으면 불편하다는 박 회원의 말을 따르기로 했다. 그의 말은 훈춘에 도착하자 바로 확인할 수 있었다. 이미 연락을 받고 대기하고 있던 조선족 현직 공무원은 30만 명이 채 안 되는 훈춘시가 인구 100만 명 수용을 목표로 도시계획이 되어 있어 시설이 아직 많이 미비한 상태라고 알려 주었다. 그래서 고속철도로 왔다면 외곽에 있는 역에서 시내로 진입하거나 다른 곳을 둘러보는 데 꽤나 고생했을 것이라는 걸 짐작할 수 있었다.

중국 정부는 이곳을 동북아의 관문으로 개발하기 위해 500억 위안(8조 5,000억 원)을 투자하기로 하고 개발을 시작했으나 북핵 문제로 개발이 지지부진하다고 했다. 그래서 많은 민간인들이 훈춘에 투자했다가 낭패를 보았다고 한다. 그래서일까? 시 외곽에는 짓다가 만 건물들이 곳곳에 있고, 시내 상점들도 비어 있는 곳이 눈에 띄었다. 그런데 이번 북미 정상회담 이후 아파트를 중심으로 가격은 상당히 올랐다고 했다. 지난 달(7월) 1㎡당 3,300위안(약 56만 원)이었는데 한 달 사이에 3,500위안(약 595,000원)으로 10% 가량 뛰었다고 했다. 일부 돈 있는 사람들이 위험을 감수하고 투자하고 있는 것이라는 귀띔이다. 호텔에 들어와 나눈 우리의 의견도 훈춘은 위험성이 큰 투자처라는 결론이었다. 대박이 될지 쪽박이 될지는 아직 가늠하기 어렵지만 어느 때보다 대박 가능성이 커진 것만은 분명하다.

다음 날 북한과 가장 가까운 도시인 도문으로 향했다. 도문시에는 현지에서 가장 큰 식당과 웨딩홀을 운영하는 연변패밀리 중 한 분이 있는 곳이다. 그의 사무실에 도착하자 한복을 곱게 차려 입은 동포들이 꽹과리와 징을 앞세워 도로를 줄지어 활보하고 있었다. 마침 매년 열리는 조선족 축제 기간이었던 것이다. 얼마 후 도문시 건축과 공무원 한 사람이 도착해 인사를 나누고 몇 가지 얘기를 나눌 수 있었다. 도문시 총인구는 11만 5,000명으로 그나마 시내에는 7만 5,000명밖에 안 되는 자그마한 도시이지만 북한의 남양시와 자유 왕래(조선족 중 공무원)가 가능하고 나선특별구와의 거리도 직선으로 100㎞밖에 안 되는 교통 요지로 앞으로 투자 가치가 높은 곳이라고 자랑했다.

역시 남북 화해 분위기를 반영하듯 시내 곳곳에 제법 큰 규모의 아파트 재개발이 이루어지고 있었다. 더욱이 외국인들도 얼마든지 주택 구매가 가능하다고 한다. 다만 외국인에게 은행 대출은 안 되므로 전액 현금을 지불하는 부담을 감수해야 한다. 중국은 아직 다주택 보유세와 같은 중과세는 없으나 2주택 이상이면 주택 수에 따라 등록세가 1.5%, 3%, 4%로 차등 부과된다고 한다. 한편 중국의 분양제도는 구매자 입장에서 안정적이었다. 건축주가 시공 허가를 받으려면 건축계획과 건축설계까지 통과해야 시공이 가능하고, 시공 후 분양은 최소 50% 공정이 끝난 후부터 가능한데 10층 이상 아파트의 경우에는 10층 이상 공정이 끝나야 하고, 10층 이하인 경우라면 그 층수를 모두 올려야 분양이 가능하다. 이것은 선 분양 후 자금 부족으로 공사가 중단되는 등의 사태를 막기 위한 수단이라고 한다.

미팅을 마치고 연길로 이동하는데 그동안 운전만 하며 의견을 삼가던 연변의 박 회원으로부터 현지인들의 반응을 전해 들었다. 한마디로 남북경협이 잘 이루어지고 북한이 개혁 · 개방에 성공한다고 해도 도문은 작은 변두리에 불과하다는 것이었다. 훈춘은 위험성이 크더라도 중앙정부와 러시아, 그리고 일본, 한국 등에서 대규모 투자 가능성이 있지만 도문은 그렇지 못하다는 것이다. 그리고 사법, 행정, 금융, 교통 등의 핵심 기능이 모여 있는 연길시와 불과 30분 거리밖에 안 되는 도문에 젊은이들이 살지 않으려고 해 발전이 안 된다고 했다. 저녁에 부동산업에 종사하는 아들에게 자세한 얘기를 들어 보자고 하며 연길시에 도착했다.

연길시는 정말 빠르게 발전하고 있었다. 이렇게 연길시를 발전시키는 가장 큰 공은 역시 조선족들에게 있다. 하지만 조선족이 한국에서 번 돈으로 연길은 발전했는데 정작 연길시의 조선족 비중은 자꾸 낮아지고 있는 형편이다. 총 인구 70만 가운데 조선족은 20만 남짓밖에 안 되어 조선족자치주 주도로써 위상이 흔들리고 있다. 박 회원의 아들 박○○ 군은 이런 현상에 대해 안타까움을 감추지 못했다. 연길 사람들에게 한국은 단순히 조선족들이 나가서 돈을 버는 곳만이 아니라고 했다. 서울에서 유행이 시작되는 패션은 연길에 가장 먼저 상륙해 중국 대륙으로 퍼지고, 문화뿐만 아니라 최신 IT 제품도 연길에서 가장 빨리 흡수해 중국 유행을 선도하면서 연길의 위상이 높아졌다고 했다.

부동산 분야에서도 마찬가지라고 한다. 중국 아파트는 일반적으로 실내 인테리어를 하지 않고 분양하는데 한국처럼 실내 인테리어를 고급스럽게 한 아파트가 높은 가격에 잘 팔리고 있다고 한다. 그 외 아파트들은 급등한 이후 가격 조정기를 거치고 있으므로 투자에 신중을 기하라고 조언했다. 현재 신규 아파트 가격은 1㎡당 6,500위안(약 110만 원)으로 1년 전 1㎡당 4,500위안(약 76만 원)에 비해 40% 이상 급등한 상황이라고 했다. 25평이면 84㎡이니 9,240만 원으로 우리나라 중소 도시와 버금가는 만만치 않은 가격인 셈이다. 이렇게 오른 이유가 북미 정상회담 영향이냐고 물으니 영향이 없지는 않겠지만 그것 때문만은 아니라고 했다. 오히려 중앙정부의 동북3성 투자 계획에 따른 고속철도 개통과 같은 호재에 북미 정상회담 영향이 가격을 상승시켰다가 미 · 중 무역 갈등으로 조정기를 맞고 있다는 분석이었다. 역시 부동산은 복잡한 정치 · 경제적 변수가 많은 것으로 투자 결정에 많은 공부가 필요하다는 것을 이번 연변 답사에서 다시 한 번 깨닫게 되었다.

그런데 북 · 미 간 평화협정이 이루어지고 남북경협이 정상 궤도에 진입한다면 과연 연변을 중심으로 한 북 · 중 접경지역 부동산 투자에 성공 가능성이 있을까? 남북한 철도가 뚫려 대륙철도(TSR, TMCR, TCR)와 연결되면 단둥이나 도문, 훈춘, 연길 등에 어떤 호재가 생길까? 이들 지역으로 열차가 통과한다고 무슨 매력이 생겨날까? 문득 이런 의문이 새로 생겨났다. 몇 년 전까지만 해도 북한을 비교적 자유롭게 다녔다고 하는 박금철 회원과 연변패밀리 지인들은 한결같이 북한의 불확실성을 불안 요인으로 꼬집었다. 김정은 시대에 와서는 국경이 막혀 있어 북한 내부 사정을 알기가 더 힘들어졌지만 그 동안의 경험상 언제든 결정을 뒤집을 수 있는 북한을 상대로 어떻게 투자를 하느냐는 것이 중론이었다.

연변에서 돌아온 우리는 논의 끝에 북쪽을 제외한 반쪽짜리 '한반도 부동산 신경제지도'에 만족하기로 했다. 남북경협이 이루어지더라도 통일이 되지 않는 한 우리가 북한 부동산에 직접 투자하는 것은 거의 불가능할 것이다. 연변을 중심으로 한 북 · 중 접경지역도 우리가 접근하기에 간단치 않다는 걸 느꼈기 때문이다.

그러나 남북경협이 우리 부동산에 끼칠 영향은 적지 않을 것이라는 점에는 이견이 없었다. 동해안의 고성에서 서해 끝 강화로, 목포에서 포항, 강릉으로, 북쪽 끝 훈춘에서 연길로 돌아 봤지만 우리의 '한반도 부동산 신경제지도'의 완성은 다음을 기약하기로 했다. 기회가 올 것이다. 사실 반쪽짜리 '한반도 부동산 신경제지도'만 갖고도 투자할 지역은 차고 넘친다.

• 공공 자료
강원비전 및 발전전략(2018), 강원도
경남도정 4개년계획(2018), 경상남도
경북도정 4개년계획(2018), 경상북도
고성군 종합발전계획(2016~2030), 고성군
남해안권 발전종합계획(2010), 국토해양부, 부산, 전라남도, 경상남도
대도시권 광역교통기본계획(2007~2026), 건설교통부
동해안권 발전종합계획(2016 변경), 국토해양부, 울산, 경상북도, 강원도
서해안권 발전종합계획(2016 변경), 국토해양부, 인천, 경기도, 충청남도, 전라북도
인천항 종합발전계획 2030, 인천항만청
접경지역발전종합계획(2011), 행정안전부
제1차 국가도로종합계획(2016~2020), 국토교통부
제1차 국토종합개발계획(1971~1980), 건설부
제2차 국토종합개발계획(1981~1990), 건설부
제3차 국가철도망 구축계획(2016~2025), 국토교통부
제3차 국토종합개발계획(1991~2000), 건설부
제3차 수도권정비계획(2006), 건설교통부
제4차 국토종합계획수정계획(2011~2020), 국토해양부
철원군 중장기 발전 계획-2020 비전과 전략, 철원군
혁신도시 종합발전계획(2018), 국토교통부, 혁신도시발전추진단
2030 부산도시기본계획(2018 변경), 부산시
2030 인천도시기본계획(2018), 인천시
2030 파주도시기본계획(2017), 파주군
2040 울산시 핵심프로젝트(2018), 울산시
KMI 동향분석(2018. 10), 한국해양수산개발원

• 단행본
북한투자 가이드(2018), 서교출판사, 김한신
평양 자본주의 백과사전(2018), 북돋움, 주성하

• 논문 외
교과서에 안 나오는 북한의 교통이야기(2014), 통일부 통일연구원, 안병민
급변하는 한반도 정세와 전망(2018. 4), 삼성증권
남북경협 로드맵 보고서(2002), 한국무역협회
남북철도 · 도로연결실무협의회 제3차 회의 합의서(2003)
우리나라의 토지자산 장기시계열 추정, 한국은행, 조태형 · 최병오 · 장경철 · 김은우
중국 동북지역과 연계한 남북중 신(新)인프라 전략 연구-한반도 신경제지도와 중국 일대일로 연계를 중심으로(2017), 대외경제정책연구원 · 한국교통연구원, 서종원 · 양하은 · 최성원 · 장동명 · 안국산
통일 기반 강화를 위한 북한 거점도시 발전 모형과 남북 협력 실천 전략 연구(2014), 통일연구원, 이상준 외
2016 북한 이해, 통일부 통일연구회
2017 한반도 신경제지도 구상 학술회-한반도 신경제 구상의 비전과 과제, 통일부

부동산 신경제지도
어디를 주목할까

초판 1쇄 인쇄 2019년 1월 23일
초판 1쇄 발행 2019년 1월 30일

지은이 | 김순길
펴낸이 | 신민식

편집인 | 최연순

펴낸곳 | 가디언
출판등록 | 제2010-000113호
주소 | 서울시 마포구 토정로 222 한국출판콘텐츠센터 319호
전화 | 02-332-4103
팩스 | 02-332-4111
이메일 | gadian7@naver.com
홈페이지 | www.sirubooks.com
인쇄 · 제본 | (주)상지사 P&B
종이 | 월드페이퍼(주)

ISBN | 979-11-89159-17-7 (03320)

이 도서의 국립중앙도서관 출판예정도서목록(CIP)은 서지정보유통지원시스템 홈페이지(http://seoji.nl.go.kr)와 국가자료공동목록시스템(http://www.nl.go.kr/kolisnet)에서 이용하실 수 있습니다.(CIP제어번호 : CIP2019001101)